Emil Ruder

Fritz Brunner-Lienhart
in Freundschaft und Dankbarkeit

Typographie
Ein Gestaltungslehrbuch

Typography
A Manual of Design

Typographie
Un Manuel de Création

Niggli

Dieses Buch ist das Geständnis eines mutigen Menschen und zugleich das Vermächtnis seines Werkes an das Kulturgut der Gegenwart.

Es geschah in den Nachkriegsjahren, als auf fast allen Gebieten der angewandten Kunst noch keine Wandlung zu einem neuen, der Zeit angepaßten Ausdruck sichtbar war. Emil Ruder ließ als einer der ersten Pioniere alle herkömmlichen Regeln der althergebrachten Typographie fallen und baute neue Gesetze auf, für einen Schriftsatz, welcher der Gesinnung der Gegenwart entsprach.

Nach bald zwanzig Jahren seiner Ersterscheinung erlebt dieses Buch seine vierte Auflage. Das ist der Beweis, daß es sich um ein grundlegend neues Lehrbuch handelt, auf welches Generationen von Typographen und Graphikern aufbauten und noch aufbauen werden.

Emil Ruder hat den Raum nicht nur als tragenden Papieruntergrund leblos zur willkürlichen Beschriftung oder Schmückung hingenommen. In seinen Händen rückt der passive Hintergrund zum wesentlichen Vordergrund. So wird jede typographische Arbeit zum Bild, in welchem Schwarz und Weiß sich gegeneinander ausspielen; ja oft erscheint eine Wirkung der Tiefe, das Auge wird durch Linien oder Reihungen in eine dritte Dimension geleitet.

Buchstaben, Worte, Textgruppen stehen wohl als einwandfrei lesbare Elemente im Raum, es sind jedoch zugleich sich bewegende Figuren auf dem Bühnen-Blatt; das Gestalten mit Schrift, die Typographie, wird in gewisser Weise zum Schauspiel.

Trotz diesem Hang zum Bildhaften ist Emil Ruder nie in das Spielerische verfallen, in welchem so oft der eigentliche Zweck der Drucksache, die Lesbarkeit, verloren geht. Er schreibt selbst im ersten Abschnitt seines Werkes: «Das Druckwerk, das nicht gelesen werden kann, wird zu einem sinnlosen Produkt.»

This book is a courageous man's avowal of principle and at the same time his legacy to the cultural heritage of the age.

During the postwar years when, in almost every field of applied art, there was still no sign of transition to a new form of expression better fitted to the times, Emil Ruder was one of the first pioneers to discard all the conventional rules of traditional typography and to establish new laws of composition more in accord with the modern era.

Almost twenty years after its first appearance this book is going through a fourth edition. This is proof enough that it is a fundamentally new textbook on which generations of typographers and graphic designers have built and will continue to build.

For Emil Ruder space has never been merely a lifeless paper surface to be covered with lettering or ornamentation at will. In his hands the passive background is transformed into a vital and active foreground. Every piece of typography thus becomes a picture in which black and white are played off against each other; indeed, an effect of depth is often created, the eye being led by lines or rows into a third dimension.

Letters, words and groups of text form perfectly legible elements in space but are at the same time figures moving on the paper scene; designing in type – typography – might almost be said to be akin to staging a play.

In spite of his bent for pictorial thinking, Emil Ruder is never tempted to indulge in merely playful designs in which the actual purpose of printing – legibility – is lost. He himself writes in the introduction to his book: "The printed work that cannot be read becomes a product without purpose."

Ce livre est tout à la fois le manifeste d'un homme courageux, et sa contribution clairvoyante et décisive au patrimoine culturel de notre temps.

L'œuvre d'Emil Ruder prit naissance dès les années d'après-guerre. Aucun signe de renouveau, aucune tentative créatrice n'étaient encore vraiment apparus dans le domaine des arts appliqués. Emil Ruder fut un pionnier: il osa, un des tout premiers, délaisser les règles désuètes de la typographie ancienne, et créer de nouvelles lois. Celles-ci ouvraient un champ de recherche entièrement neuf, et devaient susciter un renouvellement fondamental de l'expression typographique.

Une vingtaine d'années après sa parution, ce livre est édité pour la quatrième fois: ce fait à lui seul atteste une œuvre fondamentale, dans laquelle des générations de typographes et de graphistes ont puisé et puiseront encore leur inspiration; elle demeure, et demeurera longtemps encore, un instrument indispensable à leur savoir-faire.

La pensée novatrice et directrice d'Emil Ruder fut de ne plus considérer le support typographique – l'espace papier – comme l'arrière-plan, comme le support passif et neutre des éléments imprimants. Cet espace-papier, entre ses mains, est devenu une plage active, une composante décisive de la création imprimée. C'est ainsi que chaque travail typographique devient image globale, où le noir et le blanc font corps et se contrebalancent dans un équilibre nouveau. Des alignements raffinés, des effets optiques de profondeur, suggèrent une troisième dimension jusqu'alors inconnue.

Lettres, mots, plages de texte sont disposés en éléments parfaitement lisibles dans l'espace. Mais par leur disposition, et le jeu de leurs relations, ils deviennent figures en mouvement. La feuille blanche est scène, les signes noirs chorégraphie ou scénario: l'imprimé s'anime comme un ballet, une pièce de théâtre.

Malgré un penchant pour l'expression théâtrale, Emil Ruder n'est cependant jamais tombé dans le piège d'un compromis: les lettres ne sont pas les éléments d'un jeu où la lisibilité peut céder la place à l'image, comme c'est trop souvent le cas. Il écrit lui-même, au début de son ouvrage: «L'ouvrage imprimé qui ne peut plus être lu devient un non-sens.»

Dieses Buch ist bestimmt als hervorragendes «Manuale» zu werten. Darüber hinaus ist es jedoch in seinem Gesamtaufbau, in der thematischen Abwicklung, in der Gegenüberstellung von Gleichheiten und Kontrasten, im Reichtum der Bilder und der sich harmonisch einfügenden typographischen Sätze, ein geschlossenes Meisterwerk. Hinter den rein pädagogischen Beispielen exakter Proportionen schimmert ein reiches philosophisches Denken hervor, welches, weit über die alltäglichen Aufgaben, die Lehre der Weisheit des Lebens zu erläutern versucht.

Emil Ruders Wirken hat die typographische Kunst der Mitte unseres Jahrhunderts unzweifelhaft geprägt. Und dies auf zwei Wegen: Einmal in direkter Linie durch die Ausstrahlung seines eigenen Werkes und zum andern auf dem indirekten Wege der Pädagogik, durch seine unzähligen Schüler, in welchen sein Wirken als Lehrer, Meister und Vorbild als Mensch noch heute in der ganzen Welt weiterlebt.

Adrian Frutiger

This book is without doubt an outstanding "manual". But it is more than that: in its total structure, in its handling of the themes, in its confrontation of similarities and contrasts, and in the wealth of its pictures and harmoniously patterned composition, it is a finished masterpiece. Behind the purely educational examples of exact proportions there can be discerned a rich philosophy which, transcending everyday problems, seeks to teach and exemplify the wisdom of life.

Through his work Emil Ruder has undoubtedly left his mark on the art of typography in mid-century. And this he has achieved in two ways: first, directly through the impact of his own work and, second, indirectly through teaching and through his innumerable pupils in whom his influence as a teacher, master and outstanding personality still prevails through the world today.

Adrian Frutiger

Ce livre est, certes, un inégalable «manuel» d'enseignement d'un métier. Mais il est, bien au-delà, un chef d'œuvre personnel: dans sa conception globale, son déroulement thématique, sa confrontation de similitudes et de contrastes, dans la richesse des images et leur intégration harmonieuse dans la typographie écrite. Au travers d'exemples purement pédagogiques de proportions parfaites, transparaît une pensée philosophique riche: transcendant les devoirs quotidiens, elle s'enracine dans le désir de communiquer un équilibre et une sagesse de vie.

L'œuvre d'Emil Ruder a fortement marqué l'art typographique du milieu de notre siècle. Elle l'a marqué de façon directe par son rayonnement. Mais aussi de façon indirecte, par son enseignement, sa pédagogie. Dans ses innombrables élèves, et dans le monde entier, cette œuvre continue à vivre comme celle d'un maître, d'un génie, d'un homme.

Adrian Frutiger

Der Verfasser dieses Buches ist seit fünfundzwanzig Jahren Fachlehrer für Typographie. Die gezeigten Arbeiten stammen von ihm selber oder sind von seinen Schülern während des Unterrichtes erstellt worden. Das Buch will weder unfehlbare Rezepte vermitteln, noch erhebt es Anspruch auf endgültige Aussagen.

‹Gestaltungslehrbuch› heißt das Buch, weil die Typographie mit ihren technischen Vorgängen sich nicht von den Fragen der Gestaltung trennen läßt. Die kleinste technische Manipulation in der Typographie wird zur formalen Aussage. Es gibt keinen Typographen, der nicht gestaltet.

Unsere Zeit kennt viele Postulate der Moderne, und es hat den Anschein, als ob die Fragen guter Formgebung zur Selbstverständlichkeit geworden seien. Doch der Schein trügt, denn handwerkliche Verlotterung und modernistisches Gehabe in zeitgemäßer Verkleidung verursachen nicht geringe Verwirrung. Auch bei optimistischer Beurteilung muß man feststellen, daß noch viel Arbeit geleistet werden muß, um die gewonnenen Erkenntnisse durchzusetzen und zu verfeinern.

Zwei Voraussetzungen gehören zur Arbeit in der Typographie: Berücksichtigung der erreichten Erkenntnisse und ein offener Sinn für neue Aspekte. Bekanntlich verleiten erreichte Positionen zur Selbstzufriedenheit. Die Ausbildung in experimenteller Typographie, in der die Werkstatt zum Laboratorium und zur Versuchsstätte wird, ist deshalb nötiger denn je, wenn die Typographie nicht an längst erkannten Grundsätzen erstarren soll. Der Wille, lebendige und zeitnahe Arbeit zu leisten, darf nie erlahmen; Zweifel und Unruhe sind gute Grundlagen gegen das Abgleiten auf den bequemen Weg des geringsten Widerstandes.

Dieses Buch verfolgt die Absicht, dem Typographen zu zeigen, daß das Faszinierende seines Handwerks vielleicht gerade in der Beschränkung der Mittel und in der Zweckgebundenheit liegt. Das Buch möchte die eigengesetzliche Kraft der Typographie sichtbar machen, die zu einem großen Teil das optische Bild unserer Zeit mit bestimmt.

Ob es dem Verfasser gelungen ist, das allzu Modische und die Launen des Tages aus Zeilen und Beispielen zu verbannen, das mag der Leser beurteilen, und die Zukunft wird entscheiden.

The author of this book has taught typography to professional students for the past twenty-five years. The examples illustrated are his own work or that of his pupils. It is not the intention of the book to offer infallible recipes nor does it claim to have said the last word on the subject.

"Manual of Typographical Design" is the name of the book. It was given this title because typography, since it involves technical processes, inevitably raises questions of design. Typography and design are virtually synonymous.

The present age knows many of the underlying assumptions and hypotheses of modernism and it looks as if good design has become something taken for granted. Yet appearances are deceptive for shoddy craftsmanship and modernistic affectation got up in contemporary garb cause no little confusion. Even taking the optimistic view, it is certain that a great deal of work remains to be done before the knowledge we have acquired gains acceptance and receives its ultimate refinement.

There are two essential aspects to the work of the typographer: he must take into account knowledge already acquired and keep his mind receptive to novelty. It is notoriously easy for satisfaction with what has been already achieved to degenerate into complacency. For this reason training in experimental typography, which involves the workshop becoming a laboratory and testing station, is more necessary than ever before if typography is not to congeal round principles that have long been recognized. There must be no letting up in the determination to produce vital work reflecting the spirit of the times; doubt and perturbation are good antidotes against the tendency to follow the line of least resistance.

It is the intention of this book to bring home to the typographer that perhaps it is precisely the restriction of the means at his disposal and the practical aims he has to fulfill that make the charm of his craft. It is hoped that the book will elicit those strict and inherent laws of the craft of typography which wields such influence in determining the visual aspect of our world today.

It is left to the reader and the future to decide whether the author has succeeded in banishing from his text and examples the excessively modish and the whims and fancies peculiar to our day and age.

L'auteur de ce livre est depuis 25 ans maître de technologie en typographie. C'est à lui et à ses élèves que nous devons les travaux qui figurent dans ces pages. Son intention n'est pas de donner ici des recettes infaillibles, ni d'avancer des affirmations définitives.

Le titre «Un Manuel de création» précise bien que l'œuvre typographique naît du creuset où s'associent procédés techniques et phénomène de création. Dans ce domaine en effet la plus infime manipulation technique se traduit par une expression formelle. Il n'est point de typographe qui ne soit créateur.

Les arts modernes témoignent de plus d'un postulat, et on pourrait croire que dans la recherche de la «bonne forme», le niveau des virtualités est dépassé et l'indépendance atteinte. Mais l'apparence est trompeuse. Les réalisations ne sont souvent qu'expressions travesties aux goûts du jour, où aberration manuelle et afféteries soi-disant modernes se donnent libre cours et créent la confusion. Il faut convenir, même avec un jugement optimiste, qu'un grand pas doit encore être fait pour que les connaissances acquises s'affinent et s'affirment jusqu'à produire des œuvres authentiques.

Un travail typographique répond à deux impératifs: une utilisation des connaissances techniques et un esprit ouvert à toutes les possibilités nouvelles de création. Mais chaque jalon atteint dans la recherche procure un contentement de soi qui est récompense. La formation en typographie expérimentale, qui sous-entend l'atelier devenu laboratoire et lieu d'essais, est de ce fait plus nécessaire que jamais si la typographie ne veut pas se pétrifier dans une conception depuis longtemps dépassée. La volonté de faire œuvre vivante et accordée à son temps ne doit jamais se lasser, ni voir se ralentir son élan. Le doute et l'inquiétude sont les meilleures armes contre la tentation de se laisser glisser sur la pente du moindre effort.

Le but poursuivi ici est de montrer au typographe que c'est peut-être et précisément dans la limite de ses moyens et sa subordination au but de l'œuvre que repose tout l'attrait de son métier-art. Ce livre voudrait enfin rendre évidente cette puissance inhérente à la typographie qui est pour une grande part si décisive dans les réalisations visuelles actuelles.

Nous laissons au lecteur et à l'avenir le soin de juger si l'auteur est parvenu à son dessein de bannir de ses examples toute idée surannée et d'éviter de céder aux caprices de la mode.

Die Typographie ist einem eindeutigen Zweck verpflichtet, und zwar der schriftlichen Mitteilung. Durch kein Argument und durch keine Überlegung kann die Typographie von dieser Verpflichtung entbunden werden. Das Druckwerk, das nicht gelesen werden kann, wird zu einem sinnlosen Produkt.

Von der Erfindung des Buchdrucks im 15. Jahrhundert bis zum Druckwerk des 20. Jahrhunderts hatten und haben alle Bemühungen nur ein Ziel: billigste und rascheste Verbreitung von Mitteilungen in der Öffentlichkeit. Mit einer Ausnahme: Die Pressendrucke in der Zeit des Übergangs vom 19. ins 20. Jahrhundert, in einer Zeit, in der man dem technischen Fortschritt und damit der Industrialisierung blinde Bewunderung entgegenbrachte. Um der damaligen Zeit die Schönheit einer material- und werkgerechten Gestaltung erneut ins Bewußtsein zu bringen, geschah etwas, das dem Wesen der Typographie zutiefst widerspricht: künstliche Auflagebeschränkung, die dem einzelnen Werkexemplar Rarität und damit größere Kostbarkeit sicherte. Die bewußte Anerkennung gewisser Voraussetzungen in der Typographie ist immerhin jenen Pressendrucken zu verdanken: Gefühl und Verständnis für die Schriftform; richtige Gliederung der Typen als Wort, als Zeile, als Seite und als kompakte Fläche in einem klaren Verhältnis zum Unbedruckten; Bearbeitung eines Buches von der Doppelseite aus; Einheit der Schrift, Beschränkung bezüglich Schriftart und Schriftgrad.

Schon am Anfang des 20. Jahrhunderts werden die Einwände gegen das Bibliophile formuliert: das ‹nur› schöne Buch in beschränkter Auflage ist sinnlos; ein Buch muß *schön und billig* sein, Voraussetzung dafür ist eine möglichst hohe Auflage. Die Bibliophilie wird als überholte, antiquierte Daseinsform des Buches belächelt.

Heute ist das Buch zum wohlfeilen Gebrauchsgegenstand geworden und ist damit von der Buchhandlung über das Warenhaus zum Kiosk auf der Straße gelangt, in die nächste Nachbarschaft von Zeitung, Flugblatt und Plakat. Damit dürfte eigentlich die Typographie als Mittel zum Zweck der Massenkommunikation ihre Erfüllung gefunden haben.

Typography has one plain duty before it and that is to convey information in writing. No argument or consideration can absolve typography from this duty. A printed work which cannot be read becomes a product without purpose.

From the invention of printing in the 15th century down to the printed work of the 20th efforts have been directed exclusively to one end: to disseminate information in the cheapest and quickest possible way. The only exceptions were the fine editions printed at the turn of the century at a time when technical progress and the industrialization that went with it commanded unqualified admiration. To impress upon that age the beauty of work which was true to material and the craft, something happened which was quite contrary to the essential nature of typography: editions were artificially limited in order to confer rarity and therefore greater value upon the individual copy. Nevertheless we are indebted to these limited editions for obtaining recognition for certain prerequisites in typography: a feeling for the written form and an understanding of its nature; a proper division of the type into word, line, page and a compact area of type unequivocally related to the blank areas; the double-spread as the starting point for work on a book; unity of type face and limitations as regards kind and size.

At the beginning of the 20th century the bibliophile was already under criticism: the limited edition of a "merely" beautiful book is absurd; a book must be *beautiful and cheap*. And this calls for as big an edition as possible. Book production for the bibliophile is ridiculed as antiquated and obsolete.

Today the book has become a cheap consumer article and has made its way from the bookshop through to the department store to the kiosk in the street, side by side with the newspaper, leaflet and poster. It is here, no doubt, that typography has found its fulfilment as a means to mass communication.

La typographie est soumise à un but précis: le message imprimé. Elle ne peut d'aucune manière se libérer de cette sujétion. L'ouvrage imprimé qui ne peut être lu devient un non-sens.

De l'invention de cet art au 15e siècle à l'imprimerie du 20e siècle, tous les efforts tentés n'eurent et n'ont encore qu'un seul but: rendre publiques des informations d'une manière toujours plus rapide et moins onéreuse. Fait exception l'impression à la presse de la fin du 19e, début du 20e siècle, époque où l'on voua une admiration aveugle au progrès technique et à l'industrialisation. Pour rappeler la beauté d'anciens ouvrages réalisés avec le matériel et l'outillage de leur temps, survint un fait qui contredit par trop profondément l'essence même de la typographie: l'édition d'art à tirage limité qui assurait à chaque exemplaire le privilège d'être rare et de grand prix. C'est cependant grâce à ces impressions à la presse que furent sanctionnées certaines conditions et exigences de la typographie: sens et compréhension de la forme des caractères, assemblage correct des caractères en mots, en lignes, en pages, en une surface compacte placée dans un juste rapport avec la surface non imprimée; construction du livre à partir de la double page; unité des caractères, limitation relative au style et à la graduation des corps.

Au début du 20e siècle déjà s'élevèrent des protestations contre le bibliophile: la seule beauté du livre à tirage limité ne se justifie pas, un livre doit être *beau et bon marché,* ce qui exige le plus grand tirage possible. On raille en la bibliophilie son caractère antique et suranné.

De nos jours, le livre est devenu un objet courant et bon marché qui a passé de la librairie au grand magasin, puis au kiosque, voisinant dès lors avec le quotidiens, les feuilles volantes et les affiches. C'est ainsi que la typographie pourrait avoir trouvé son accomplissement en servant de moyen de communication entre les masses.

Der Typograph wählt die ihm passenden Schrifttypen aus einem großen Angebot von Schriften, die er alle nicht selber entworfen hat. Daß er dabei auf das angewiesen ist, was vor ihm Schriftgestalter und Schriftgießer geschaffen haben, empfindet der Typograph oft als Nachteil. Unangenehm wird dieses Abhängigkeitsverhältnis dann, wenn die zur Auswahl stehenden Typen weder technisch noch künstlerisch den Anforderungen genügen.

Der Typograph muß sich bewußt sein, daß er innerhalb des Druckgewerbes einen Platz einnimmt, auf dem er einerseits auf fertige Arbeiten, die andere geleistet haben, angewiesen ist (Schrift, Papier, Farbe, Werkzeuge, Maschinen), andererseits aber die Weiterbehandlung seiner eigenen Arbeit in späteren Prozessen zu ermöglichen hat (Druck, Ausrüstung). Er kann seine Entscheidungen nicht selbständig und frei treffen; er ist abhängig vom Vorher und muß Rücksicht nehmen auf das Nachher.

Die Tatsache, daß der Typograph nichts zur Schriftform beitragen kann, sondern diese fertig übernimmt, gehört zum Wesen der Typographie und ist nicht etwa eine Beeinträchtigung, im Gegenteil: das Schriftgestalten ist ja nicht nur ein ästhetisches Problem, sondern die Formen basieren größtenteils auf technischen Gegebenheiten, die der Typograph nicht kennt.

Der Schriftschöpfer sollte persönliche Intentionen in seinen Schriftformen möglichst vermeiden, da sie einer universellen Verwendung der Typen abträglich wären. Es kann auch festgestellt werden, daß gerade der Schriftgestalter in der Anwendung seiner Typen nicht immer erfolgreich ist, weil ihm oft der nötige Abstand zu seiner eigenen Schöpfung fehlt. Diesen Abstand jedoch besitzt der Typograph, und er kommt ihm bei seiner Arbeit zugute, denn innere Distanz ist in der Typographie eine Tugend. Entpersönlichung ist eine Voraussetzung, Eigenwilligkeit und Emotionen finden in der Typogaphie ihre Grenzen.

Die Summe aller vorfabrizierten Elemente ist so groß, daß die Möglichkeiten immer neuer Variationen des Zusammensetzens ins Unendliche reichen. Von einer Erschöpfung der Kombinationsmöglichkeiten kann nie die Rede sein. Ein Einengen der typographischen Formen müßte schon systematisch betrieben und auf wenige Rezepte beschränkt werden, um die Typographie erstarren zu lassen.

The typographer chooses the printing types he requires from a large variety of typefaces, none of which he has designed himself. He often considers his dependence on the founts the type designer and founder have created for him to be a disadvantage. This dependence is particularly inconvenient when the variety of types available does not meet his requirements either artistically or technically.

The typographer has to realize that he occupies a place in the printing trade in which, on the one hand, he is dependent on the finished work of others (type, paper, ink, tools, machines) and, on the other, he has to enable others to put his work through subsequent additional processes (printing, finishing). He is not free to make his own independent decisions; he must depend on what went beforehand and take into account what is to come.

The fact that the typographer has no contribution of his own to make to the form of the typeface but takes these ready-made is of the essence of typography and must not be regarded as a detraction from the craft. Quite the contrary. It is not merely that type design involves aesthetic problems; the forms are largely determined by technical factors which are quite unknown to the typographer.

The type designer should avoid idiosyncrasies as far as possible in his typefaces since these are detrimental to the universal use of the type. The designer of type is often found to be the very man who is not invariably successful in his application of type since he often lacks the necessary critical distance from his own creation. But the typographer does possess this ability to stand back from the work, and it is very useful to him in his craft since critical distance is a virtue in a typographer. The typographer must be able to take the impersonal view; wilful individuality and emotion have little place in his work.

The sum total of all these prefabricated elements is so large that there is an almost infinite number of possible ways of arranging them in ever-new patterns. There can be no question of the typographer exhausting all the potential combinations. There would have to be a systematic effort to narrow down typographical forms and reduce them to a few formulae before typography became rigid and lifeless.

Le typographe choisit les caractères qui lui conviennent parmi un riche assortiment dont il n'est pas lui-même l'auteur. Le fait d'être lié à cette création et à la fonte préalables, qui lui restent étrangères, lui paraît souvent un inconvénient. Et lorsque les types mis à sa disposition ne répondent pas plus au point de vue technique qu'artistique aux exigences de la composition, s'ajoute alors, au désavantage de cette dépendance, un sentiment de frustration.

Le typographe doit donc bien être conscient qu'il accepte dans le métier d'imprimeur une place où, d'une part, d'autres que lui ont déjà déterminé une partie du travail (caractères, papier, couleur, outils, machines) et où, d'autre part, il devra rendre son propre ouvrage apte à être soumis à d'autres procédés (impression, façonnage des imprimés). Il n'est donc pas libre et indépendant dans ses décisions; il doit œuvrer en tenant compte à la fois des limites que lui assigne la préfabrication et des exigences engendrées par les travaux postérieurs au sien.

Que le typographe ne participe en rien à la création des caractères, mais ne peut que les accepter tels qu'ils lui sont offerts, est une condition de travail en typographie, mais ne constitue pas pour autant un préjudice, bien au contraire. La gravure de caractères n'est pas seulement un problème esthétique, mais repose pour une grande part sur des données techniques inconnues du typographe.

Le dessinateur de caractères devrait se garder de faire intervenir sa personnalité dans les formes qu'il crée, car elles sont destinées à être employées universellement. On a constaté en outre que certaines créations de caractères ne sont pas toujours heureuses, l'auteur ayant manqué du recul nécessaire pour en juger valablement. Le typographe possède précisément ce recul, et ce lui est un avantage indéniable, car en typographie cette distance intérieure est une vertu, comme la dépersonnalisation est une condition: l'entêtement et l'émotivité doivent être tenus en laisse.

La somme de tous les éléments préfabriqués est si grande que les possibilités de créer toujours de nouvelles variations et combinaisons sont infinies et qu'on ne peut jamais prétendre les avoir épuisées. Pour rendre la typographie plus rigide, il faudrait réduire systématiquement le nombre des caractères et limiter ainsi les multiples possibilités.

E

E

E

E

E

E

E

E

E

E

E

E

E

E

E

E

E

E

E

E

E

Die Schrift ist und bleibt die Grundlage jeder typographischen Verrichtung. Schrift ist aber keine Schöpfung des 20. Jahrhunderts, sie ist Kulturgut, in Jahrhunderten geformt, von uns übernommen und von uns in gutem Zustande weiterzugeben. Wie alles historisch Gewachsene ist die Schrift voll von Widersprüchen und vom Typographen muß gefordert werden, daß er Entwicklung und Problematik der Schrift kennt und sich daraus einigermaßen ein Bild über den weiteren Verlauf der Dinge formen kann.

In den frühgriechischen Steinschriften, über die furchenwendige Zwischenstufe, ist unsere Leserichtung entwickelt worden, und auf diesem Wege kann auch die Wandlung des Großbuchstabens zum Kleinbuchstaben verfolgt werden. Ein Teil der antiken Majuskeln ist an der reizvollen Metamorphose zum Kleinbuchstaben beteiligt, ein geringerer Teil verharrte in den Majuskelformen. Die Kleinbuchstaben, erstmalig in der karolingischen Minuskel, ermöglichen im zusammengefaßten Wortbild, durch die Ober- und Unterlängen, den raschen Leseprozeß. Die Entwicklung der Schrift ist abgeschlossen, der Rest ist Variation und Konfusion.

Variation: Die karolingische Minuskel ist in den Schriften der Gotik, der italienischen und deutschen Renaissance und in der Grotesk unserer Zeit wohl variiert worden, ihre Grundformen jedoch wurden nie ernsthaft verändert.

Konfusion: Die humanistische Minuskel ist zu einem heterogenen Gebilde geworden; dem Kleinbuchstaben wurde der Großbuchstabe der Antike beigefügt, und dem Arabischen wurden die Ziffern für die abendländische Schrift entnommen. Nicht nur der Schriftgestalter, sondern auch der Typograph sollte sich der Kompliziertheit der Schrift bewußt sein. Vielleicht ist unsere Lage mit derjenigen Karls des Großen vergleichbar, der sich bewogen fühlte, die Schaffung einer Minuskel anzuordnen, in der die vielen Übergangsformen der Vergangenheit miteinander verschmolzen wurden. Die regen, gegenseitigen Kontakte der heutigen Menschen aller Länder bieten keinen Raum mehr für Schriften mit ausgeprägtem Nationalcharakter.

Die neutrale, über dem Nationalen stehende Schrift ist teilweise bereits Wirklichkeit geworden. Der technische Fortschritt strebt nach Vereinfachung, und es kann kaum noch verantwortet werden, daß zum Setzen eines gewöhnlichen Textes fünf verschiedene Alphabete Verwendung finden: Versalien, gerade und kursiv, Gemeine, gerade und kursiv, mit Kapitälchen. Fernschreiber benützen direkte Linien um die ganze Erde, und es sind Alphabete im Entstehen, die von einer Maschine automatisch abgelesen werden können. Die Technik zwingt zu neuem Denken, bedingt neue Formen als wahren Ausdruck unserer Zeit.

The written character is and remains the basis of every typographical activity. It is not a creation of our century. The written character goes far back in time, spanning the vast distance from early hieroglyphics to the abstract written symbols of today and involving many contradictions. The typographer must be familiar with this evolution and recognize its problems so that he can do justice to the tasks of the future.

Our direction of reading was developed in Early Greek lapidary writing (by way of the boustrophedonic intermediate stage) and the transformation of capitals into lower-case letters can also be followed as a parallel phenomenon. Some of the ancient majuscules underwent a charming metamorphosis into lower-case letters; a smaller number remained in the majuscule form. Lower-case letters, initially used in Carolingian minuscule, make for more rapid reading when composed into a word virtue of their ascenders and descenders. The evolution of written characters was concluded; all the rest is variation and confusion.

Variation: Carolingian minuscule appears in variant forms in the characters of Gothic, the Italian and German Renaissance, and the sans-serif of our time but there have been no drastic changes in its basic forms.

Confusion: Littera umanistica grew into a heterogeneous alphabet; its lower-case letters were supplemented by capitals taken from the classical world and figures from Arabic were added to the Western hand. Not only the type designer but also the typographer ought to be alive to the complex nature of written characters. Perhaps we are in much the same position as Charlemagne, who felt constrained to order the creation of his minuscule in which the many transitional forms of the past were amalgamated. The many active contacts between people from every country today leave no scope for type faces with a pronounced national character.

The neutral type face, aloof from all national considerations, has already to some extent become reality. Simplicity is the goal of technical progress and there is hardly any warrant for using five different alphabets to set an ordinary text: capitals, roman and italic; lower-case, roman and italic; and small capitals. Direct lines right round the world are used for teleprinters, and alphabets are being evolved which can be read automatically by a machine. Technology compels us to think afresh and calls for new forms as a living expression of the age in which we live.

L'écriture est et reste la base fondamentale de tout travail typographique. Elle n'est pas une invention de notre temps. L'écriture remonte loin dans l'antiquité et un long chemin, semé de contradictions, fut parcouru des premiers idéogrammes aux caractères modernes abstraits. Le typographe est tenu de connaître cette évolution et les problèmes qui se sont posés, afin d'être également à l'avenir à la hauteur de sa tâche.

Des inscriptions archaïques grecques gravées sur la pierre en passant par maintes époques transitoires, notre sens de la lecture s'est développé, et on assiste à un certain moment à la transformation des capitales en minuscules. Une partie des majuscules antiques prirent part à cette charmante métamorphose en minuscules et une moindre part resta figée dans sa forme d'onciale. Avec leurs prolongements supérieurs et inférieurs, les minuscules carolingiennes les premières, assemblées en mots distincts, permettent une lecture rapide. Le développement de l'écriture est en fait terminé, la suite n'est plus que variation et confusion.

Variation: la minuscule caroline s'est modifiée dans l'écriture gothique, dans les caractères de la Renaissance italienne et allemande, dans l'Antique actuelle, mais sa forme initiale transparaît toujours.

Confusion: la minuscule humanistique devint un tracé hétérogène; l'antique vit sa capitale incorporée au bas de casse, et l'Occident emprunta les chiffres aux Arabes. Tout créateur de caractères comme tout typographe devraient être conscient de la complexité de l'écriture.

Notre situation est peut-être comparable à celle de Charlemagne, qui se sentit porté à créer une lettre minuscule dans laquelle se fondent toutes les formes transitoires du passé. Les contacts étroits et constants qui règnent aujourd'hui entre les humains de tous pays ne permettent plus à l'écriture de conserver un caractère national bien différencié. Une forme d'écriture neutre, sans caractère national, est déjà presque une réalité.

Le progrès technique tend vers une simplification et on admet déjà avec peine de disposer de cinq alphabets différents pour composer un simple texte: capitales, droites et cursives, bas de casse, droites et cursives, petites capitales. Le télégraphe utilise des lignes directes à travers le monde entier, et des alphabets sont à l'étude qui pourront être lus par des machines automatiques. Pour une expression vivante de notre temps, la technique oblige à un penser nouveau et exige des formes inédites.

Die Arbeit des Typographen ist zeitgebunden wie jede andere handwerkliche Beschäftigung. Mit den Mitteln seiner Zeit hat er Druckwerke aus den Bedürfnissen seiner Zeit heraus zu schaffen. Die typographische Tätigkeit hat zwei Aspekte: Einmal ist sie einem praktischen Zweck verpflichtet, und dann, darüber hinaus, spielt sie sich in formal-künstlerischen Gebieten ab. Beide, das Zweckgebundene und das Formale, waren schon immer echte Kinder ihrer Zeit; manchmal lag der Akzent mehr auf der Form, zeitweise wieder mehr auf der Funktion, und in besonders glücklichen Epochen zeigten sich Funktion und Form in schöner Ausgewogenheit.

Der Ruf nach zeitgemäßer typographischer Formung ist eine beharrlich wiederkehrende Forderung in der Fachliteratur der neueren Zeit. Paul Renner schrieb 1931: ‹Die Druckerei ist keine Maskenverleihanstalt. Es ist nicht unsere Aufgabe, jedem literarischen Inhalt ein zeitgemäßes Kostüm anzuziehen; wir haben nur dafür zu sorgen, daß er im Stile unserer Zeit ein passendes Kleid bekommt. Denn wir wollen typographisches Leben, kein typographisches Theater oder Maskenfest.› Stanley Morison schrieb 1948: ‹Druck will nicht in erster Linie Kunst sein, sondern der verantwortungsvollste Teil unseres gesellschaftlichen, wirtschaftlichen und geistigen Gefüges.›

Aus der Distanz gesehen ergibt jede Epoche ein geschlossenes und einheitliches Bild. Die Typographie der Gotik hat eine frappante Ähnlichkeit mit andern Werken der Epoche, der Yachting-Stil der Jahrhundertwende manifestiert sich in der Schrift von Otto Eckmann und der Konstruktivismus der zwanziger Jahre in der Bauhaus-Typographie. Für den Zeitgenossen aber ist die Gegenwart nie einfach und präsentiert sich in verwirrender Fülle, und doch sollten wir deutlich die Züge des 20. Jahrhunderts erkennen. Diese Merkmale entstehen im Bemühen, die uns gestellten Probleme so gut wie möglich zu lösen, erst dann wird das Druckwerk zum echten Zeitdokument mit den unverkennbaren Zügen unserer Zeit. Die Schaffensgebiete sind nicht autonom geworden und es ist unmöglich, die Typographie aus dem gesamten Geschehen auszuklammern. Damit wäre sie zur Sterilität verurteilt. Ihre technisch bedingte Eigengesetzlichkeit kann und soll sie auch bei enger Verkettung mit andern Gebieten bewahren. Wenn man es auch manchmal bedauern möchte, daß sich die Typographie den Regungen des Zeitgeistes allzu leichtfertig an den Hals wirft, so ist dies immer noch besser als das Beiseitestehen. Der schöpferisch Tätige hingegen kümmert sich wenig um den Zeitstil, denn er weiß, daß ein Stil nicht bewusst geschaffen werden kann; er entsteht eher unbewußt.

The craft of the typographer, like any other, necessarily reflects the times. The age gives him the means with which to satisfy the needs the age creates. There are two sides to typography. First, it does a practical job of work; and second, it is concerned with artistic form. Both these aspects, the utilitarian and the formal, have ever been true children of their day and age; sometimes form has been accentuated, sometimes function, and in particularly blessed periods form and function have been felicitously balanced.

In recent years specialist literature has been very insistent in its call for typographical design matched to modern times. In 1931 Paul Renner wrote: "The printing works is not a place that hires out fancy dress. It is not our task to fit out any literary content with a fashionable costume; we have done our job if we see that it gets a dress in the style of our day. For what we want is typographical life and not a typographical theatre or masked ball." In 1948 Stanley Morison wrote: "Printing does not want primarily to be art but the most responsible part of our social, economic and intellectual structure."

Seen over a tract of years, any period makes a solid, uniform impression. The typography of the Gothic age bears a striking similarity to other works of the same epoch, the "yachting style" at the turn of the century is reflected in the fount of Otto Eckmann, and the Constructivism of the twenties in the typography of the Bauhaus. For contemporary man the present is never simple, it confuses him with its multifariousness; yet we ought to recognize the features of the twentieth century clearly enough. These characteristics come into being by way of our efforts to find the best possible answer to the problems facing us; only then will the printed work become a genuine document marked with the unmistakable traits of our day. The different fields of creative activity have not yet become autonomous, and typography cannot be segregated from the general flux of events. This would be tantamount to condemning it to sterility. But it has laws of its own, imposed by its technical nature, and these can and should preserve its identity even when it is closely bound up with other fields. One may sometimes regret the way typography becomes all too easily involved in the fits and moods of the age, but it is better than standing by aloof. The creative worker, on the other hand, spares little thought for contemporary style, for he realizes that style is not something that can be deliberately created; it comes all unawares!

Le travail du typographe, comme tout autre artisanat, est étroitement lié à son époque et soumis aux exigences et aux moyens de son temps. Il nous offre deux aspects: d'une part, il dépend du but pratique qui lui est imposé, et d'autre part il s'exprime dans un domaine artistique formel.

Formel et utilitaire, deux qualités déterminées par l'actualité qui, suivant l'époque, met l'accent alternativement sur la forme ou sur la fonction. Surgit parfois une époque privilégiée où forme et fonction s'allient en un harmonieux équilibre.

Les temps modernes, dans le domaine d'une littérature professionnelle, en appellent d'une façon persistante à la réalisation typographique. Paul Renner écrivait en 1931: ‹L'imprimerie ne prête point de masques. Son rôle n'est pas d'affubler un texte littéraire d'un déguisement moderne, mais de veiller à ce qu'il soit vêtu selon le style prédominant de son époque. Elle ne veut et ne doit être qu'un travail typographique vivant et non une mascarade.› Et Stanley Morison, plus tard, s'exclamait: ‹L'imprimerie ne veut pas être a priori un art, mais la partie consciemment responsable de notre structure sociale, économique et spirituelle.›

Considérée à distance, chaque époque nous livre une image d'elle-même fermée et homogène. Les caractères gothiques offrent une parenté frappante avec les œuvres de l'époque, le ‹modern-style› du début du siècle transparaît dans le style d'Otto Eckmann, et le constructivisme des années 20 se manifeste dans les réalisations du Bauhaus. Pour ses contemporains, une époque n'apparaît jamais simple et claire, mais bien plutôt chaotique et déconcertante. De notre 20e siècle cependant, nous devrions discerner les grands traits marquants. Les caractéristiques ressortent des tentatives et des efforts à trouver une solution valable aux problèmes actuels, et c'est là que l'œuvre d'imprimerie peut devenir un véritable témoignage des faits méconnus de notre temps. Les divers domaines créateurs n'ont aucune autonomie, et la typographie ne peut se dissocier de l'évolution générale sans se condamner à la stérilité. Mais, tout en acceptant son conditionnement technique, elle peut et doit préserver une certaine indépendance et échapper ainsi à une infertile sujétion.

Si parfois on vient à regretter que la typographie s'empare trop facilement des engouements du jour, ceci est préférable à une mise à l'écart qui lui serait mortelle.

Au reste, le véritable créateur ne se soucie guère de la mode; il sait que la volonté consciente n'entre pas dans la recherche d'un style et que celui-ci ne naîtra que d'un lent processus inconscient.

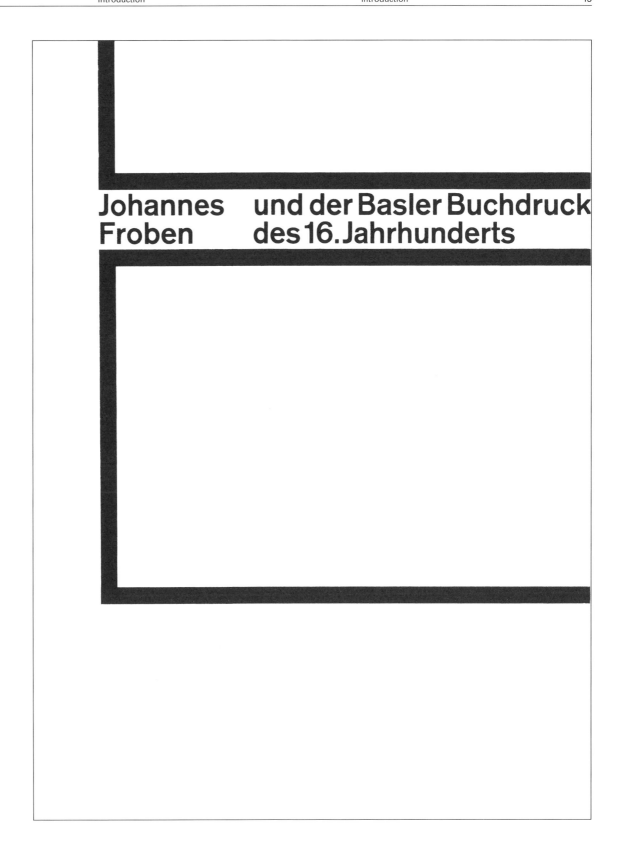

Johannes Froben und der Basler Buchdruck des 16. Jahrhunderts

Die Typographie ist in größerem Ausmaß als die Gebrauchsgraphik ein Ausdruck der Technik, der Präzision und der Ordnung. Es geht in der Typographie nicht mehr um anspruchsvolle künstlerische Postulate und Kreationen, sondern um das Bemühen, den täglichen Ansprüchen formal und funktionell gerecht zu werden. Die maschinelle Herstellung der Typen und das Setzen innerhalb eines präzisen Maßsystems im rechten Winkel verlangen einen klaren Aufbau mit deutlich geordneten Verhältnissen.

Die dringlichste Forderung, welche an die Typographie gestellt werden muß, ist das Abteilen und Ordnen der unterschiedlichsten Dinge. Die unüberblickbare Textmenge eines Buches wird so aufgeteilt, daß der Text der einzelnen Buchseiten vom Leser mühelos bewältigt werden kann, wobei Satzbreite und Durchschuß so behandelt werden, daß ein flüssiges Lesen gewährleistet ist: Zeilenbreiten von über 60 Buchstaben sind schwer lesbar, zu wenig Durchschuß zerstört das Zeilenband, zu viel Durchschuß macht die Bandwirkung von Durchschuß und Zeile zu auffällig.

In tabellarischen Werken soll der ordnende Charakter der Typographie sich voll entfalten, ohne daß diese rein funktionelle Forderung der Form schadet. Es gibt eine Schönheit und einen technischen Reiz des Tabellensatzes, und die einfachste Fahrplanseite kann einer mit Farben und Formen reich befrachteten Akzidenzarbeit sehr wohl überlegen sein.

Aber auch die Publizität stellt Forderungen an die Typographie. Unsere Zeit braucht Druckwerke, die im Wettbewerb der Ideen und Produkte sich Beachtung verschaffen können. Aus dem Riesenangebot von unterschiedlich großen, fetten, schmalen und breiten Typen ist die richtige Wahl zu treffen, mit diesen Typen ist der Text zu gliedern und zu interpretieren. Dem Typographen sollen gut aufeinander abgestimmte Schriftschnitte zur Verfügung stehen, und es sei hier auf die vorzüglich aufgebaute und durchdachte Schriftfamilie der ‹Univers› hingewiesen. Es ist zu hoffen, daß diese Leistung wegleitend wird, damit das mehr oder weniger chaotische Nebeneinander im Schriftschaffen unserer Zeit überwunden werden kann.

Viele Druckwerke sind gerade deswegen schön, weil sie, ohne künstlerische Ambitionen, bescheiden ihrer Zweckbestimmung dienen. Sie erfüllen die Forderung Stanley Morisons, daß ein Druckwerk, wie ein Verkehrsmittel, aufs feinste durchgebildet und von höchster Zweckmäßigkeit sei.

More than graphic design, typography is an expression of technology, precision and good order. Typography is no longer concerned with meeting the lofty and difficult demands of art but with satisfying, formally and functionally, the everyday requirements of a craft. The mechanical production of printing types and composition within a right-angled system of fixed dimensions makes a clear structure and cleanly ordered relationships imperative.

What the typographer has to do first and foremost is to sort out and organize things which are of a very disparate nature. The whole text of a book is so unwieldy that it has to be divided up in such a way that the reader can manage each page comfortably and follow the print without impediment. A line of more than 60 characters is hard to read; too little space between lines destroys the pattern they make, too much exaggerates it.

Tabular works afford the typographer his best opportunity to show his skill in arranging his material, but he must not let such purely formal requirements get out of hand. The composition of tables has a beauty and technical charm of its own and a simple page of a railway timetable may well be a better piece of craftsmanship than jobbing work replete with colours and fancy shapes.

But advertising is also a challenge to the typographer. Our age needs printed works which catch the eye when ideas and products are forever competing for our attention. With an enormous range of typefaces available, thin or thick, large or small, it is a question of selecting the right one, composing the copy with these faces and interpreting it. The typographer should have founts at his disposal which combine agreeably, and mention might be made in this connection of the Univers family which is very well graded and embodies a great deal of careful thought. Let us hope that this achievement will show the way to better things and help to sort out the more or less chaotic state of affairs in typefounding today.

Many pieces of printing are attractive for the simple reason that the typographer put aside artistic ambitions and tried to make the print do its job well. They are just what Stanley Morison wanted when he said that a printed work, being a means of communication, should be thought out to the last detail and made superlatively fit for the purpose it serves.

Technique, précision et ordre trouvent leur expression dans la typographie mieux encore que dans l'art graphique appliqué. Il ne s'agit plus en typographie de postulats artistiques, d'une aspiration à satisfaire un instinct créateur, mais du côté artisana de la création, de l'application à exécuter quotidiennement un travail formel et fonctionnel. La production mécanique des caractères et la mise en page selon un système de mesure précis exigent une construction rigoureuse et des rapports clairement établis.

La typographie est soumise à un impératif: répartir et ordonner les éléments les plus divers. Inabordab dans son ensemble, le texte d'un livre une fois réparti, divisé en pages, devient spontanément accessible au lecteur. Une justification et un interlignage adéquats garantissent une bonne lisibilité: des lignes de plus de 60 lettres nuisent à la lisibilité un interlignage trop serré brouille le texte qui, par contre, ressort trop fortement si l'interlignage est trop espacé.

L'ordonnance, caractère spécifique de la typographie, s'épanouit dans les réalisations de tableller sans être aucunement desservie par cette subordination fonctionnelle. Un attrait, une certaine beauté émanent de ces tableaux bien dressés, et la plus banale page d'horaire peut prévaloir sur un ouvrage fortuit où s'accumulent formes et couleurs

La typographie participe également aux réalisation publicitaires, et dans l'énorme compétition actuelle d'idées et de produits, elle a su trouver sa place et considération. L'art typographique consiste à interpréter et à charpenter le texte à l'aide d'un juste choix de caractères parmi de nombreux jeux de formes allant du maigre au gras, du court à l'allong Le typographe dispose pour œuvrer de séries de je de caractères parfaitement harmonisés et précis; il n'est qu'à considérer l'admirable ensemble des 20 séries qui composent l'‹Univers›, qui permetten une couleur et une unité typographiques parfaites. Il est souhaitable que la typographie concentre ses efforts à ordonner et à maîtriser toujours plus l'accumulation plus ou moins chaotique d'inscriptions qui submergent notre monde.

Parce qu'elles sont dépourvues de prétentions artistiques, bien des œuvres d'imprimerie tirent leu beauté de cette modestie avec laquelle elles remplissent leur but. Elles répondent au désir de Stanley Morison, qui pensait qu'une composition typographique était, tel un moyen de communication, une œuvre de précision et de la plus grande utilité.

onde
39

onde
45

onde
46

onde
47

onde
48

onde
49

onde
53

onde
55

onde
56

onde
57

onde
58

onde
59

onde
63

onde
65

onde
66

onde
67

onde
68

onde
73

onde
75

onde
76

onde
83

Die Architektur des Barocks, die moderne Architektur und Plastik, die Kunst und Philosophie des Fernen Ostens haben der Bedeutung der gestalteten Form die Wirkung der sich im Raum vollziehenden Gegenform als gleichwertig gegenübergestellt.

Die Neubewertung der Barockarchitektur durch die Moderne beruht zum Teil darauf, daß das Einbeziehen des leeren Raumes in das Ganze mit den Postulaten der modernen Kunst übereinstimmt. Wohnraum wird in großen Kuben zusammengefaßt, und der leere Raum zwischen den Gebäuden wird in das Geschehen mit einbezogen. Daraus ergibt sich der freie Platz, der Raum für jenes ‹Treiben des aus Geschäft, Gespräch und holdem Müßiggang gemischten Zusammenstehens und Schlenderns› (Jakob Burckhardt).

Nach der Philosophie des Fernen Ostens bewirkt erst der leere Raum das Wesen der gestalteten Form. Ohne inneren Hohlraum ist ein Krug nur ein Tonklumpen, und erst der leere Raum im Innern macht ihn zum Gefäß, so wie es im elften Spruch des Lao-Tse zu lesen ist:

‹Dreißig Speichen treffen die Nabe,
aber das Leere zwischen ihnen erwirkt das Wesen des Rades.
Aus Ton entstehen Töpfe,
aber das Leere in ihnen erwirkt das Wesen des Topfes.
Mauern mit Fenstern und Türen bilden das Haus,
aber das Leere zwischen ihnen erwirkt das Wesen des Hauses.
Grundsätzlich: Das Stoffliche birgt Nutzbarkeit, das Unstoffliche wirkt Wesenheit.›

Diese Überlegungen können und sollen auf die Typographie übertragen werden. Im Gegensatz zur Renaissance, in der das Unbedruckte nur Hintergrund für das typographische Geschehen war, hat die zeitgemäße Typographie den leeren Raum der unbedruckten Fläche längst als Gestaltungselement anerkannt. Der Typograph kennt Weiß als Gestaltungswert, und er kennt auch die optischen Veränderungen von Weiß.

Das Beispiel auf der rechten Seite zeigt verschieden große Weißflächen mit deutlichen Helligkeitsstufen, wie sie beim Absetzen von drei Buchstaben auftreten. Die Typenzwischenräume sind schmal und deshalb von intensiver Helligkeit, das Weiß innerhalb des ‹o› ist etwas milder, während das über dem ‹o› liegende Weiß am schwächsten wirkt. Es entstehen Variationen von Weiß, an denen die verschieden großen Schwarzflächen beteiligt sind.

In the architecture of the Baroque, in modern architecture and sculpture, and in oriental philosophy and art the significance of created form and the effect of the counter-form arising in space are held to be of equal value.

The re-assessment of Baroque architecture by the modern age is partly based on the fact that the incorporation of empty space into the whole is consistent with the axioms of modern art. Living space is articulated into large cubes and the empty space between the buildings is fitted into the overall scheme. This gives rise to an unencumbered area for that "activity of standing together or strolling which derives variously from business, conversation and sweet leisure" (Jakob Burckhardt).

The oriental philosophers hold that the essence of created form depends on empty space. Without its hollow interior a jug is merely a lump of clay, and it is only the empty space inside that makes it into a vessel. Thus we read in the eleventh aphorism of Lao-Tse:

"Thirty spokes meet the hub,
but it is the emptiness between them that makes the essence of the wheel.
From clay pots are made,
but it is the emptiness inside them that makes the essence of the pot.
Walls with windows and doors form the house,
but it is the emptiness between them that makes the essence of the house.
The principle: The material contains usefulness, the immaterial imparts essence."

These are considerations which can and should be transferred to typography. Unlike the Renaissance, when the unprinted blank was merely a background for what was printed thereon, contemporary typographers have long recognized the empty space of the unprinted surface to be an element of design. The typographer is familiar with white as a value in design and he is familiar with the visual changes of white.

The example on the right-hand page shows areas of white of varying sizes with clear gradations of brightness arising from the composition of three letters. The spaces between the letters are narrow and therefore very bright, the counter of the "o" is milder, whereas the white above the "o" is the weakest of all. Variations arise in the strength of the white which depend on the varying sizes of the black areas.

L'architecture baroque, la sculpture et l'architecture modernes, l'art et la philosophie d'Extrême-Orient ont fait se confronter la forme pure et la contre-forme se développant dans l'espace, accordant à la signification de l'une et à l'effet de l'autre une égale valeur.

La raison pour laquelle les modernes tiennent l'architecture baroque dans une estime nouvelle vient en partie de cette intégration de l'espace vide dans le tout qui, après avoir été une caractéristique du baroque, s'accorde aux postulats modernes. De grands cubes assemblés forment l'espace habitable, et l'espace vide entre les bâtiments, qui est compris dans la conception générale, donne la place libre, l'espace où «l'on se réunit et s'adonne à la fois aux affaires, à la conversation et à une douce flânerie». (Jakob Burckhardt.)

Selon la philosophie d'Extrême-Orient, seul l'espace vide engendre l'essence de la forme créée Sans le vide intérieur une cruche n'est qu'un tas de glaise; elle ne devient vase que par son seul espace intérieur, car il est bien dit à la onzième sentence du livre de Lao-Tseu:

«Trente rayons convergent vers le moyeu,
mais le vide entre eux crée la nature de la roue.
De la glaise surgissent les jarres,
mais le vide en elles crée la nature de la jarre.
Les murs, avec les fenêtres et les portes qui leur sont adjointes, forment la maison,
mais le vide entre eux crée la nature de la maison,
Voici le principe:
La matière recèle l'utilitaire,
l'immatériel crée l'essence véritable.»

Ces considérations peuvent et doivent être adoptées en typographie. Au contraire de la Renaissance, qui reléguait l'inimprimé de l'œuvre typographique à l'arrière-plan, la typographie moderne reconnaît depuis longtemps à l'espace vide que forme la surface non imprimée une valeur d'élément de création. Le typographe admet le blanc comme un élément formel, il en connaît aussi les variations d'optique.

L'exemple de la page de droite montre diverses surfaces blanches avec d'évidentes nuances de clarté, telles qu'en laisserait le retrait de trois lettres Les espaces entre les caractères sont étroits d'où leur intense clarté; le blanc à l'intérieur du «o» est un peu plus doux, alors que le blanc surplombant le «o» n'agit plus que faiblement. Les divers grand aplats noirs participent à ce jeu de variations du blanc.

Rhythmus ist eine Voraussetzung für alles Lebendige, für die ganze Schöpfung überhaupt. Das Wachstum jeder Kreatur vollzieht sich in rhythmischen Intervallen, unter Windeinfluß bewegen sich rhythmisch Rauch, Wald, Getreidefeld und beweglicher Sand. Durch den Einbruch der Maschine wird man erneut auf das Wertvolle des Arbeitsrhythmus aufmerksam, und man weiß, wie stark das seelische Gleichgewicht, die Gesundheit des Arbeitenden davon abhängt, daß er seine Arbeit rhythmisch verrichtet. In den Kunstwerken aller Zeiten können alle Grade rhythmischen Empfindens abgelesen werden. Gerade die Kunst des 20. Jahrhunderts ist sich der Bedeutung und der Kraft rhythmischer Gestaltung wieder stärker bewußt geworden.

Der Typographie eröffnen sich viele Möglichkeiten, mit rhythmischen Werten zu arbeiten. Die Buchdruckschrift ist ein rhythmisches Gebilde, in dem Geraden, Rundungen, Senkrechte, Waagrechte, Schrägen und Ein- und Ausgangsformen wechselnd wirksam sind. Eine gewöhnliche Textgruppe ist reich an rhythmischen Werten: Ober- und Unterlängen, runden und spitzen, symmetrischen und asymmetrischen Formen. Die Wortabstände gliedern Zeile und Satz in Worte von ungleicher Länge, in ein rhythmisches Spiel von verschiedenen Längen und unterschiedlich gewichtigen Werten. Ausgangs- und Blindzeilen tragen weiter zur Gliederung einer Satzmenge bei, und vollends die Gradabstufung der Typen ist ein ausgezeichnetes Mittel der Rhythmisierung einer typographischen Aufgabe. Es genügt schon, ein schlichtes Druckwerk gut zu setzen, um eine rhythmisch ansprechende Arbeit zu erstellen.

Auch das Papierformat ist ein rhythmisches Gebilde, sei dies im Gleichmaß aller Längen im Quadrat oder im betonten Rhythmus kurz-lang beim Rechteck. Der Typograph hat unbeschränkte Möglichkeiten des Rhythmisierens durch die Art, in der das Satzgebilde auf das Papierformat verteilt wird. Der Rhythmus des Satzformates kann mit dem Rhythmus des Papierformates zusammenklingen oder mit diesem kontrastieren.

Der Satzgestalter soll jede Möglichkeit prüfen, die ihn vom starren Schema und von der monotonen Wiederholung wegführt, und dies nicht nur im Hinblick auf eine lebendige Form, sondern ebensosehr im Interesse einer guten Lesbarkeit.

Without rhythm there would be no life, there would be no creation at all. Each creature passes rhythmically through its stages of growth; under the wind's influence, forests, corn fields and the shifting sands move in rhythm. The advent of the machine has brought home to us again the value of a working rhythm, and we know that the health of the worker, his mental equilibrium, depends on his working in rhythm. Every shade of rhythmic awareness can be seen reflected in works of art down the ages. And in the twentieth century in particular, artists have again become alive to the significance and power of rhythm in design.

In typography there are many opportunities of working with rhythmic values. Take a typeface for instance. The straights and curves, verticals and horizontals, sloping elements, starts and finishes work together to produce a rhythmic pattern. There is an abundance of rhythmic values in an ordinary piece of composition: ascenders and descenders, round and pointed forms, symmetry and asymmetry. The word spaces divide the line and type matter into words of unequal size, into a rhythmic interplay of varying lengths and values of different weight. Break and blank lines also add accents of their own to the pattern of composition, and finally the graded sizes of the type are another excellent means of bringing rhythm into the typographer's work. If a simple piece of text is well composed, it will of its own accord give the work a rhythmic appeal.

The format of the paper is another rhythmic pattern, whether it is the symmetry of the equilateral square, or the stressed rhythm of the edges and sides of the rectangle. The typographer has endless possibilities of creating rhythms by the way he disposes his composition on the page. The shape of the composition can harmonize or contrast in its rhythm with the format of the paper.

In designing composition, the typographer should examine every possible means of getting away from rigid systems and dull repetition, not merely for the sake of vitalizing the form but also in the interests of legibility.

Le rythme fait vibrer le monde entier, tant il est vrai que le rythme est à la naissance de toute vie. Chaque créature croît et se développe par intervalles rythmés, et dans un rythme encore s'agitent, sous l'action du vent, fumée, forêt, champs de blé ou dunes de sable. L'intervention de la machine nous rend attentifs à la pleine valeur d'une action rythmée, et l'on sait que de la cadence bien ordonnée d'un travail dépendent l'équilibre moral et la santé de l'ouvrier. Toutes les vibrations des sensations nous ont été de tout temps transmises par les œuvres d'art. Mais jamais la signification profonde, la force du rythme n'avaient été exprimées avec tant de lucidité que dans l'art du 20e siècle.

De multiples possibilités d'appréhender les valeurs rythmiques sont offertes à la typographie. Les caractères d'imprimerie sont une image rythmée, où droites, courbes, verticales, horizontales, obliques, figures divisées ou développées agissent tour à tour. Un simple texte est riche de valeurs rythmiques: prolongements supérieurs ou inférieurs, formes arrondies ou pointues, symétriques ou asymétriques. Les espacements charpentent les lignes et la composition en mots de longueurs inégales, telle une phrase musicale ponctuée de temps variables plus ou moins accentués. Fins d'alinéas et lignes en blanc structurent également la composition, et l'échelle harmonieuse des corps donne à l'ouvrage typographique cet envol, ce rythme général qui le caractérisera. D'un simple ouvrage typographique bien compris naît déjà une vision de rythme.

Le format du papier est à lui seul une expression de mouvement, qu'il soit compris dans les dimensions équilibrées du carré ou l'alternance des côtés longs et courts du rectangle. Ce champ créateur de rythmes offert au typographe est si vaste que ce dernier peut varier à l'infini caractères et formats. Le rythme qui se dégage de la composition peut s'harmoniser ou contraster avec celui du format du papier.

Le typographe devra envisager avec circonspection toute invité à s'éloigner du schéma rigide et éviter la monotonie des répétitions, s'il veut, non seulement rendre sa composition vivante, mais lui conférer également une parfaite lisibilité.

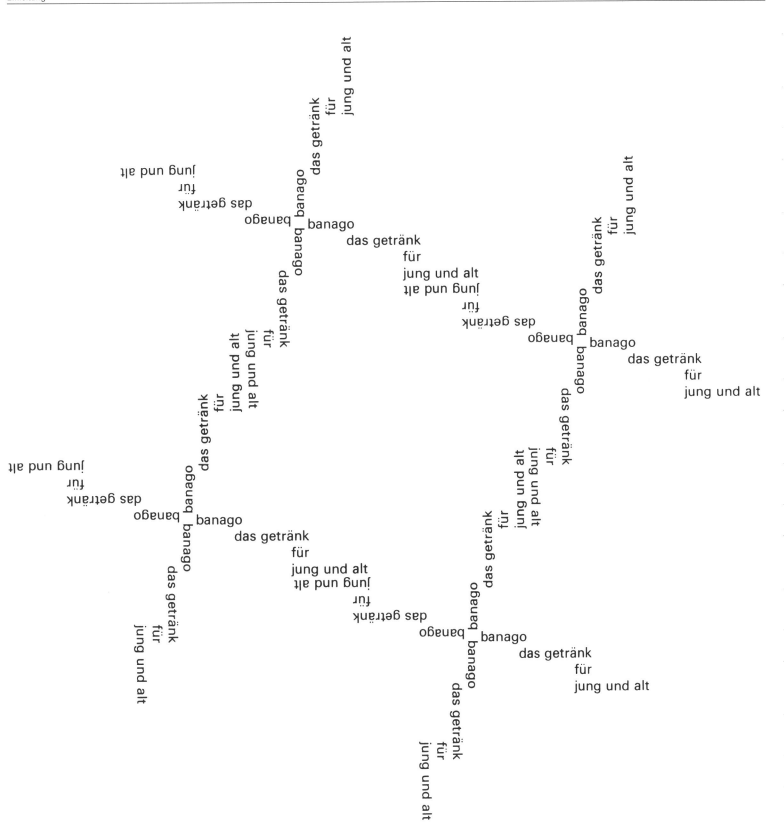

Schreiben und Drucken

Writing and printing

Ecrire et imprimer

Die Erfindung des Buchdrucks manifestiert sich in Werken, in denen der große Durchbruch und das neue Verfahren (der Druck mit beweglichen Lettern) nur unvollkommen zur Geltung kommen. Gutenberg, Fust, Schöffer und andere Frühdrucker waren ängstlich darauf bedacht, den Schein der früheren Handschriften zu wahren. Durch das Ausmalen der Randpartien und der Initialen, vor allem aber durch die üppige Verwendung von Ligaturen wurde das Druckwerk dem handgeschriebenen Buche täuschend ähnlich, und diese Angleichung hat bis in die Neuzeit Verwirrung gestiftet. In dieser Hinsicht unterscheidet sich die Erfindung des Buchdrucks deutlich von andern Erfindungen. In der Lithographie zum Beispiel ist das Wesentliche der neuen Technik in Meisterwerken demonstriert.

Der Frühdruck wurde mit dem handgeschriebenen Buche konfrontiert, und aus dieser Konfrontation entstand der Inferioritätskomplex des Gedruckten. Das handgeschriebene Buch ist einmalig, unersetzlich, nicht reproduzierbar. Das Druckwerk hingegen kann in beliebiger Menge reproduziert werden und wird insofern abgewertet, als das Einzelexemplar nicht mehr den Originalitätswert des Handgeschriebenen besitzt.

Wenn auch in den Druckwerken des 16. Jahrhunderts Kraft und Eigengesetzlichkeit des Gedruckten bewußt zum Ausdruck gebracht wurden, so gibt es doch in allen Perioden des Buchdrucks bis in die neueste Zeit Tendenzen, nach denen diese Eigengesetzlichkeit verwischt werden sollte.

Es gibt grundsätzliche Überlegungen, nach denen das Schreiben und das Drucken zwei verschiedene, unvereinbare Techniken sind, die klar voneinander getrennt bleiben sollen. Der geschriebene Buchstabe ist etwas Persönliches, Organisches, Einmaliges, Spontanes. Er spiegelt den Charakter und die Persönlichkeit des Schreibenden, oft auch seine augenblickliche Stimmung. Der Druckbuchstabe dagegen, der in beliebiger Menge nach einer Matrize gegossen werden kann, wiederholt sich in präziser, gleichbleibender Form. Sein Wesen ist unpersönlich, neutral, sachlich, und gerade diese Eigenschaften erlauben dem typographischen Gestalter eine universelle Verwendung und immer neue Kompositionsarten.

Der gute Gestalter muß die Vermischung von Schreiben und Drucken ablehnen. Die Spontaneität der Handschrift kann in keiner Druckschrift auch nur annähernd erreicht werden, und die Alternativformen und Ligaturen, welche die Druckschrift dem Geschriebenen näherbringen sollen, sind Zeichen eines unzulänglichen Versuches, Unvereinbares zusammenbringen zu wollen. In den sogenannten Schreibschriften älterer und neuerer Prägung ist die Schönheit der Handschrift zur fatalen Nachahmung verfälscht worden, die sich in den starren, sich ständig wiederholenden Formen spiegelt.

Die großen Druckwerke aller Zeiten zeugen von der Kraft und der Eigengesetzlichkeit der Technik. Ihr Wesen ist geprägt von einer faszinierenden, kühlen Schönheit; sie sind frei von artfremden Anleihen und vom Minderwertigkeitskomplex, der aus einer falschen Konfrontation in der Frühzeit des Buchdrucks entstand.

The invention of printing is manifested in works in which the new epoch-making process of using movable type does not show to its full advantage. Gutenberg, Fust, Schöffer and other early printers were anxious to preserve the appearance of early manuscripts. By illumination of the margins and the initial letters, and particularly by the copious use of ligatures, the printed work was made deceptively similar to the manuscript book, and this attempted assimilation of the two forms has caused confusion right down to the present age. In this respect the invention of printing differed basically from other inventions. In lithography, for example, the genius of the new technique is demonstrated in masterpieces.

The incunabulum was compared with the manuscript book and the printer reacted with a sense of inferiority. The manuscript book is unique and irreplaceable; it cannot be reproduced. The printed work, on the other hand, can be reproduced in any desired quantity but is, of course, worth very much less in the sense that the single copy no longer has the value of the original manuscript.

Although vigour and wilful individuality were deliberately cultivated even in the printed works of the 16th century, there has been a tendency through every period of printing right down to the present day to regard such individuality as something to be played down.

There is a deep-rooted belief that writing and printing are two different and mutually incompatible techniques and that they should be kept strictly apart. The written letter is something personal, organic, unique and spontaneous. It mirrors the character and the personality of the writer, and often his mood of the moment. But the printed letter, which can be cast as often as necessary from the mould, goes on being repeated in a precise and invariable form. It is impersonal, neutral and objective by nature, and it is precisely these qualities which enable the typographer to use it universally and to vary his composition in a multitude of ways.

A good designer must refrain from mixing writing and printing. The spontaneity of handwriting can only be distantly approached and never attained by printing, and the alternative forms and ligatures which are intended to bring printing closer to writing are merely evidence of an unsuccessful attempt to reconcile the irreconcilable. In the script types as they are known, of either ancient or more recent design, the beauty of handwriting has been debased into an unpleasant imitation reflected in the rigid and repetitive forms.

Masterpieces of printing, of whatever age, are eloquent of the power and untrammelled individuality of the technique. There is a cool and fascinating beauty about them: they are free from alien borrowings and from the sense of inferiority which arose through making false comparisons in the early days of printing.

L'invention de l'imprimerie ouvrait un champ qui ne fut qu'i parfaitement exploité, et le nouveau procédé (à caractères mobiles) ne fit non plus guère s'epanouir toutes les possibili typographiques. Gutenberg, Fust, Schöffer et autres pionnie de l'imprimerie étaient tout préoccupés de conserver à l'écri imprimée l'apparence de l'écriture manuscrite. Les premiers livres, avec leurs enluminures richement coloriées, leurs splendides lettrines, l'abondance des ligatures, imitaient à s' méprendre les manuscrits, et cette imitation créa un désarro un handicap à une evolution jusqu'à un temps récent. A ce point de vue, l'invention de l'imprimerie se différencie nettement des autres inventions. En lithographie, par exemple, l'essence de la nouvelle le technique est démontrée dans de chefs-d'œuvre.

Les premiers livres imprimés étaient comparés aux manuscr et cette confrontation engendra pour l'imprimé un sentimen d'infériorité. Le livre manuscrit est unique, irremplaçable; le livre imprimé peut être reproduit à volonté, mais en tant qu'exemplaire isolé, la perte de cette valeur originale du ma crit l'a déprécié. Quand bien même il ait été sciemment expr dans les ouvrages du 16e siècle, ce caractère de force et d'indépendance, d'authenticité de l'imprimé dut subir des éclipses lors des tendances qui surgirent inévitablement au cours du développement de l'imprimerie.

Considérées fondamentalement, ces deux techniques, écrire imprimer, sont incompatibles et cette inconciliation doit mên continuer à les séparer. La lettre écrite à la main est personne organique, unique, spontanée. Elle reflète le caractère et la p sonnalité de celui qui la trace, souvent aussi son humeur pas sagère. La lettre imprimée, qui peut être indéfiniment coulée dans une matrice, se répète dans la méme forme toujours précise et immuable. Son caractère est impersonnel, neutre, objectif, et ce sont précisément ces qualités qui lui permetter d'être utilisée universellement et dans des compositions toujours nouvelles.

Le créateur de goût doit éviter de mélanger caracteres manu crits et caractères imprimés. Ces derniers ne peuvent préten à la spontanéité du manuscrit, et les lettres à deux graphique les ligatures qui veulent rapprocher l'imprimé de l'écriture courante, ne sont que des tentatives erronées de concilier ce qui ne peut l'être. Les soi-disant caractères écriture, qu'ils soient anciens ou récents, nous prouvent qu'une imitation es toujours fatale à la beauté de l'écriture qui reste rigide et froi

Les grandes œuvres d'imprimerie témoignent toujours de la vigueur et de l'authenticité de la technique. Elles fascinent pa leur fraîcheur et leur beauté. Elles sont libres de tout emprun étranger; le sentiment d'infériorité des premiers ouvrages imprimés, engendré par une confrontation déplacée, leur est inconnu.

et lorauit eā agricoli
fedus est . Cum aūt
appropinquasset : n
ad agricolas ut acci
Et agricole appheus
um reciderūt· aliū oc
lapidauerūt . Iterū n
plures prioribus:z
ter . Aouissime aute
lium suū dicens : vt
Agricole aūt videm

Die Drucktypen Gutenbergs sind so gehalten, daß sie beim Aneinanderreihen den Eindruck des Geschriebenen vermitteln. Im
Textausschnitt der 42zeiligen Bibel links und in der alphabetischen Aufreihung der Typen erkennt man die vielen Ligaturen
(mehrere zu einem Guss zusammengefaßte Typen) und Alter-
nativbuchstaben (Variationen), um das geschriebene Gitter-
werk der gotischen Textura auch im Druck zu erhalten. Die
ersten Druckwerke imitieren die Handschrift und sind sich der
Kraft und der Eigengesetzlichkeit der gedruckten Form noch
nicht bewusst.

Gutenberg's printing types were of a kind which, when
arranged in lines, gave the impression of a written script. In the
extract from the text of the 42-line bible on the left and in the
alphabetical arrangement of the types we can see the many
ligatures (several letters cast on the same body) and the alternative forms wich served to retain the typical elaborate
Gothic pattern even in printing. The earliest printed works
imitated handwriting and reveal that the first printers did not
realize that the printed form has its own laws and is capable of
making its own kind of impact.

Les types de Gutenberg, serrés les uns près des autres, donn
l'impression du manuscrit. Dans l'extrait de la Bible de
42 lignes, à gauche, et dans les caractères en ordre alphabétique, on reconnaît les nombreuses ligatures (plusieurs
caractères fondus ensemble) et les lettres à deux graphiques
(variations) destinées à transposer dans l'impression le tracé
courant de l'écriture gothique. Les premières impressions
imitent l'écriture courante et ignorent encore la valeur et
l'indépendance des caractères d'imprimerie actuels.

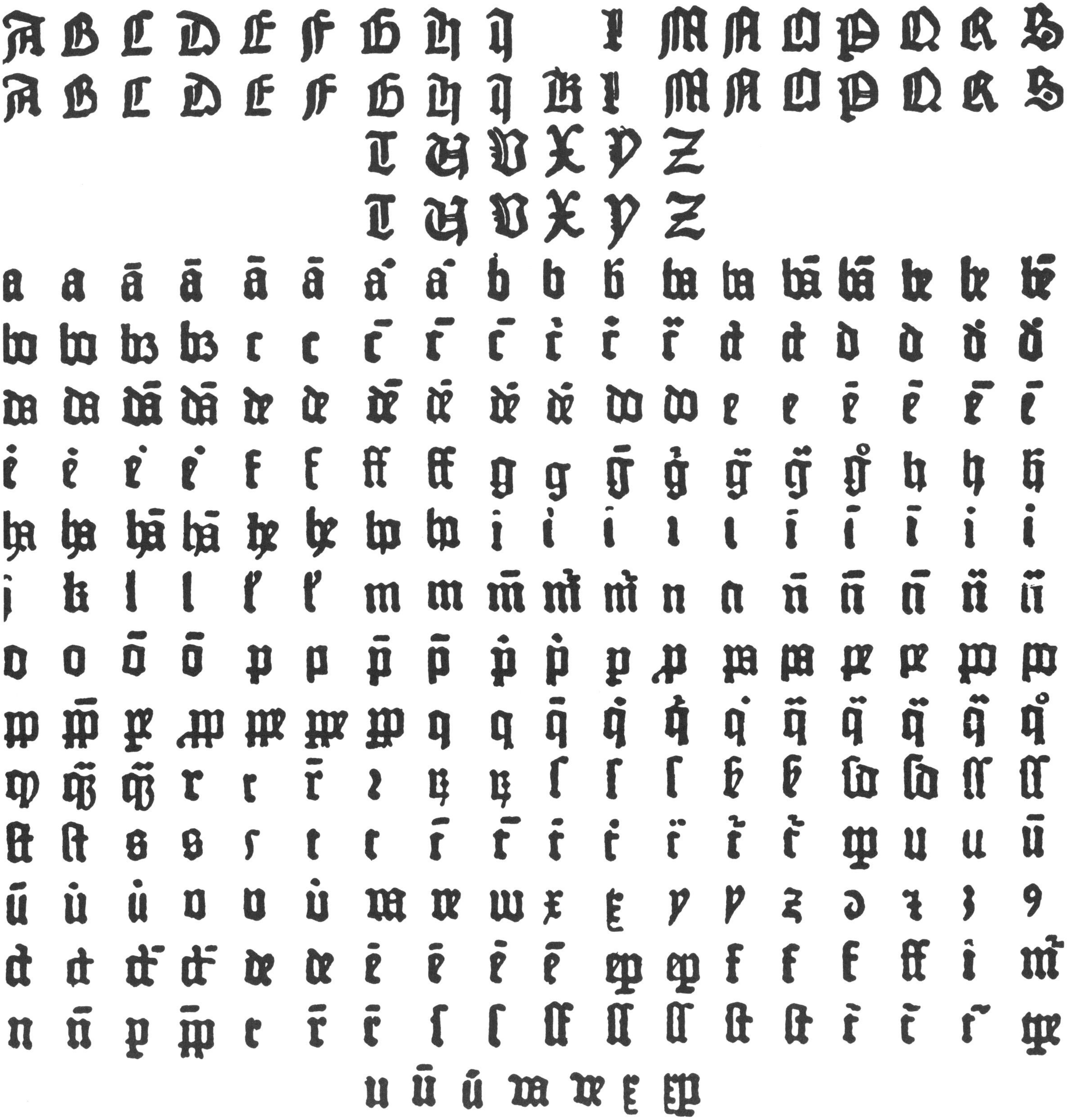

cio noſtro ſubiunxerimus.Quanǧ enim hic noſter in ſcribendo ac d
do labor,complures non modo in anatomes cognitione,ſed etiam i
ni ſententiæ interpretatione iuuare poterit:tamen interdū veremur,
buſdam nomen hoc anatomicum ſit inuiſum : mirentúrq; in ea diſſe
tantum nos operæ & temporis ponere: cum alioqui ab ijs qui numr
potius quàm artis aucupio dant operam facile negligatur.Atq; ita n
curritur,dum quærunt:ſatíſne conſtanter facere videamur,qui cum
ris humani partiū longiori indagationi ſtudemus , quæ magis ſunt
imprimíſq; neceſſaria prætermittimus:ſatius eſſe affirmantes,eius rei
tionem ſicco (vt aiūt)pede percurrere,in qua alia certa,alia incerta
cunt:alia probabilia,alia minus probabilia inueniri.Quod certe diǎ
qui tamen inueniantur qui hoc dicant) hominum mihi videtur par
ſyderate loquentium:atq; in maximis rebus errantium. Quibus vell
tis cognita eſſet noſtra ſententia.Non enim(vt inquit quidá) ſūmus
rum vagetur animus errore : & ihcertis rebus demus operam,neque
mus vnǧ quod ſequamur . Quid enim eſt,per deos,abſoluta anatom
gnitione optabilius? quid præſtantius?quid Medico vtilius?quid Ch
dignius? quá qui expetunt & adſequuntur,tundemū Medici ac Chir
cendi ſunt:nec quicǧ eſt aliud,quod Medicum aut Chirurgum magi
mendet,quàm ipſa anatome.Cuius ſtudium qui vituperat,haud ſanè
go quídnam ſit quod laudādum in huiuſmodi viris aut artibus putet
ſiue oblectatio quæritur animi:quid æquè delectat,aut ingenuos ani
ficit,atq; conditoris noſtri,in hoc microcoſmo procreando, diligente
ſcrutatum artificium?ſiue perfectio,& abſoluta quædam ars petitur

Gedruckt in der Kayserlichen Stat Augspurg durch den Eltern Hansen Schönsperger im Jar Tausent funffßundert vnd im Neuntzeßenden.

Linke Seite: Die italienischen und französischen Rennaissance-Drucke des 16. Jahrhunderts spiegeln die Erkenntnis der Gesetze und der Schönheit des Gedruckten wieder: Einzelne Typen, ohne Verbindung nebeneinander gesetzt, durch den Guß bedingte, gleichbleibende Form des Buchstabens, kühle Distanz und Sachlichkeit, im Gegensatz zur intuitiven, geschriebenen Form.

Oben: Druckvermerk von Hans Schönsperger, Augsburg 1519. Die Fraktur der deutschen Renaissance überträgt charakteristische Merkmale der Handschrift in das Druckwerk. Es ist eine virtuose Leistung, das Schnörkelwerk der Großbuchstaben, das gezierte Alineazeichen und den Federzug der letzten Zeile in die Technik des Setzens und Druckens einzuordnen. Es ist aber ein irregeleitetes Bemühen, das Spontane und Einmalige der Handschrift in stur sich wiederholenden Formen erstarren zu lassen.

Left: Italian and French printed works of the Rennaissance (16th century) reflect knowledge of the rules and beauty of printing: single type faces, arranged side by side without any connection, unchanging form of the letters due to lead casting, impartiality and objectivity instead of the emotional involvement of the written form.

Above: Imprint of Hans Schönsperger, Augsburg, 1519. The fraktur or German type of the German Renaissance introduced many characteristic features of handwriting into printing. It was a remarkable achievement to make the flourishes of the capital letters, the decorated paragraph mark, and the pen stroke of the last line part of the technique of composing and printing. But it was misplaced ingenuity to perpetuate the spontaneous and unique features of handwriting in the stolidly repeated forms of print.

Page de gauche: Les impressions italiennes et françaises de la Renaissance reflètent la connaissance des lois et le sens de la beauté de l'œuvre imprimée: caractères séparés, disposés sans lien entre eux, forme immuable des lettres conditionnée par la fonte, distance et réalisme, autant d'attributs opposés a l'écriture courante spontanée.

En haute: Marque d'impression de Hans Schonsperger, Augsbourg 1519. Les caractéristiques de l'écriture courante du temps dans la Renaissance allemande sont transposées dans la Fraktur. L'ouvrage atteste une réelle virtuosité typographique, tant dans la compositions que dans l'impression, si l'on contemple les fioritures des lettrines, les enjolivures des signes alinéas, traits à la plume des dernières lignes. Œuvre de patiente application qui parvient à figer en des formes rigides et se répétant la spontanéité et l'orginalité de l'écriture à la main.

Sehr geehrter Herr Rupf
Es tat mir leid, Sie diesen Sommer
durch die Zeitumstände nicht sehn zu
können. Was für ein Unglück für uns
alle ist dieser Krieg, und insbesondere
für mich, der ich Paris so viel verdanke
und geistige Freundschaft mit den
dortigen Künstlern pflege. Wie wird
man nachher sich gegenüberstehen!
Welche Scham über die Vernichtung
auf beiden Seiten!

Können Sie mir sagen, wer von
den Parisern am Krieg beteiligt ist? Ich
konnte bis dahin von niemand etwas
erfahren. Von hier ist August Macke
schon gefallen, der Franzosenfreund!
und Marc bei der Munitionskolonne,
Gott sei Dank nicht exponiert.

Sie selbst waren od. sind im Feld,
zum Glück unblutig! Sie haben nie

Brief von Paul Klee an den Berner Kunstsammler Hermann Rupf, gesetzt und in Faksimile-Reproduktion. Aus der Handschrift von Paul Klee ist Erregung, Nervosität und die Tragik der Zeit zu erkennen. Der selbe Text in Drucktypen wirkt versachlicht, objektiv und dokumentarisch.

Letter from Paul Klee to the Bernese art-collector Hermann Rupf, in faksimile and set in print. Paul Klee's handwriting reveals excitement, disquiet and the tragedy of the age. Set in print the same text becomes objective and documentary.

Lettre de Paul Klee au collectionneur bernois Hermann Rupf, impression en fac-similé. Excitation, nervosité, expression tragique inhérente à notre époque, ressortent de l'écriture du peintre. Le même texte en caractères d'imprimerie se neutral devient une expression objective et documentaire.

Sehr geehrter Herr Rupf

Es tat mir sehr leid, Sie diesen Sommer durch die Zeitumstände nicht sehn zu können. Was für ein Unglück für uns alle ist dieser Krieg, und insbesondere für mich, der ich Paris so vielverdanke und geistige Freundschaft mit den dortigen Künstlern pflege. Wie wird man nachher sich gegen überstehn! welche Scham über die Vernichtung auf beiden Seiten!

Können Sie mir sagen wer von den Parisern am Krieg beteiligt ist? ich konnte bis dahin von niemand etwas erfahren. Von hier ist August Macke schon gefallen, der Franzosenfreund! — und Marc bei der Munitionscolonne, gott sei Dank nicht exponiert.

Sie selbst waren od. Sind im Feld, zum Glück unblutig! Sie haben wie

gerold propper
farsta

Herrn Emil Ruder
Hardstrasse 173
Basel
SCHWEIZ

Emil Ruder
Basel Hardstrasse 173 Telephon 41 95 35

7.5.58

```
Schweizerischer Werkbund
Sekretariat
Bahnhofstrasse 16
Zürich 1
```

Gedrucktes und Geschriebenes in Wechselbeziehung.

Links: Die Präzision der gedruckten Marke im Stichverfahren und die Drucktypen stehen in bewußtem Kontrast zum zarten Entwertungsstempel und zu den verschwommenen, diffusen Schreibmaschinentypen.

Oben: Vergrößerter Ausschnitt aus einem beschrifteten Brief-bogen. Die Vergrößerung macht den Gegensatz zwischen gedruckt und geschrieben deutlich: Die gedruckten Zeilen in regelmäßigem Druck und gleichbleibender Schwarzwirkung, die geschriebenen Zeilen, je nach Anschlag der Schreib-maschinentasten, schwankend in der Grauwirkung.

Interrelations between writing and printing.

The precision of the stamp printed from an engraving and the printing type are made to contrast deliberately with the delicacy of the rubber cancellation stamp and the blurred, diffuse type-writer face.

Above: Enlarged detail from a typewritten envelope.The enlargement clearly brings out the contrast between the written and the printed. The printed lines have the same uniform impression and blackness throughout whereas the typewritten lines vary in their degree of greyness according to the force with which the keys were struck.

Impression et écriture en rapports alternés.

A gauche: Contraste intentionnel entre d'une part la précision de la marque imprimée par gravure et les caractères d'impri-merie, et d'autre part le tampon délicat et les caractères dactylographiés flous et diffus.

En haut: Agrandissement partiel d'inscriptions d'une feuille de papier à lettre qui accentue l'opposition entre inscriptions dactylographiées et imprimées; les lignes imprimées sont régulières et toujours du même noir intense, les lignes écrites à la machine varient selon la force de frappe et vacillent dans un effet gris.

Funktion und Form

Function and Form

Fonction et Forme

Der Typograph gibt dem Wort die sichtbare Form und konserviert es für die Zukunft. Die einfachste typographische Verrichtung erzeugt Formprobleme. Beim Aneinanderreihen der Typen entsteht in der Wechselbeziehung von Weiß und Schwarz ein formales Problem, das nicht nur vom Typographen, sondern auch vom Schriftentwerfer und von der Gießerei gelöst werden muß. Wort- und Zeilenabstände, ausschlaggebend für die Lesbarkeit, sind formale Werte, die vom Typographen registriert und bewußt eingesetzt werden müssen. Bei jeder typographischen Arbeit, sogar bei der scheinbar profansten, muß auch der formale Aspekt berücksichtigt werden.

Technik, Funktion und Formgebung sind Begriffe, die in der Typographie nicht voneinander zu trennen sind. Es ist grundsätzlich falsch, auf der unteren Stufe der Ausbildung eines Typographen die technischen Probleme und auf der oberen Stufe die formalen Probleme bewältigen zu wollen.

Die Umsetzung des Wortes in eine sichtbare Form ist ein Anliegen, das die Menschheit seit Urzeiten fasziniert hat. Seit der Erfindung des Buchdrucks, das heißt auch mit dem wachsenden Lesebedürfnis, ist die Beziehung zwischen Funktion und Form vielschichtig geworden. Es gibt die Perioden des Überwucherns der typographischen Form ohne Rücksicht auf die Gegebenheiten des Wortes, sei es in den Titelblättern des Barocks oder in der konstruktivistischen Typographie der Bauhauszeit. Andererseits zeigen Erstausgaben von Goethe und Schiller, daß unter Berücksichtigung der Lesbarkeit die Formgebung vernachlässigt werden kann.

Meisterwerke der Typographie zeigen eine vollkommene Einheit zwischen Wort und typographischer Form. In den venezianischen Drucken des 16. Jahrhunderts und in den Spätwerken von Giambattista Bodoni kann sich, trotz einer hohen formalen Kultur, das Wort sinngemäß entfalten. Die Werke zeugen von einer harmonisch-selbstverständlichen Übereinstimmung von Funktion und Form. Sie zeigen dem Typographen, daß die Form dem Zweck entsprechend entwickelt werden muß. Sie zeigen aber auch, daß reiner Funktionalismus zur Sicherstellung einer guten Form nicht genügt.

Auf der rechten Seite wird mit dem Begriff ‹buch› die Beziehung zwischen Wort und Form untersucht:

1 ‹buch› wird spontan gelesen, das heißt es wird in erster Linie als Wort und erst in zweiter Linie als Formgebilde aufgenommen.
2 Das Spiegelbild der Zeile ist dem Typographen vertraut und wird von ihm primär gelesen. Für den Laien aber ist die Zeile schwer lesbar und wird als Formgebilde gewertet.
3 Bei der aufwärts gestellten Zeile wird die Lesbarkeit geschwächt, der Formcharakter verstärkt.
4 Die nach unten gestellte Zeile ist noch schwerer lesbar und wird noch stärker als Form empfunden.
5 Die auf den Kopf gestellte Zeile ergibt ein fast reines Formgebilde, dessen Lesbarkeit fragwürdig wird.
6 Das Vertauschen der Buchstaben macht das Wort unleserlich und betont die Form.
7 Das Wort in englischer Sprache wirkt stärker als Form. Typographie in einer Fremdsprache ist immer formbetont.
8 Die ungewöhnliche zusammengefügte Zeile wird zum Formgebilde mit einem Minimum an Aussage.

The typographer clothes the word with visible form and preserves it for the future. Typographical work, however simple, raises formal problems. Lining up type produces an alternating pattern of black and white, and this presents a problem of form which must be solved not by the typographer alone but also by the type designer and the foundry. The spaces between words and lines, which are of crucial importance for legibility, are formal values which the typographer must keep in the front of his mind and use only after reflection. In every typographical work, even the most humdrum, this formal aspect cannot be neglected.

Technique, function and formal design are ideas which are quite inseparable in typography. It is wrong in principle to master technical problems in the early stages of the typographer's training and leave the formal problems until later.

This business of clothing the word with visible form has fascinated mankind since the earliest days of his history. But the invention of letterpress, and the growing desire to read, rendered the relationship between function and form a complex one. There are periods when typographical form ran riot, whether it was in the title-pages of the Baroque or the Constructivist typography of the Bauhaus days. On the other hand first editions of Goethe and Schiller show that form may sometimes be neglected in the interests of enhanced legibility.

Masterpieces of typography show perfect unity between word and typographical form. In Venetian printed works of the 16th century and late works by Giambattista Bodoni the word was able to develop along rational lines in spite of a culture in which great importance was attached to the formal aspects of art. The works reveal a harmonious and seemingly inevitable concord of function and form. They show the typographer that form must be developed as befits purpose. But they show at the same time that pure functionalism is not itself enough for good form.

On the right-hand page the word "buch" is examined with an eye to the relationship between word and form:

1 "buch" is read spontaneously, i.e. it is read primarily as a word and only secondarily as a formal structure.
2 The mirror image of the line is familiar to the typographer and he regards it primarily as something to read. For the layman on the other hand it is first and foremost a formal structure which he can spell out only with difficulty.
3 If the line is made to run upwards, its legibility is impaired and its formal character enhanced.
4 The line running downwards is still more difficult to read and to an even greater degree it is the formal characteristics that receive the first attention.
5 Set on its head, the line is even harder to read and its legibility is compromised.
6 Switching round the letters makes the word illegible and emphasizes the form.
7 The word in English strikes the foreign reader more as a formal pattern. Typography in a foreign language always brings out formal qualities.
8 A line put together in an unusual way becomes a formal structure conveying the minimum of information.

Le typographe donne au mot sa forme visible et lui confère s pérennité. La plus simple exécution typographique donne lie des problèmes de forme. L'échange des rapports blanc et noi dans l'assemblage des caractères crée un problème formel q doivent résoudre non seulement le typographe, mais aussi le dessinateur et le fondeur de caractères. Les espacements ent les mots et entre les lignes, déterminants pour la lecture, son des valeurs formelles qui doivent être établies et harmonisée en toute connaissance de cause par le typographe. Toute œuvre typographique, même la plus profane en apparence, c tenir compte de l'aspect formel.

Technique, fonction et forme donnée sont en typographie des concepts inséparables. Vouloir maîtriser les problèmes techniques à l'étage inférieur du développement d'un typographe et résoudre, au stade supérieur, les problèmes formels, est u erreur foncière.

La conversion du mot parlé en un mot écrit, visible, est un dé qui e fasciné l'humanité depuis les temps les plus reculés. Depuis l'invention de l'imprimerie, c'est-à-dire avec le besoin croissant de lire, le rapport entre fonction et forme s'est inten sifié et compliqué. La forme typographique a connu des périodes de surabondance décorative sans égards pour les m en soi: les pages de titre de style baroque ou la typographie constructiviste du Bauhaus en sont des témoignages. D'autre part, on voit dans certaines éditions princeps de Goethe et Schiller combien la forme donnée peut être négligée en faveu de la lisibilité du texte.

Les chefs-d'œuvre typographiques attestent une parfaite unité entre texte et forme. Dans les impressions vénitiennes du 16ᵉ siècle et les œuvres tardives de Giambattista Bodoni le texte peut s'épanouir malgré une haute culture formelle. Ces ouvrages témoignent d'une harmonie naturelle entre la fonction et la forme. Ils prouvent au typographe que la forme doit rester liée au but de l'œuvre, mais aussi qu'un pur fonctionnalisme ne suffit pas à la bonne forme.

Sur la page de droite, recherche du rapport existant entre le r et la forme avec la notion de ‹livre› (buch):

1 ‹buch› se lit spontanément, c'est-a-dire qu'on le perçoit d'abord en tant que mot, ensuite en tant que forme.
2 Le typographe est familiarisé avec le reflet de la ligne qui le frappe dès l'abord. Mais pour le profane, la ligne est difficilement lisible et agit principalement comme forme.
3 La ligne disposée vers le haut affaiblit sa lisibilité et renforce l forme des caractères.
4 La ligne disposée vers le bas est encore plus difficile à lire, sa forme est encore plus fortement accentuée.
5 La ligne posée sur la tête donne une forme presque pure, dor la lisibilité est devenue problématique.
6 Les lettres interverties rendent le mot illisible et accentuent la forme.
7 Le mot en langue anglaise agit plus fortement comme forme. Une typograpie en langue étrangère fait toujour prédominer la forme.
8 La ligne assemblée d'une manière insolite devient forme et réduit à l'extrême son message.

buch

1

buch

3

buch

2

buch

4

buch

5

hcub

6

book

7

buch

8

1

2

3

Die Form überbordet, wird demonstrativ und eigenwillig. Die Funktion (Lesbarkeit, Information) ist zweitrangig. Alle drei Arbeiten demonstrieren ein formales Prinzip: barocken Überschwang, Explosion und Dynamik des Futurismus und Konstruktivismus der Bauhaus-Zeit.

1 Titelblatt, Christoph Froschauer, Zürich 1586.
2 Futuristisches Manifest, Marinetti, Mailand 1914.
3 Flugblatt, Joost Schmidt, Bauhaus Dessau 1924.

Form runs riot and becomes ostentatious and wilful. Function (legibillity, information) is relegated to second place. All these three works demonstrate a formal principle: Baroque exuberance, exposiveness and dynamism of the futurism and constructivism of the Bauhaus period.

1 Title-page Christoph Froschauer, Zurich 1586.
2 Futurist manifesto, Marinetti, Milan 1914.
3 Leaflet, Joost Schmidt, Bauhaus Dessau 1924.

La forme, dont l'œil dépasse de son support, devient démonstrative et volontaire. Son but fonctionnel (lisibilité, informatio passe au second rang. Les trois ouvrages ici présents accuse la même base formelle: exubérance baroque, explosion et dynamisme du futurisme, et constructivisme de la période Bauhaus.

1 Page de titre, Christoph Froschauer, Zurich 1586.
2 Manifeste futuriste, Marinetti, Milan 1914.
3 Feuille volante, Joost Schmidt, Bauhaus Dessau 1924.

FABLES

DE J.-P CLARIS

DE FLORIAN

AVEC UNE PRÉFACE

PAR

HONORÉ BONHOMME

Dessins d'Émile Adan

GRAVÉS A L'EAU-FORTE PAR LE RAT

PARIS

LIBRAIRIE DES BIBLIOPHILES

Rue Saint-Honoré, 338

M DCCC LXXXVI

4

Hermann

und

Dorothea

von Goethe.

Stuttgart und Tübingen,

in der J. G. Cotta'schen Buchhandlung

1814.

5

Robinson Crusoe.

Mit Unterstützung von Gelehrten und Schulmännern
für die Jugend bearbeitet
von
G. A. Gräbner.

Bevorwortet
von
Dr. E. Küßner, weil. Direktor der Musterschule in Frankfurt a. M.,
Prof. Dr. Ziller, weil. Direktor des pädagogischen Seminars, und
Prof. Dr. K. Biedermann in Leipzig.

25. verbesserte Auflage
herausgegeben von Gustav Burkhardt.
Mit einem Vorwort von Univ.-Prof. Dr. G. Willmann in Prag.
Pracht-Ausgabe.
Mit 8 Farbendruck- und 8 Tonbildern, 54 Text-Illustrationen
und 2 Kärtchen.

Leipzig und Crimmitschau.
Verlag von Gustav Gräbner.
(Gustav Burkhardt).
1897.

6

Die Form verkümmert, die Lesbarkeit ist einigermaßen gesichert. Unschöpferischen und kraftlosen Gestaltungen fehlt der Anreiz zum Lesen, und den vorwiegend visuell eingestellten Leser stoßen sie ab.

Titelblatt, Paris 1886. Die Mittelachse und der einheitliche Schriftcharakter geben dieser an sich kraftlosen Arbeit einen gewissen Halt.
Titelblatt für eine Erstausgabe Goethe, Stuttgart 1814.
Titelblatt, Leipzig 1897. Ein Druckwerk mit allen typographischen Greueln der Jahrhundertwende.

Form atrophies, but legibility is more or less assured. Uncreative and enervated shapes offer no incentive to reading and repel the reader whose mind is highly responsive to the visual.

1 Title-page, Paris 1886. The central axis and the uniform character of the typeface stiffen up this intrinsically limp piece of work.
5 Title-page for a Goethe first edition, Stuttgart 1814.
6 Title-page, Leipzig 1897. A piece of printing exemplifying all the typographical atrocities prevailing at the turn of the century.

La forme s'efface, la lisibilité est, dans une certaine mesure, assurée. Des réalisations sans vigueur et sans orginalité n'invitent pas à la lecture et rebutent le lecteur influencé par une première impression visuelle.

4 Page de titre, Paris 1886. L'axe central et les caractères uniformes donnent une certaine tenue à cet ouvrage par ailleurs sans aucune vigueur.
5 Page de titre pour une édition princeps de Goethe, Stuttgart 1814.
6 Page de titre, Leipzig 1897. Une impression attestant le manque de goût typographique du début du siècle.

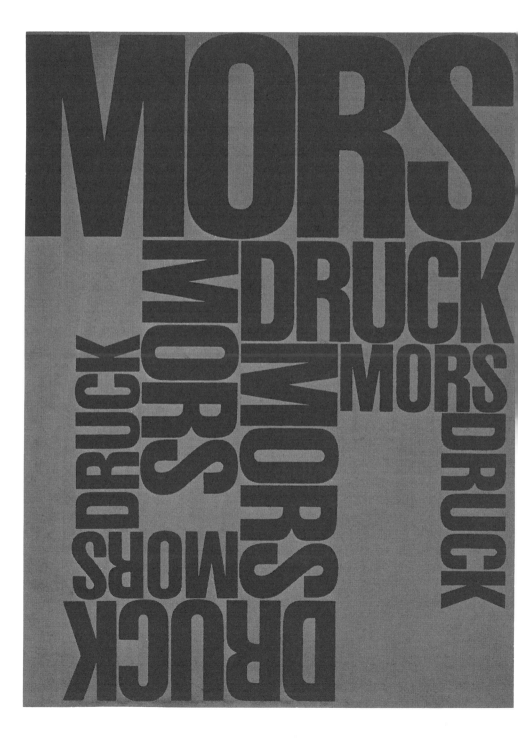

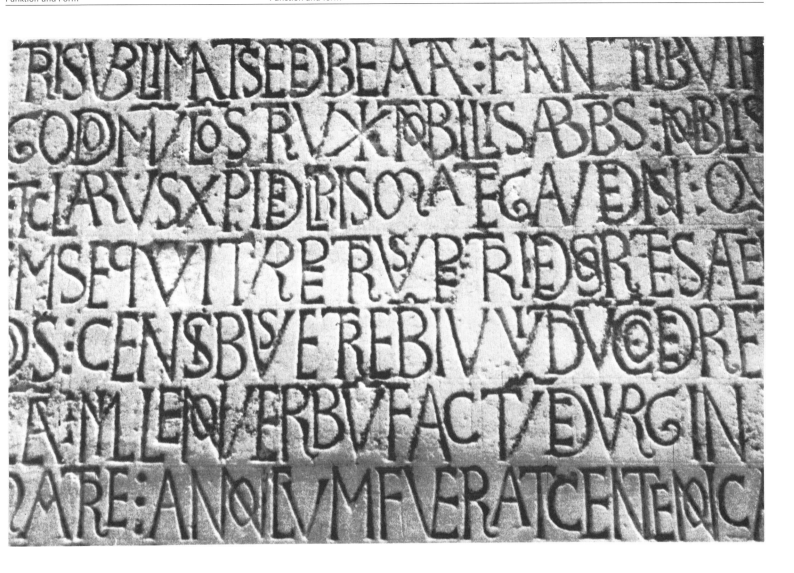

Linke Seite: Kalenderrückwand für eine Druckerei. Die typografische Form ist mit voller Absicht erstrangig, ein Spiel mit Größen und Leserichtungen; die Funktion kann hier im Hintergrund bleiben.
Oben: In Stein gehauene frühchristliche Majuskel aus Ravenna. Die Lesbarkeit dieses Textes ist bewußt erschwert durch ein reiches und geistvolles Spiel mit Abkürzungen und Ligaturen; der Text ist verschlüsselt, um den Zugang zu ihm zu erschweren. Die Tafel ist in erster Linie Form und erst in zweiter Linie Mitteilung.

Left: Calendar back for a printing firm. The typographical form is stressed with its playful pattern of sizes and directions of reading; this emphasis on form is deliberate since here function can be relegated to the background.

Above: Early Christian capitals cut in stone, from Ravanna. This text has been deliberately made hard to read with an elaborate and ingenious pattern of abbreviations and ligatures; the text is encoded so as to render it difficult of access. The tablet is primarily form and only secondarily information.

Page de gauche: Dos de calendrier pour une imprimerie. La forme typographique est intentionnellement exagérée. La composition joue avec les sens de la lecture et les grandeurs; la fonction peut rester à l'arrière-plan.
En haut: Majuscules taillées dans la pierre, Ravenne, début du christianisme.
La lisibilité de ce texte est volontairement rendue difficile par un riche jeu d'abréviations et de ligatures. Le caractère de ce texte à clef est avant tout formel, et secondairement informatif.

Fremde, für uns nicht lesbare Schriftformen sprechen uns an; wir genießen sie als Formgebilde, vergleichbar mit Werken der Kunst. Könnten wir die Schriften lesen, so wäre ein Nachlassen unseres Interesses für die Form die logische Folge. Chesterton, beim Anblick des nächtlichen Broadways in New York: Was für ein phantastischer Zaubergarten würde das wohl für jemanden sein, der das Glück hätte, nicht lesen zu können?

1 Hebräische Quadratschrift, 2.–1.Jahrhundert v.Chr.
2 Süd-Indische Inschrift in Stein, 6.–7.Jahrhundert n.Chr.
3 Runenschrift, schwedisch
4 Sabäische Inschrift, 1.Jahrhundert n.Chr.
5 Altbabylonische Keilschrift, etwa 2000 v.Chr.
6 Altpersische Keilschrift, 500–400 v.Chr.
7 Arabische Kufischrift aus der Zeit der Samanid-Dynastie, 874–999 n.Chr. Text: Der Herr ist der Größte, welcher den Menschen die Schrift lehrt und ihn aus der Unwissenheit befreite.

Unfamilar writing forms hold an appeal for us even if we cannot read them; we enjoy them as formal patterns comparable to a work of art. If we could read them, we should automatically lose interest in them as form. On seeing Broadway lit up at night, Chesterton said: What an enchanted garden that would be for anybody lucky enough not to be able to read it!

1 "Square Hebrew" script, 2nd to 1st century B.C.
2 South Indian stone inscription, 6.–7th century A.D.
3 Runic writing, Swedish.
4 Sabaean inscription, 1st century B.C.
5 Old Babylonian cuneiform writing, c. 2000 B.C.
6 Old Persian cuneiform writing, 500–400 B.C.
7 Arabian Kufic writing of the Samanid dynasty, 874–999 A.D. Text: The lord is greatest who teaches men writing and delivers them from ignorance.

Les formes d'écritures étrangères, pour nous illisibles, ont un certain attrait; nous en jouissons comme nous le ferions d'un dessin ou d'une quelconque œuvre d'art. Si nous pouvions saisir le sens des mots, notre intérêt pour la forme picturale s'en trouverait inévitablement diminué. A New-York, Chesterton s'exclama, en regardant Broadway la nuit: ‹Quel merveilleux jardin enchanté serait cette vue pour quelqu'un qui aurait la chance de ne savoir lire!›

1 Écriture hébraïques carrée, 2e–1er siècle av. J.-C.
2 Inscription sud-indienne dans la pierre, 6e–7e siècle ap. J.-C.
3 Écriture runique, Suède
4 Inscription sabellique, 1er siècle ap. J.-C.
5 Écriture cunéiforme, babylonien ancien, environ 2000 ans av. J.-C.
6 Écriture cunéiforme, persique ancien 500–400 av. J.-C.
7 Écriture coufique arabe, dynastie des Samanides, 874–999 ans ap. J.-C. Texte: ‹Le Seigneur est le plus grand, qui enseigna à l'homme l'écriture et l'affranchit de l'ignorance.›

1

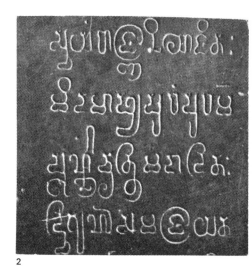

2

3

4

5

6

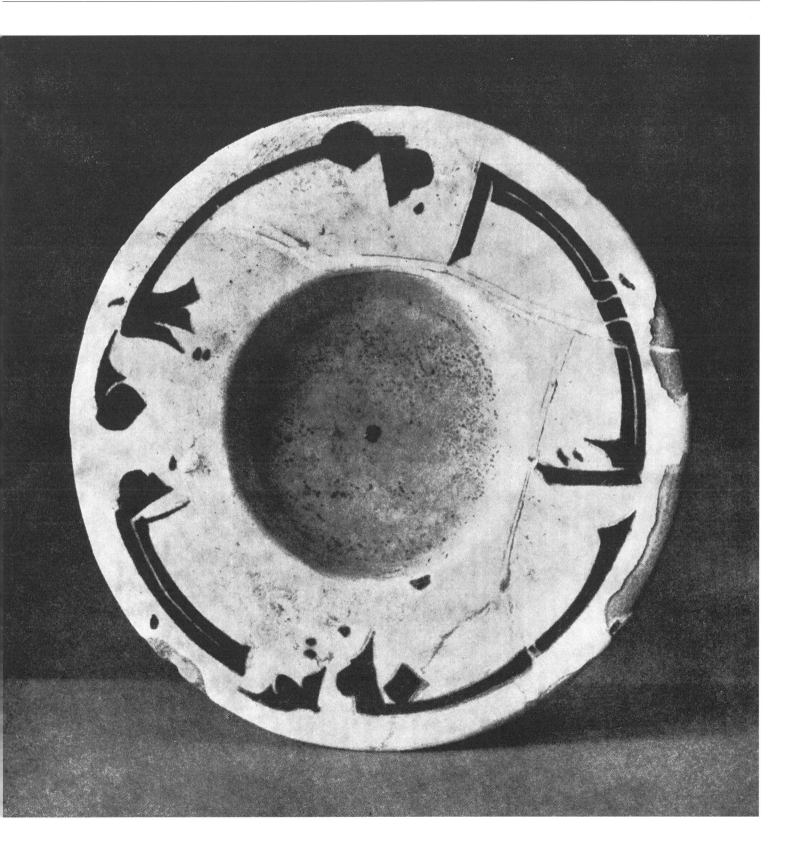

Schöpferisch sein, ist das Wesen des Künstlers; wo es aber keine Schöpfung gibt, gibt es keine Kunst. Aber man würde sich täuschen, wenn man diese schöpferische Kraft einer angeborenen Begabung zuschreiben wollte. Im Bereiche der Kunst ist der echte Schöpfer nicht nur ein begabter Mensch, der ein ganzes Bündel von Betätigungen, deren Ergebnis das Kunstwerk ist, auf dieses Endziel hinausrichten kann. Deshalb beginnt für den Künstler die Schöpfung mit der Vision. Sehen ist in sich schon eine schöpferische Tat, die eine Anstrengung verlangt. Alles, was wir im täglichen Leben sehen, wird mehr oder weniger durch unsere erworbenen Gewohnheiten entstellt, und diese Tatsache ist in einer Zeit wie der unsrigen in einer besonderen Weise spürbar, da wir vom Film, der Reklsme und den illustrierten Zeitschriften mit einer Flut vorfabrizierter Bilder überschwemmt werden, die sich hinsichtlich der Vision ungefähr so verhalten wie ein Vorurteil zu einer Erkenntnis. Die zur Befreiung von diesen Bildfabrikaten nötigen Anstrengungen verlangen einen gewissen Mut, und dieser Mut ist für den Künstler unentbehrlich, der alles so sehen muß, als ob er es zum ersten Mal sähe. Man muß zeitlebens so sehen können, wie man als Kind die Welt ansah, denn der Verlust dieses Sehvermögens bedeutet gleichzeitig den Verlust jeglicher originalen, das heißt persönlichen Ausdrucks. Schöpfen heißt, das ausdrücken, was man in sich hat. Jede echte schöpferische Anstrengung spielt sich im Innern ab. Aber auch das Gefühl will genährt werden, was mit Hilfe von Anschauungsobjekten, die der Außenwelt entnommen werden, geschieht. Hier schiebt sich die Arbeit ein, durch die der Künstler die äußere Welt sich stufenweise angleicht und sich einverleibt, bis das Objekt, das er zeichnet, zu einem Bestandteil von

1

Schöpferisch sein, ist das Wesen des Künstlers; wo es aber keine Schöpfung gibt, gibt es keine Kunst. Aber man würde sich täuschen, wenn man diese schöpferische Kraft einer angeborenen Begabung zuschreiben wollte. Im Bereich der Kunst ist der echte Schöpfer nicht nur ein begabter Mensch, der ein ganzes Bündel von Betätigungen, deren Ergebnis das Kunstwerk ist, auf dieses Endziel hinausrichten kann. Deshalb beginnt für den Künstler die Schöpfung mit der Vision. Sehen ist in sich schon eine schöpferische Tat, die eine Anstrengung verlangt. Alles, was wir im täglichen Leben sehen, wird mehr oder weniger durch alle unsere erworbenen Gewohnheiten entstellt, und diese Tatsache ist in einer Zeit wie der unsrigen in einer besonderen Weise spürbar, da wir vom Film, der Reklame und den illustrierten Zeitschriften mit einer Flut vorgefertigter Bilder überschwemmt werden, die

2

Schöpferisch sein, ist das Wesen des Künstlers; wo es aber keine Schöpfung gibt, gibt es keine Kunst. Aber man würde sich täuschen, wenn man diese schöpferische Kraft einer angeborenen Begabung zuschreiben wollte. Im Bereiche der Kunst ist der echte Schöpfer nicht nur ein begabter Mensch, der ein ganzes Bündel von Betätigungen, deren Ergebnis das Kunstwerk ist, auf dieses Endziel hinausrichten kann. Deshalb beginnt für den Künstler die Schöpfung mit der Vision. Sehen ist in sich schon eine schöpferische Tat, die eine An-

3

Wenn von unserem wunderschönen Lande ober-
halb der Enns die Rede ist und man die vielen
Herrlichkeiten preist, in welche es gleichsam wie
ein Juwel gefaßt ist, so hat man gewöhnlich jene
Gebirgslandschaft vor Augen, in denen der Fels
luftblau emporstrebt, die grünen Wässer rauschen
und der dunkle Blick der Seen liegt: wer sie einmal
gekannt und geliebt hat, der denkt mit Freuden an
sie zurück, und Ihr heiteres Bild mit dem duftigen
Dämmern und dem funkelnden Glänzen steht in
der Heiterkeit seiner Seele. Aber es gibt andere,
unbedeutendere, gleichsam schwermütig schöne
Teile, die abgelegen sind, die den Besucher nicht
rufen, ihn selten sehen und, wenn er kommt, ihm
gerne weisen, was im Umkreise ihrer Besitzungen
liegt. Wer sie einmal gekannt und geliebt hat, der
denkt mit süßer Trauer an sie zurück wie an ein
bescheidenes, liebes Weib, das ihm gestorben ist
und das nie gefordert, nie geheischt und ihm alles

1

Wenn von unserem wunderschönen Lande ober-
halb der Enns die Rede ist und man die vielen
Herrlichkeiten preist, in welche es gleichsam wie
ein Juwel gefaßt ist, so hat man gewöhnlich jene
Gebirgslandschaft vor Augen, in denen der Fels
luftblau emporstrebt, die grünen Wässer rauschen
und der dunkle Blick der Seen liegt: wer sie einmal
gekannt und geliebt hat, der denkt mit Freuden an
sie zurück, und ihr heiteres Bild mit dem duftigen
Dämmern und dem funkelnden Glänzen steht in
der Heiterkeit seiner Seele. Aber es gibt andere,
unbedeutendere, gleichsam schwermütig schöne
Teile, die abgelegen sind, die den Besucher nicht
rufen, ihn selten sehen und, wenn er kommt, ihm
gerne weisen, was im Umkreise ihrer Besitzungen
liegt. Wer sie einmal gekannt und geliebt hat, der
denkt mit süßer Trauer an sie zurück wie an ein
bescheidenes, liebes Weib, das ihm gestorben ist
und das nie gefordert, nie geheischt und ihm alles

2

Wenn von unserem wunderschönen Lande ober-
halb der Enns die Rede ist und man die vielen
Herrlichkeiten preist, in welche es gleichsam wie
ein Juwel gefaßt ist, so hat man gewöhnlich jene
Gebirgslandschaft vor Augen, in denen der Fels
luftblau emporstrebt, die grünen Wässer rauschen
und der dunkle Blick der Seen liegt: wer sie einmal
gekannt und geliebt hat, der denkt mit Freuden an
sie zurück, und ihr heiteres Bild mit dem duftigen
Dämmern und dem funkelnden Glänzen steht in
der Heiterkeit seiner Seele. Aber es gibt andere,
unbedeutendere, gleichsam schwermütig schöne
Teile, die abgelegen sind, die den Besucher nicht
rufen, ihn selten sehen und, wenn er kommt, ihm
gerne weisen, was im Umkreise ihrer Besitzungen
liegt. Wer sie einmal gekannt und geliebt hat, der
denkt mit süßer Trauer an sie zurück wie an ein
bescheidenes, liebes Weib, das ihm gestorben ist
und das nie gefordert, nie geheischt und ihm alles

3

Wenn von unserem wunderschönen Lande ober-
halb der Enns die Rede ist und man die vielen
Herrlichkeiten preist, in welche es gleichsam wie
ein Juwel gefaßt ist, so hat man gewöhnlich jene
Gebirgslandschaft vor Augen, in denen der Fels
luftblau emporstrebt, die grünen Wässer rauschen
und der dunkle Blick der Seen liegt: wer sie einmal
gekannt und geliebt hat, der denkt mit Freuden an
sie zurück, und ihr heiteres Bild mit dem duftigen
Dämmern und dem funkelnden Glänzen steht in
der Heiterkeit seiner Seele. Aber es gibt andere,
unbedeutendere, gleichsam schwermütig schöne
Teile, die abgelegen sind, die den Besucher nicht
rufen, ihn selten sehen und, wenn er kommt, ihm
gerne weisen, was im Umkreise ihrer Besitzungen
liegt. Wer sie einmal gekannt und geliebt hat, der
denkt mit süßer Trauer an sie zurück wie an ein
bescheidenes, liebes Weib, das ihm gestorben ist
und das nie gefordert, nie geheischt und ihm alles

4

Linke Seite: Zu breit, normal und zu schmal gesetzter Text. Die Buchstabenzahl in der Zeile ist für die Lesbarkeit von Bedeutung. 50 bis 60 Buchstaben in der Zeile können mühelos gelesen werden. Zu breiter Satz wird zum dekorativen Grau entwertet und bietet wenig Anreiz zum Lesen. Der Wiederbeginn des Lesens vorne an der Zeile wirkt als Impuls; der Zeilenbeginn wird frischer gelesen, und gegen das Zeilenende stellt sich eine Ermüdung ein. Bei zu langen Zeilen werden die Impulse seltener: der Satz ist schwer lesbar. Zu schmal gesetzter Text bringt eine Häufung der Impulse, ungleiche Wortzwischenräume und viele Trennungen.

Oben:
Auslaufender Satz. Gleichmäßiger Ausschluß und dadurch regelmäßiges Grau. Das Auge empfindet die rechte Satzkante als unangenehm, da es sich auf eine bestimmte Breite einliest. Bei großer Satzmenge wird die Lesbarkeit gebremst. Linke auslaufende Satzkante. Der Lesebeginn ist von Zeile zu Zeile verschieden. Ein angenehmes Lesen ist nicht möglich. Auslaufende Kanten links und rechts erschweren die Lesbarkeit. Manuelle und maschinelle Satzherstellung gestatten müheloses Ausschließen der Zeilen und damit die gerade Satzkante links und rechts. Im Gegensatz zur Schreibmaschine liegt diese realisierbare Möglichkeit innerhalb der typografischen Technik.

Left: Text set normal, too wide and too narrow. The number of letters in a line is important for legibility. A line containing 50 to 60 letters is easy to read. Too great a width of composition degenerates into a decorative grey and is not conductive to reading. Picking up the beginning of each new line is a stimulus; the reader is fresher at the beginning of the line and tires towards its end. If the line is too long, these stimuli are less frequent, and the text becomes wearisoms to read. With too narrow a text, the eye must travel back too often, the spacing between words becomes unequal and there are too many word divisions.

Above:
1 Ragged edge composition. Even spacing, hence uniform grey. The right edge strikes the eye unpleasantly since the reader is accustomed to justified composition. Where there is a great deal of text, reading is slowed down.
2 Ragged edge on the left. The eye picks up the next line in a different place each time. Reading becomes uncomfortable.
3 Ragged edge on both sides makes reading difficult. "Loosening" the two edges of the type area makes it look unstable.
4 Justifying the lines is no trouble in manual and mechanical composition and the type area can be given straight edges. In contrast to typewriting, such an arrangement of the type area is well within the scope of typographical technique.

Page a gauche: Justifications diverses: trop large, normale et trop étroite. Le nombre des lettres à la ligne est important pour la lisibilité. 50 à 60 lettres par ligne donnent une lecture aisée. Une composition trop large devient un effet gris décoratif et n'incite pas à la lecture. Lors de la lecture, le retour au début de la ligne s'effectue comme sous l'effet d'une impulsion; on est plus attentif en début de ligne, alors qu'en fin de ligne une certaine fatigue se fait sentir. Dans une justification trop large, le mouvement de retour au début de la ligne est plus rare, et la lecture pénible. Une justification trop étroite multiplie le mouvement de retour de l'œil, occasionne des irrégularités d'espacements et de fréquentes coupures des mots.

En haut:
1 Texte appuyé à gauche: Espacements réguliers, d'où le ton gris uniforme. Alignement à droite irrégulier et désagréable à l'œil qui préfère une largeur bien définie. Lecture ralentie.
2 Texte appuyé à droite, lecture difficile.
3 Alignement disparate. Aspect décousu.
4 Les compositions manuelle et méchanique permettent de fixer des marges strictes et d'obtenir un alignement à gauche et à droite irréprochable, ce qui est impossible pour un texte écrit à la machine à écrire.

Bald nach der Erfindung des Buchdrucks, dessen Wiegen-drucke noch in lateinischer Sprache verfaßt sind, wurde in den sich voneinander abgrenzenden europäischen Kulturzentren in verschiedenen Nationalsprachen und mit verschiedenen Nationalschriften gedruckt. Parallel zur Verschiedenheit der Nationalsprachen verläuft die Entwicklung der National-schriften. Die Garamond ist mit der französischen Sprache ver-wachsen, die Caslon mit der englischen Sprache und die Bodoni mit der italienischen Sprache. Wird eine dieser drei Schriften für die fremde Sprache eingesetzt, so kann sie eine empfindliche ästhetische Einbuße erleiden. Die Bodoni zum Beispiel ist, wenn sie für die deutsche Sprache eingesetzt wird, nicht mehr die selbe Schrift; das fremde Wortbild mit der Häufung von Versalien ist der Bodoni abträglich.

1 Garamond-Schrift in der vertrauten französischen Sprache und in der ungewohnten deutschen Sprache gesetzt.
2 Caslon-Schrift in der vertrauten englischen Sprache und in der ungewohnten deutschen Sprache gesetzt.
3 Bodini-Schrift in der vertrauten italienischen Sprache und in der ungewohnten deutschen Sprache gesetzt.

Soon after the invention of printing, at a time when incunabula were being written in Latin, the various cultural centres of Europe began to grow apart and to print in their own national languages, using their various national typefaces. The development of national typefaces is closely bound up with the differences between national languages. Garamond is intimately associated with the French language, Caslon with the English, and Bodoni with the Italian. If one of these type-faces is used for a foreign language, it may forfeit a great deal of its aesthetic effect. If Bodoni, for example, is used for German, it no longer looks the same face; the foreign word formations with their accumulation of capitals detract from its beauty.

1 Garamond set in the familiar French language and the unfamiliar German.
2 Caslon in the familiar English language and in the unfamiliar German.
3 Bodoni in the familiar Italian language and the unfamiliar German.

Peu après la découverte de l'imprimerie et de ses premiers travaux, dont les incunables sont encore imprimés en langue latine, les centres de culture européenne, qui se trouvent séparés par leurs diverses langues nationales, créent leur propre forme d'écriture. C'est ainsi que des familles de caractères se développent et se perfectionnent en harmonie avec les langues qu'elles illustrent. En France naît le Garamond, la langue anglaise fait apparaître le Caslon, et l'Italie invente le Bodoni. Que l'une au l'autre de ces familles de caractères soit utilisée dans und langue étrangère à son origine, et elle perd sa sen-sibilité esthétique. Le Bodoni utilisé dans un texte allemand, par exemple, n'est plus la même écriture; l'afflux de capitales qui caractérise la langue allemande nuit nettement à son orginalité et à sa beauté.

1 Caractères Garamond dans un texte français – et dans un texte allemand qui lui est étranger.
2 Caractères Caslon dans un texte anglais – et dans un texte allemande qui lui est étranger.
3 Caractères Bodoni dans un texte italien – et dans un texte allemande qui lui est étranger.

Porbus s'inclina respectueusement, il laissa entrer le jeune homme en le croyant amené par le vieillard et s'inquiéta d'autant moins de lui que le néophyte demeura sous le charme que doivent éprouver les peintres-nés à l'aspect du premier atelier qu'ils voient et où se révèlent quelques-uns des procédés matériels de l'art. Un vitrage ouvert dans la voûte éclairait l'atelier de maître Porbus. Concentré sur une toile accrochée au chevalet, et qui n'était encore touchée que de trois ou quatre traits blancs, le jour n'atteignait pas jusque aux noires profondeurs des angles de cette vaste pièce; mais quelques reflets égarés allumaient dans cette ombre rousse une paillette argentée au ventre d'une cuirasse de reître suspendue à la muraille, rayaient d'un brusque sillon de lumière la corniche sculptée et cirée d'un antique dressoir chargé de vaisselles curieuses, où piquaient de points éclatants la trame grenue de quelques vieux rideaux de broquart d'or aux grands plis cassés, jetés là comme modèles. Des
1

Unfortunately, by the end of the great enclosing period the labourer had become more than a blot on a fair landscape; he had become a menace. All the economic literature of that period reiterates the burden of the Everlasting Poor. How to get rid of the burden! There was the bright idea of making up their wages to bare subsistence, so that the farmer could buy his labour dirtcheap; but the difference had to come out of rates. You could demolish cottages to avoid the charge the inhabitants might be on parish. You could deport beggars to the next parish. You could hasten emigration to the towns and the colonies. You could transport those caught poaching to the other side of the world. But the system encouraged breeding, especially of the illegitimate kind, and eventually society hit on yet another plan. It was cheaper to feed the poor in mass and easier then to get work out of the children. So in the workhouse England found the ultimate grim and hideous alternative to the old village life. The Hammonds
2

La dottrina pura del diritto è una teoria del diritto positivo. Del diritto positivo semplicemente, non di un particolare ordinamento giuridico. È teoria generale del diritto, non interpretazione di norme giuridiche particolari, nazionali o internazionali. Essa, come teoria, vuole conoscere esclusivamente e unicamente il suo oggetto. Essa cerca di rispondere alla domanda: che cosa e come è il diritto, non però alla domanda; come esso deve essere o deve essere costituito. Essa è scienza, del diritto, non già politica del diritto. Se vie ne indicata come dottrina «pura» del diritto, ciò accade per il fatto che vorrebbe assicurare una conoscenza rivolta soltanto al diritto, e vorrebbe eliminare da tale conoscenza tuttociò che non appartiene al suo oggetto esattamente determinatocome diritto. Essa vuole liberare cioè la scienza del diritto da tutti gli elementi che le sono estranei. Questo è il suo principio metodologico fondamen-
3

Mit wachsender Kultur mußten die Bedürfnisse mannigfaltiger werden und der Wert der Mittel ihrer Befriedigung umso mehr steigen, je weiter die moralische Gesinnung hinter allen diesen Erfindungen des Luxus,hin ter allen Raffinements des Lebensgenusses und der Bequemlichkeit zurückgeblieben war. Die Sinnlichkeit hatte viel zu schnell ungeheures Feld gewonnen. In eben dem Verhältnisse, als die Menschen auf dieser Seite ihre Natur ausbildeten und sich in der vielfachsten Tätigkeit und dem behaglichsten Selbstgefühl verloren, mußte ihnen die andere Seite ganz unscheinbar, eng und fern vorkommen. Hier nun meinten sie den rechten Weg ihrer Bestimmung eingeschlagen zu haben, hiefür alle Kräfte verwenden zu müssen. So wurde grober Eigennutz zu Leidenschaft und zugleich seine Maxime zum Resultat des höchsten Verstandes; und all dies machte die Leidenschaft gefährlich und unüberwindlich. Wie herrlich wäre es, wenn der jetzige König sich

Mit wachsender Kultur mußten die Bedürfnisse mannigfaltiger werden und der Wert der Mittel ihrer Befriedigung umso mehr steigen, je weiter die moralische Gesinnung hinter allen diesen Erfindungen des Luxus, hinter allen Raffinements des Lebensgenusses und der Bequemlichkeit zurückgeblieben war. Die Sinnlichkeit hatte viel zu schnell ungeheures Feld gewonnen. In eben dem Verhältnisse, als die Menschen auf dieser Seite ihre Natur ausbildeten und sich in der vielfachsten Tätigkeit und dem behaglichsten Selbstgefühl verloren, mußte ihnen die andere Seite ganz unscheinbar, eng und fern vorkommen. Hier nun meinten sie den rechten Weg ihrer Bestimmung eingeschlagen zu haben, hiefür alle Kräfte verwenden zu müssen. So wurde grober Eigennutz zur Leidenschaft und zugleich seine Maxime zum Resultat des höchsten Verstandes; und all dies machte die Leidenschaft gefährlich und unüberwindlich. Wie herrlich wäre es, wenn der jetzige König sich wahrhaftig überzeugte, daß

Mit wachsender Kultur mußten die Bedürfnisse mannigfaltiger werden und der Wert der Mittel ihrer Befriedigung umso mehr steigen, je weiter die moralische Gesinnung hinter allen diesen Erfindungen des Luxus, hinter allen Raffinements des Lebensgenusses und der Bequemlichkeit zurückgeblieben war. Die Sinnlichkeit hatte viel zu schnell ungeheures Feld gewonnen. In eben dem Verhältnisse, als die Menschen auf dieser Seite ihre Natur ausbildeten und sich in der vielfachsten Tätigkeit und dem behaglichsten Selbstgefühl verloren, mußte ihnen die andere Seite ganz unscheinbar, eng und fern vorkommen. Hier nun meinten sie den rechten Weg ihrer Bestimmung eingeschlagen zu haben, hiefür alle Kräfte verwenden zu müssen. So wurde grober Eigennutz zur Leidenschaft und zugleich seine Maxime zum Resultat des höchsten Verstandes; und all dies machte die Leidenschaft gefährlich

Porbus s'inclina respectueusement, il laissa entrer le jeune homme en le croyant amené par le vieillard et s'inquiéta d'autant moins de lui que le néophyte demeura sous le charme que doivent éprouver les peintres-nés à l'aspect du premier atelier qu'ils voient et où se révèlent quelques-uns des procédés matériels de l'art. Un vitrage ouvert dans la voûte éclairait l'atelier de maître Porbus. Concentré sur une toile accrochée au chevalet, et qui n'était encore touchée due de trois ou quatre traits blancs, le jour n'atteignait pas jusque aux noires profondeurs des angles de cette vaste pièce; mais quelques reflets égarés allumaient dans cette ombre rousse une paillette argentée au ventre d'une cuirasse de reître suspendue à la muraille, rayaient d'un brusque sillon de lumière la corniche sculptée et cirée d'un antique dressoir chargé de vaisselles curieuses, où piquaient de points éclatants la trame grenue de quelques vieux rideaux de

1

Unfortunately, by the end of the great enclosing period the labourer had become more than a blot on a fair landscape; he had become a menace. All the economic literatures of that period reiterates the burden of the Everlasting Poor. How to get rid of the burden! There was the bright idea of making up there wages to bare subsistence, so that the farmer could buy his labour dirtcheap; but the difference had to come out of rates. You could demolish cottages to avoid the charge the inhabitants might be on parish. You could deport beggars to the next parish. You could hasten emigration to the towns and the colonies. You could transport those caught poaching to the other side of the world. But the system encouraged breeding, especially of the illegitimate kind, and eventually society hit on yet another plan. It was cheaper to feed the poor in mass and easier then to get work out of the children. So in the workhouse England

2

La dottrina pura del diritto è una teoria del diritto positivo. Del diritto positivo semplicemente non di un particolare ordinamento giuridico. È teoria generale del diritto, non interpretazione di norme giuridiche particolari, nazionali o internazionali. Essa, come teoria, vuole conoscere esclusivamente e unicamente il suo oggetto. Essa cerca di rispondere alla domanda: che cosa e come è il diritto, non pero alla domanda: come esso deve essere o deve essere costituito. Essa è scienza, del diritto, non già politica del diritto. Se viene indicata come dottrina «pura» del diritto, cio accade per il fatto che vorrebbe assicurare una conoscenza rivolta soltanto al diritto, e vorrebbe eliminare da tale conoscenza tutto cio che non appartiene al suo oggetto esattamente determinato come diritto. Essa vuole liberare cioè la scienza del diritto da tutti gli elementi che le sono estranei. Questo è il suo principio metodologico fondamentale e sembra

3

Porbus s'inclina respectueusement, il laissa entrer le jeune homme en le croyant amené par le vieillard et s'inquiéta d'autant moins de lui que le néophyte demeura sous le charme que doivent éprouver les peintres-nés à l'aspect du premier atelier qu'ils voient et où se révèlent quelques-uns des procédés matériels de l'art. Un vitrage ouvert dans la voûte éclairait l'atelier de maître Porbus. Concentré sur une toile accrochée au chevalet, et qui n'était encore touchée que de trois ou quatre traits blancs, le jour n'atteignait pas jusqu'aux noires profondeurs des angles de cette vaste pièce; mais quelques reflets égarés allumaient dans cette ombre rousse une paillette argentée au ventre d'une cuirasse de reître suspendu à la muraille, rayaient d'un brusque sillon de lumière la corniche sculptée et cirée d'un antique dressoir chargé de vaisselles curieuses, où piquaient de points éclatants la tra-

4

Unfortunately, by the end of the great enclosing period the labourer had become more than a blot on a fair landscape; he had become a menace. All the economic literature of that period reiterates the burden of the Everlasting Poor. How to get rid of the burden! There was the bright idea of making up their wages to bare subsistence, so that the farmer could buy his labour dirtcheap; but the difference had to come out of rates. You could demolish cottages to avoid the charge the inhabitants might be on parish. You could deport beggars to the next parish. You could hasten emigration to the towns and the colonies. You could transport those caught poaching to the other side of the world. But the system encouraged breeding, especially of the illegitimate kind, and eventually society hit on yet another plan. It was cheaper to feed the poor in mass and easier then to get work out of the chil-

5

La dottrina pura del diritto è una teoria del diritto positivo. Del diritto positivo semplicemente, non di un particolare ordinamento giuridico. È teoria generale del diritto, non interpretazione di norme giuridiche particolari, nazionali o internazionali. Essa, come teoria, vuole conoscere esclusivamente e unicamente il suo oggetto. Essa cerca di rispondere alla domanda: che cosa e co meme è il diritto, non pero alla domanda: come esso deve essere costituito. Essa è scienza, del diritto, non già politica del diri.tto. Se viene indicata come dottrina «pura» del diritto, cio accade per il fatto che vorrebbe assicurare una conoscenza rivolta soltanto al diritto, e vorrebbe eliminare da tale conoscenza tutto cio che non appartiene al suo oggetto esattamente determinato come diritto. Essa vuole liberare cioè la scienza del diritto da tutti gli elementi che le sono estranei. Questo è il suo principio

6

Linke Seite: Der rege internationale Kontakt bedingt eine Schrift, in der die wichtigsten Sprachen ohne ästhetische Einbuße gesetzt werden können. Die Schrift ‹Méridien› von Adrian Frutiger ist in den Formen so gehalten, daß sie in jeder Sprache gefällig gesetzt werden kann. Die Versalien sind niederer als die Oberlängen, und die Versalanhäufung in der deutschen Sprache ist zu bewältigen (Beispiel 1 bis 3).

Die ‹Univers› von Adrian Frutiger entfaltet sich in jeder Sprache. Durch die große Mittelhöhe und die knappe Oberlänge der Kleinbuchstaben sind die Versalien, auch bei großer Menge, gut in das Satzbild eingebaut (Beispiel 4 bis 6).

Nebenstehend: Die Schreibmaschinenschrift besitzt die Tugenden einer in allen Sprachen verwendbaren Form. Sie war die erste Schrift mit internationalem Charakter.

Left: The closeness of international relations calls for a typeface in which the most important languages can be set without any aesthetic loss. The typeface Méridien designed by Adrian Frutiger is devised in such a way that it can be attractively set in any language. The capitals are lower than the ascenders and the accumulation of capitals in German can be mastered (examples 1 to 3).

Adrian Frutiger's Univers is suitable for every language. The large x-height and the short ascenders of the minuscules enable the capitals to be fitted into the composition, even when they occur in large numbers (examples 4 to 6).

Opposite: Typewriter face has the virtues of a form that can be used in every language. It was the first face with an international character.

Page de gauche: Les relations internationales constantes exigent une écriture commune dans laquelle les langues les plus courantes puissent s'exprimer sans souci d'esthétisme. Les caractères ‹Méridien› d'Adrian Frutiger sont conçus pour s'adapter avec bonheur à n'importe quelle langue. Les capitales sont plus basses que les lettres longues du haut et l'obstacle que présentent les multiples capitales de la langue allemande est surmonté (exemples 1 à 3).

L'‹Univers› d'Adrian Frutiger s'harmonise avec toutes les langues. Ses majuscules étant plus courtes que les minuscules longues du haut, elles s'incorporent bien au texte, même lorsqu'elles sont en grand nombre (exemples 4 à 6).

A côté: Les caractères de la machine à écrire possèdent la vertu de s'adapter également à toutes les langues. Ce fut la première écriture internationale.

Porbus s'inclina respectueusement, il laissa entrer le jeune homme en le croyant amené par le vieillard et s'inquiéta d'autant moins de lui que le néophyte demeura sous le charme que doivent éprouver les peintres-nés à l'aspect du premier atelier qu'ils voient et oùse révèlent quelques-uns des procédés matériels de l'a rt. Un vitrage ouvert dans la voûte éclairait l'atelier de maître Porbus. Concentré sur une toile accrochée au chevalet, et qui n'était encore touchée que de trois ou quatre traits blancs, le jour n'atteignait pas jusqu'aux noires profondeurs des angles de cette vaste pièce, mais quelqúes reflets égarés allumaient dans cette ombre rousse une paillette argentée au ventre d'une cuirasse de reitre suspendu à la muraille, rayaient d'une brusqu sillon de lumière la corniche sculptée et cirée d'un antique

1

Unfortunately, by the end of the great enclosing period the labourer had become more than a blot on a fair landscape, he had become a menace. All the economic literature of that period reiterates the burden of the Everlasting Poor. How to get rid of the burden. There was the bright idea of making up their wages to bare subsistence, so that the farmer could buy his labour dirtcheap, but the difference had to come out of rates. You could demolish cottages to avoid the charge the inhabitants be on parish. You could deport beggars to the next parish. You could hasten emigration to the towns and the colonies. You could transport those caught poaching to the other side of the world. But the system encouraged breeding, especially of the illegitimate kind, and eventually society hit on yet another

2

La dottrina pura del diritto è una teoria del diritto positivo. Del diritto positivo semplicemente, non di un particolare ordinamento giuridico. E teoria generale del diritto, non interpretazione di norme giuridiche particolari, nazionali o internazionali. Essa, come teoria, vuole conoscere esclusivamente e unicamente il suo oggetto. Essa cerca di rispondere alla domanda, che cosa e come è il diritto, non pero alla domanda, come esso dece essere costituito. Essa è scienza, del diritto, non già politica del diritto. Se vieni indicata come dottrina pura del diritto, cio accade per il fatto che vorrebbe assicurare uns conoscenza rivolta soltanto al diritto, e vorrebbe eliminare da tale conoscenza tutto cio che non appartiene al suo oggetto esattamente determinato come diritto. Essa vuole

3

1

2

3

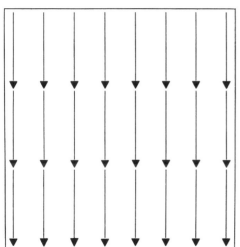

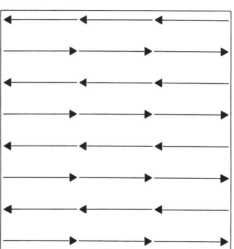

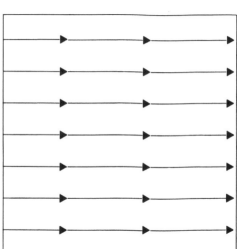

Die Leserichtung ist für Buchstabenform und Komposition bestimmend. In der jahrtausendalten Geschichte der Schrift findet man alle Leserichtungen: Von oben nach unten, von rechts nach links, links- und rechtsläufig und schlußendlich unsere Leserichtung von links nach rechts.

1 Leserichtung von oben nach unten in den ägyptischen Hieroglyphen.
2 Links- und rechtsläufige Zeilen in der frühgriechischen Steinschrift.
3 Unsere Leserichtung von links nach rechts in der griechischen Steinschrift.
4 Börsenberichte der Londoner Zeitung ‹Times›. Buchstabenform und Komposition zeigen zwei Bewegungsrichtungen: Von links nach rechts in der Zeile und von oben nach unten in der alphabetischen Folge der Zeilen.

The form of letters and composition is determined by the direction in which the eye travels when reading. In the millennial history of writing there has been every imaginable direction of reading: from top to bottom, from right to left, alternately left-right and right-left, and finally our direction of reading from left to right.

1 Direction of reading from top to bottom in Egyptian hieroglyphs.
2 Alternate left-to-right and right-to-left in Early Greek lapidary characters.
3 Our direction of reading left-to-right as in Greek lapidari characters.
4 Stock market reports in the London "Times". The form of the letters and composition show two directions of eye travel: From left to right in the line and from top to bottom in the alphabetical order of the lines.

La direction de la lecture est déterminante dans le dessin des lettres et la composition. On découvre, au cours des âges, tou les directions de lecture possibles: de haut en bas, de droite à gauche, partant de la gauche et de la droite successivement, pour aboutir à notre coutume: de gauche à droite.

1 Lecture de haut en bas dans les hiéroglyphes égyptiens.
2 Caractères grecs archaïques allant de gauche à droite et vice versa.
3 Notre sens de lecture, de gauche à droite, dans des inscriptio grecques gravées sur la pierre.
4 Cours de bourse du journal anglais ‹Times›. Forme des lettres et composition montrent deux directions de mouvement: de gauche à droite par les lignes, et de haut en bas par l'ordre alphabétique.

Celanese of America, $43
Cellon (5/), 12/9; 5% Pref., 15/‡
Cementation (5/), 12/1½‡Φ /5¼Φ /3 /4½ /2¼ /1½ /3¾; 5½% Pref., 19/3 (7-7)
Cent. Line Sisal (10/), 7/4½ (6-7)
Cent. Wagon (10/), 22/9 /3 (6-7)
Ceramic (10/), 14/6 (5-7)
Cerebos (5/), 34/ 3/9 4/0¾
Chamberlain (W.) (2/), 14/10½ /9¾ /8¼
Chambers Wharf (5/), 32/9Φ /6 1/9 2/9 /3 2/
Cheshire Salt (4/), 7/10Φ /8¼
Cheswick and Wright (1/), 3/6 /4½
Chinese Eng. (Reg.), 7/3; (Bearer), 8/6 /10½ (5-7)
Chivers, 39/9 40/ (6-7); 5½% Pref., 18/10½ /7½ (5-7) 18/10½Φ; 5% Deb., 99 (4-7)
Chloride Elect. Storage A, 76/Φ 7/9; B, 76/6
Christy Bros., 21/10½ (4-7); 5% Pref., 17/6 (4-7)
·Chubb (4/), 19/6Φ 18/9Φ
Church (5/), 8/7½ (5-7)
Churchill (Charles) (2/), 14/4½Φ /6 /4½
Churchill Machine Tool (5/), 32/3 /6 (6-7) 32/6Φ
Cinema-Television (/6), 5/0¾ /2¼ /1½
Cinzano, 4/6 /8¼ (6-7): 5½% Pref., 14/6 (5-7)
Ciro Pearls (1/), 3/1½ /3 /1⅛ (7-7)
Civil Service Supply (5/), 8/9‡Φ 9/1½ 8/10½‡
Clapton Stad. (1/), 1/7Φ /7 /7¼ /8
Clarke (T.) (2/), 5/1½ (5-7)
Clarke (W. G.) 7½% Pref., 14/6 (5-7)
Clayton Dewandre, 72/ (4-7)
Cleaver-Hume Press (4/), 2/11¼Φ 3/0¾
Clifford Motor (2/), 10/10½ 11/ /1½ 10/7½ /9; New (2/), 11/3¾Φ 11/ 10/7½ 11/1½ /3 10/9 /10½
Climax Drill (5/), 6/6 (6-7); 4½% Deb., xd., 84 (5-7)
Clover Dairies (5/), 7/9 (4-7)
Clover Paint (2/), xd., 6/ /3 /1½ (7-7)
Clutsom and Kemp (5/), 10/6 /1½ /3
Clyde Crane (4/), 16/4½ (7-7)
Clydesdale Supply (1/), 6/7½ /9 /10½ /8¼ (5-7) 6/8¼Φ /4½Φ; 7½% Pref., 18/10½
Coalite (2/), 4/6¼ /6 /7 /6½ /6¾
Coates Bros. (5/), 17/4½
Coats (J. and P.), 27/1½Φ 7/ 6/10½✠ 7/3 7/✠ /1½; 6% A Pref., 22/9 (7-7) 22/6‡; B, 22/4½
Cockshutt Farm Equipt., $13½ (5-7)
Cohen (A.) (4/), 16/3
Cohen and Wilks 7% Ptpg. Pref., xd., 13/ (7-7)
Cohen (George) (5/), 14/Φ /0¾Φ /3 /2¼ /1½ 14/; 4½% Pref., 16/7½ /9 (5-7)
Cohen Weenen 7% Ptpg. Pref., 14/3
Cole (E. K.) (5/), 23/Φ /4½ /6 /4½‡ /1½ /3 /9 /10½ 4/3 4/ /1½ 3/7½
Coley Metals (2/), 4/1½ /3 /0¾ (7-7) 3/6‡
Collett (4/), 7/6
Collins (William), 33/6 4/ (6-7)
Colthrop Board, xd., 6 13/16 7
Coltness Iron (6/8), 13/4½
Comb. Eng. Mills, 14/9¾Φ /10½
Compressed Paper (2/9), 3/4½
Compton and Webb (4/), 15/3Φ /3 /1½
Concrete 6% Pref., 21/ (4-7)
Connaught Hotel (5/), 7/ (4-7)
Connaught Rooms (1/), 7/ (6-7)
Cons Signal, £8/16/0 (5-7)
Cons. Sisal (10/), 18/Φ 17/10½Φ /7½Φ 18/
Cons. Tin Smelters, 34/6 (7-7); 7% Pref., 20/9Φ 19/9
Constable, Hart, 27/6
Constructors (5/), 6/10½ 7/6 (6-7)
Contactor Switchgear (5/), 16/10½

Drayton Regulator (2/), 10/6 /9 (7-7) 10/4½Φ
Dreyfus (4/), 3/11½ (5-7)
Driver (5/), 5/7½ /10½
Dryad (2/), xd., 5/11¼ (7-7)
Dubarry Perfumery (1/), /11¼ (6-7); 7½% Pref., 18/
Dubilier Condenser (1/), 5/1½ 5/; 10% Pref. (10/), 14/10½ (5-7)
Duckworth (J.) (1/), 1/3 /4½ (7-7)
Dudley 5% Pref. (10/), 6/3 (5-7)
Dufay (2/), /8¼ /9½
Dumpton Greyhounds (2/), 1/10½ (6-7) 1/10½Φ
Duncan and Goodricke, 42/9 3/6 /3 (6-7)
Dunhill, 91/10½ (7-7)
Dunlop Cotton 6½% Pref., xd., 23/9Φ /7½‡ /9
Dunlop Rubber (10/), 30/10½ 1/1½ /3 /4½ 1/ 30/9 1/‡; 5½% Pref., 21/1½ 20/9 1/3; 3½% Deb., 85¼; 4½% Deb., 97½ 7; (£50 pd.), 50¼ 50
Dunster (2/), 4/7½ (6-7)
Duple Motor (4/), 6/4½ /1½ (5-7)
Dussek (5/), 11/10½ (6-7)
E.N.V. Engrg. (5/), 16/ /1½ /3 (7-7)
E.R.F. (Holdings) (5/), 16/3
Earls Court (5/), /9½ (7-7); 6% Deb., 37½ 8½ (7-7) 37¾Φ
Early 6% Pref., 17/ 16/9 (4-7)
E. African Sisal (10/), 13/3 (7-7)
Easterns (2/), 4/1½‡ /3 /2¼; 5% Pref., 11/9¾ (5-7)
Eastova (5/), 10/10½ /6 /7½ (6-7)
Eastwoods, 78/6Φ /9; 7% Pref., 26/; 5% Deb., 102 1 (7-7)
Ebonite Container (4/), 24/6 5/ 6/
Eburite Containers (5/), 55/1½Φ 4/6 /9 5/ 4/3
Edmunds, Walker (5/), xd., 19/ (6-7)
Edwards Vacuum (4/), 32/6Φ 3/
Edworks A (5/), 14/3 (7-7)
Elect. and Musical Ind. (10/), 32/4½Φ 2/Φ 3/ 1/3‡ 2/ 1/10½ /9; 4½% Pref., 15/9 (6-7); 5½% Pref., 18/4½
Elec. Construction, xd., 34/9 6/3; 7% Pref., 23/9 (6-7)
Elec. Apparatus (5/), 24/
Elec. Components (5/), 19/6 (7-7) 19/7½Φ
Elephant Trading (5/), 15/3 (7-7) 15/‡; A (5/), 15/3 (7-7) 15/‡
Ellams Duplicator (1/), 4/6
Elliott (B.) (1/), 4/6
Elliott Bros. (5/), 57/3Φ 5/9 6/3 6/ 5/6 5/
Ellis (Richmond) (1/), 4/1 4/ (4-7)
Elswick Hopper (5/), 5/4½
Emsley (5/), 9/4½; 4½% Pref., 14/9 (5-7)
Emu Wine A (5/), 6/7½; B (5/), 6/3 /4½ (6-7); 5½% Pref., 19/3
Emu Wool (5/), 8/1½; 5½% Pref., 15/3 /1½ (6-7)
En-Tout-Cas Prfd. (4/), 4/9
Energen Foods (2/), 7/3 (6-7); A (2/), 6/9¾ (6-7)
Enfield Cables, 20/ (7-7) 20/3Φ; 4% Deb., 79 (7-7) 78½Φ
Enfield Cycle (5/), 7/4½
Enfield Mills Stk., 75/6; (£1), 34/7½Φ 5/Φ 4/4½ 5/1½ /3 5/ 4/9 /9‡ pm.; 4½% Pref., 17/ /4½ (4-7)
Engrg. and Lighting Equip. (2/), 6/ 5/11¼ (7-7)
Engrg. Components (5/), 14/6Φ /4½ /6 /3 /9
England (1/), 1/0⅞
Eng. Card Clothing (5/), 7/6
Eng. China Clays, 83/6 /9
Eng. Elec., 80/6‡Φ 79/9‡Φ 81/9Φ 80/10½Φ 1/6 1/ /3 /4½‡ /9 2/3 2/ 1/4½ /3‡ 1/‡ /9‡ 80/9; 6½% Pref., 24/; 3¾%, 14/7½; 4% Deb. 1951-68, 95; 1965-85, 91 90 (6-7); 4½%, 97 (6-7) 97‡Φ
Eng. Sewing Cotton, 29/9 30/3 30/ 29/10½ 30/1½; 5% Pref., 18/9 (7-7); 3½% Deb., 90 (5-7)
Eng. Stockings (4d.), /10⅜
Eng. Velvets, 19/6
Epsom Grand Stand Assoc., 14/1½ /3 (6-7) 15/Φ
Ericsson Telephones (5/),

Godfrey's (1/), 2/9¾
Goldrei, Foucard (5/), xd., 9/7½ /6 (4-7)
Goodacre, 26/10½ (4-7)
Goodlass Wall (10/), 38/4½Φ 7/9 /10½ 8/ /3; 7% Prfd. (10/), 11/7½; 7% Pref., 25/7½
Goodworths 5% Pref., 13/ /6 (7-7)
Goodyear Tyre 4% Pref., 15/4½ (5-7)
Gordon Hotels, 6/1½; 5½% Pref., 15/3
Gorringe, 40/3 (6-7); 5% Ptpg. Pref., 19/6 (7-7)
Gossage (William) 6½% Pref., 23/4½ (7-7)
Gossard (5/), 18/3Φ 17/11¼Φ 18/1½ 17/10½
Grainger and Smith (10/), 7/5¼Φ
Granada Theatres 4½% Pref., 13/4½ (6-7)
Grand Hotel, Eastbourne (5), 42/6 (7-7)
Grand Hotel (S'ton Row) (1/), /10½ /11¼ (6-7)
Grattan Warehouses (5/), 47/Φ /3 6/9 /10½ 7/ /1½
Graves Pfd. (5/), 9/6 (6-7) 9/6Φ
Gray's Carpets (5/), 6/6; 5% Pref., 9/9 (6-7)
Gt. Universal Stores (5/), 59/9 60/‡ 60/ 59/6 60/9 59/9‡ 60/3; A (5/), 57/6‡Φ /6Φ /3Φ /11¼Φ /4½Φ /3 /9 6/6 7/4½ 6/10½ /1½ 7/10½ /7½ 7/ /1½ 6/7½‡ /9 7/6 6/3; 5% Pref., 17/4½ /10½ (5-7); 4½% Pre-Pref., 16/7½ (6-7)
Greatermans Stores (5/), 13/9 14/1½ (6-7); A (5/), 11/4½Φ 12/ /3
Greeff-Chem. (5/), 18/Φ /9 /6 19/ 18/10½
Green (Harry) (1/), /7½ (7-7)
Green Hearn (2/), 6/9¾ /10½ /8½ (4-7)
Greengate Rubber (4/), 24/6
Greening (5/), 10/6 (6-7); New (5/), 11/
Greyhound Racing (1/), 2/ /0¾ 2/‡; 8% Pref. (10/), 9/8¼ /6¾ (7-7)
Griew (4/), 3/10½ (7-7); 6% Pref. (10/), 7/4½ /1½
Griffith and Diggens (5/), 39/ /6
Griffiths Hughes, 16/9; 5½% Pref., 16/1½ (7-7)
Griffiths (William) (10/), 11/6
Grosvenor Cons. (5/), 17/6 (4-7)
Grosvenor House (5/), xd., 8/6; 3¾% Deb., 83 (5-7)
Guest Keen, 102/9 3/ /4 /3 /9 2/6‡; 5% 1st Pref., 29/6 8/10½ (5-7) 29/Φ; 5% 2nd Pref., 27/10½ /7½ (7-7); 4½% Pref., 17/10½
Gunner (1/), 1/4½ (7-7)
Guy Motors (1/), 2/2¼ /3; 6% Pref., 20/3 (5-7)
H.P. Sauce (5/), 23/1½Φ /3 /6; 7% Pref., 26/1½ (6-7)
Hackbridge and Hewittic (5/), xd., 34/ 3/9
Hackbridge Cable (5/), 20/7½Φ 1/ /3 /6 /1½ /1½‡; 5% Pref., 18/6 (6-7)
Hackney Greyhounds (1/), 3/ 2/10½
Haggie, 58/9Φ
Haighton (1/), /3 1/32
Hale and Hale (5/), xd., 14/
Hall and Co., 97/6 (5-7); 6% Pref., 21/; 4¼% Pref., 15/9 (7-7)
Hall and Earl (1/), 1/7½ (6-7)
Hall (Ben) (4/), 5/6 /4½ /9 (5-7)
Hall (J. P.) (5/), 11/6¾ (7-7)
Hall (L.) (5/), xd., 9/3 (6-7)
Hall (Matthew) (5/), 28/3 /9 /6
Hall Telephone (10/), 23/3Φ 2/6 /3
Halstead 5½% Pref., 9/9 (5-7)
Hammersmith Palais (1/), 3/6
Hampton (C. and J.) (5/), 24/ (6-7)
Hampton Timber (1/), /9 (6-7); 6½% Pref. (15/6), 7/1½ (4-7)
Handley Page (5/), 14/9 /7½ /6 /4½; 10% Pref., 35/10½ (6-7)
Hanson (Saml.) 25% Ptpg. Prfd. (5/), 2/3Φ /3; 5½% Pref., 9/3 (4-7)
Harbens (5/), 3/7; 6% Pref., 15/3 (5-7)
Hardman and Holden (5/), 14/1½
Hardman (Thos.) (2/), 5/2¼
Harland Engrg. (5/), 13/
Harper Aircraft (1/), 2/4½ /5¼
Harris (J.) (4/), 14/6Φ /10½

Illingworth, Morris (4/), xd., 6/1½ /3 (7-7); 6½% 2nd Pref., 17/3 (4-7)
Illovo Sugar, 16/1½ (6-7)
Illustrated News, (5/), 2/6¾ /6 (6-7); 5½% Pref. (Ptpg.), 13/10½ (6-7)
Imp. Chemical Ind., 56/7½‡Φ /10½Φ /9 /10½ /6 /9¾ /7½ /4½ /3‡ /8¼ /3 /6¾ /6‡ 7/; 5% Pref., 20/7½ /4½‡ /6 /10½; 4½% Ln., 96Φ 7 8¼
Imp. Cold Storage, 48/3
Imp. Paper 5% Pref. (10/), 9/Φ 8/9
Imp. Tobacco Canada ($5), 84/Φ 3/1½ /3
Imp. Tobacco (G.B.), 64/3Φ 4/ /1½ /3 3/10½ /9 /7½ /9‡ /6‡; 5½% Pref., 21/1½ /4½ 1/ 20/9‡; 6% Pref., xd., 23/‡Φ /3; 10% Pref., xd., 36/6 (7-7); 4% Ln. 1960-70, 90⅝Φ ¾ 90 ½ 90‡; 4% Ln. 1975-80, 91¼Φ 1 90½ ¾
Imp. Typewriter (10/), 21/7½ (6-7)
Inbucon (5/), xd., 13/
Incledon and Lamberts (5/), 12/3 /6 (7-7)
Independent Dairies (5/), xd., 6/10½ 7/
Indestructible Paint (4/), 10/ (7-7)
Ingersoll (1/), 1/9
Initial Services (5/), xd., 33/3 /9 /6‡ 4/6 4/ /1½ 3/11¼; 8% Pref., 28/9 (4-7)
Inns (4/), 27/9 8/3 /1½
Internatl. Combustion (Holdings) (5/), 22/7½ 3/ 2/10½
Internatl. Nickel "Marking Names," $134¼Φ 3⅜ 2½ 3 2¾ 2 3½ ¾; Prfd. ($5), xd., 49/9
Internatl. Paints (4/), 16/10½; 6% Pref., 22/3
Internatl. Sleeping Car, /11½ (7-7)
Internatl. Tea (5/), 14/6Φ /0¾Φ /4½ /7½ /6 /6¾ /5¼ /3‡ /3; 6% Pref., 23/3Φ; 7% Pref., 25/6; 4¼% Pref., 15/3 /10½ 16/
Internatl. Twist Drill (1/), 2/9½ /8½ /9
Inveresk Paper (4/), 19/ /1½ /0¾ 18/11¼; 6% 1st Pref., 21/3 (6-7) 22/Φ; 6% 2nd Pref., 21/
Iris Mill 6% Pref. (4/), 2/6 (4-7)
Jacks (John) (2/), 2/8¼ (6-7)
Jacks (William) (5/), 12/10½ (7-7) 12/9Φ
Jackson and Steeple (4/), 5/
Jackson Bros. (5/), 22/3
Jacksons' Millboard (5/), xd., 24/9 /7½ 5/ 4/10½
Jacob (5/), 18/3 (7-7); B (5/), 18/1½ /3 (6-7)
Jaguar Cars (5/), 26/ 5/ /6; A (5/), 18/; 6½% Pref., 20/7½ (6-7)
Jamesons (4/), 5/10½ (5-7); A (4/), 5/11¼ (6-7)
Jays and Campbells 5½% Pref., xd., 17/4½; 4% Pref., 14/10½ /11¼ (6-7) 15/Φ 14/10½Φ
Jays 5½% Pref., 16/6 (5-7) 16/6Φ
Jenson and Nicholson (5/), 21/1½Φ /6Φ /3Φ 1/; 7% Pref., 24/4½
Jentique (1/), 3/10½
Jerome (5/), 12/4½ /10½ (4-7)
Jerome (S.) 6% Pref., 21/0¾ /2¼
Jesshope (1/), 1/3¾ (7-7)
Jeyes' (5/), 12/6; New (5/), 12/7½ /4½ (7-7)
John Bull Rubber (5/), 15/10½Φ /9 /11¼ 16/1½ 15/10½ 16/
Johnson and Barnes (5/), 7/9 (7-7) 7/7½Φ /6Φ
Johnson and Phillips, 44/9 4/; 4½% Pref., xd., 16/7½
Johnson and Slater (4/), 7/6 (4-7)
Johnson Bros. (Dyers) A, 28/3; B, 28/3
Johnson (H. and R.) (10/), xd., 33/9‡
Johnson, Matthey, xd., 54/3 5/6 4/6 4/ 5/3; 5% Pref., 20/9
Johnson and Nephew, 46/9 /6 (5-7) 47/6Φ
Jones and Shipman 7% Pref. (5/), 5/7½
Jones (R. E.) (10/), 12/6 /5¼
Jowett Cars (1d.), 2/Φ 1/11¼
Jury Holloware (5/), 7/6
Jute Ind. (10/), 21/9 /10½; 6% Pref. (10/), 8/9¾ 9/ 8/11¼

Lovell (G. F.) (5/), 12/1½ 11/9 (5-7)
Lovey's 6% Pref., 6/ (5-7)
Low and Bonar (10/), 23/10½ (6-7)
Lowe and Brydone (10/), 21/3
Loyds Retailers (5/), 10/0¾; A (5/), 10/ (6-7)
Lucas, 50/3 /1½ /6 50/ 49/9
Lyons, 100/6Φ 1/6; A, 100/3 1/ 100/6 /3‡ /7½; 6% Prfd., 21/9 (7-7); 5% Pref., 21/3 20/9¾; 7% Pref., 26/Φ 5/10½ 6/ 5/9‡; 8% Pref., 29/9 30/3 (5-7) 30/7½Φ; 4% Deb., 93½Φ 4½
McArd (1/), 2/11¼ (7-7)
McCarthy Rodway 5½% Pref., 17/6 (5-7)
McCorquodale 5½% Pref., 20/9 (5-7) 21/Φ
Macdonald (5/), 24/1½
McDougalls, 49/6 8/6; 5% Pref., 19/4½
McIlroy (5/), 44/3
Mackintosh, 73/9Φ 4/4½; A, 71/3 /10½; 4½% Pref., 17/9 /4½ (5-7); 6½% Pref., 22/3 (7-7)
Macleans 4% Pref., 16/‡
McMichael Radio (5/), 10/1½; 8% Ptpg. Prfd., 23/(
Macnab (4/), 9/((6-7)
Maconochie Foods (5/), 3/1½ (6-7)
Macowards (4/), 12/6
Macpherson (5/), 14/7½ /6 (7-7)
Madame Tussaud's Dfd. (1/), 3/3 (7-7)
Maden and Ireland (1/), 1/9¾ (7-7)
Magnet Joinery (1/), 4/ /1½
Maidenhead Brick (1/), 2/ /6 (5-7); 10% Ptpg. Pref. (2/), 2/ (4-7) 2/Φ
Major (2/), 11/9
Mallandain (2/), 6/4½ /5¼ /3 /6 /7½ /3¾
Mallinson (George) (5/), 21/Φ 20/7½; 5½% Pref., 19/4½ /7½ (4-7)
Mallinson (William), 30/ /3
Manbré and Garton (10/), 59/; 5% Pref., 18/6 (7-7)
Manchester Garages (1/), 5/7
Manders (10/), 19/3; 5% Pref., 16/3 (6-7) 16/Φ
Mandleberg (10/), 6/6 (7-7)
Manfield (5/), 16/4½
Manganese Bronze (5/), 17/3
Mann and Overton (5/), 15/1½ (7-7)
Mansill-Booth (5/), 21/ 20/6 /6¾ /7½
Maple, 37/9Φ /7½Φ 4/ /3 /2¼ /4½
Mappin and Webb (10/), 75/; 6% Pref., 18/ (6-7)
Marco Refrigerators (5/), xd., 3/10½ (5-7); 5½% Pref., 9/4½ (4-7)
Margate Estates (2/), 2/7½
Marks and Spencer (5/), 89/ 8/9; A (5/), 72/9Φ 4/Φ 3/3 /6 3/ /4½ /1½ /7½ 2/10½ /9; 7% Pref., 26/9; 3½% Deb., 88 (5-7)
Marley Tile (Holding) (5/), 12/6Φ /6; A (5/), 11/6‡ /9 /9¾
Marling and Evans (5/), 4/
Marriott (2/), 4/10½ 5/ (7-7)
Marryat and Scott (2/), xd., 12/3 (5-7)
Marshall, Sons (5/), 12/4½
Marshall (Thomas) (5/), 9/6
Marshalls Food (5/), xd., 1/9 (7-7)
Marston Brick (5/), 27/3
Martin Bros. (2/), 3/6 (7-7) 3/4⅞Φ
Martin Walter (4/), 7/3 (7-7)
Mason and Burns (2/), 4/3
Mason (Frank), 14/9 (4-7); 7½% Ptpg. Pref., 16/3 (5-7)
Massey (B. and S.) (5/), xd., 11/4½ /6 (5-7) 11/6Φ
Massey-Harris-Ferguson, 82 ⅝ ½
Masson, Scott (4/), 12/2¼
Mather and Platt, 69/6
Maxima Lubricants (1/), 5/1½ (7-7)
May and Hassell (5/), xd., 11/6¾ (6-7)
May (Joseph) Pref., 15/ (4-7)
Mayfair Products (1/), 2/3 /1½; 5½% Pref., 16/3 (7-7)
Maynards, 57/ (7-7); 6% Pref., 21/3 (6-7)
Maypole Dairy 20% Pfd. (5/), 15/7½
Mazawattee Tea 5½% Pref. (£4), 40/
Meadow Dairy 7½% Pref.

Odeon Props 4½% Pref., 11/1½ (5-7); 3½% Deb., 79 78½ (4-7)
Odeon Theatres (5/), 30/ 29/10½Φ /9 /4½‡ /10½ /6 30/ 29/4½; 6% Pref., 16/
Odhams Press (10/), 40/1½ /9 /7½ /6; 6½% A Pref., 23/7½ (6-7); 3½% Deb., 87½ (7-7); 5% Unsec. Ln., 100 99 (7-7)
Odhams Props. 5% Deb., 100 99 (6-7)
Olby (5/), 7/7½ /9; 6½% Pref., 20/ (5-7)
Oldham and Son (1/), 4/ /3
Oldham Twist (5/), 18/6 (6-7)
Oliver Typewriter (2/), 2/9
Olives Paper (4/), 7/9 /4½‡
Olympia (2/6), xd., 3/9 (7-7); 5% Pref., 12/10½ (5-7)
Olympia (Redacre) (4/), 3/
Olympic Cement, 45/7½ (7-7)
Opperman Gears (1/), 1/9Φ /10 /9 /9¾ /9½ /9¼; 7½% Pref., 21/9 (7-7)
Opperman (2/), 3/7
Ottway (4/), xd., 3/6 (7-7)
Outram (2/), 5/11¼
Oxendale Prfd., 24/ (5-7); Dfd. (1/), 4/9¾ (6-7)
Oxley Engrg. (5/), 12/3 (6-7)
Ozalid (5/), 32/3 (7-7) 31/9Φ; New A (5/), 31/6; 6½% Pref., 22/9 (5-7)
P.C.T. Construction 7% Pref., 20/9 /6 (6-7)
Packer, 38/ /6 (4-7)
Palestine Potash A, 5/9
Panda Shoes (2/), 6/1½ (7-7)
Paquin (1/), 5/3 (5-7); 6% Ptpg. Pref. (10/), 8/9 (5-7)
Parker-Knoll (5/), 10/1½ (5-7)
Parker (Ancoats) (1/), 2/5¼ /6 (7-7)
Parkinson and Cowan, 22/9 (7-7); 7% Pref., 22/9
Parkinson (Doncaster) (2/), 8/6
Parkinson (Sir Lindsay), 29/9 (5-7); 6½% Pref., 15/6 /1½ 15/ (6-7)
Parkland Mfg. (5/), xd., 18/ /3; A (5/), xd., 17/9 18/
Parnall (Yate) (5/), 11/1½Φ 11/ /2¼ /0¾ /4½ /3¾ /3 /11
Parsons (C. A.), 96/6Φ 6/Φ 4/9Φ 4/Φ /6Φ 5/3Φ 6/ 5/7½ 5/ /9 0/6
Pascall (1/), 7/1½; 5% Prefd. (18/), 14/3 (4-7); 5% Pref., 18/3 (5-7)
Paterson, Simons (5/), 7/ (5-7)
Patons and Baldwins, 33/6Φ 4/Φ 4/ 3/7½ /9 /10½; 4% Pref., 14/7½Φ /6; 4% Deb., 93½ ¼ (6-7)
Pawsons and Leafs (10/), 16/6
Payne (5/), 11/10½ (6-7)
Peek, Frean 8% A Pref., 29/3
Peerless and Ericsson 5½% Pref., 7/3 (4-7)
Peglers A (5/), 16/ /1½ 15/10½ (5-7) 16/6Φ; B (5/), 15/9 /10½ 16/
Perfecta Motor (5/), 21/
Perkins (10/), 32/10½Φ /7½ /4½ /6 /9
Permali (2/), 5/9Φ /9
Permanite (5/), 17/3 (7-7)
Permutit (5/), 19/10½Φ /9
Peters (G. D.), 25/
Peto-Scott (1/), 4/4½
Philips Lamp (Br.) (fl.10), 85/6Φ 5/ 4/3
Philips (J. and N.) 36/6 /10½; 6½% Pref., 19/6 (7-7); B Pref. (6½% Ptpg.), 21/6 (7-7)
Phillips (Chas.) (1/), 3/ (6-7)
Phillips Furnishing (2/), 8/1½ 8/ (4-7); A (2/), 8/ 7/9‡
Phillips (Godfrey), 17/10½; 6% Pref., 17/6 (7-7) 17/✠
Phillips Rubber, 61/ (7-7) 60/‡
Phoenix Timber (5/), 5/10½ (5-7)
Piccardo Tob. Pref. (6½% Ptpg.) (Br.) ($M/N100), 32/6 (6-7)
Pickford, Holland (5/), 10/1½
Pickles (Rt.) (1/), 2/8¼Φ /7½
Pickles (Wm.) (2/), 1/8 (7-7)
Pinchin, Johnson (10/), 46/9✠Φ /9 7/1½ /3 7/ 6/6; 2nd Pref. (4%), 15/9 (7-7); 5¼% Ln., 99 (6-7)
Pitman 5½% Pref., 18/1½ (7-7)
Plaster Prod. (5/), 7/6 /3 (6-7); 6% Pref., 15/3 (7-7)
Platers and Stampers (5/),

Rotary Hoes (5/), 12/1½ /3 /9 /5¼ /8¼ /11½; A Ord. (fully-pd.) (5/), 12/9‡; A (5/), 4/3Φ /2¼Φ /3¾Φ /7½ /6½ /11¼ /10½ /3 5/ 4/6 /9 pm.
Rotherham, 12/3 (7-7)
Rothmans 5½% Pref., 11/ /9 (7-7)
Rothwell (2/), 8/7½ (7-7)
Rover (5/), 23/1½Φ 2/10½‡Φ 3/1½ /3 /9 /6 /6¾ /3‡ 1/4½ /7½ 3/
Rowan and Boden (5/), 16/3 /6
Rowntree 6% Pref., 22/6 /1½; 7% Pref., 26/7½ (7-7) 26/9Φ
Royal Sovereign Pencil 7½% Pref., 14/4½ (6-7)
Royten Textile (5/), 4/6Φ
Rubber Improvement (5/), 39/3Φ /3 /10½ 9/
Rubber Regenerating (5/), 14/6¾Φ /9 /6
Rubens-Rembrandt Hotels (8/), 8/7½ (6-7) 9/Φ
Ruberoid (5/), 17/9; 5½% Pref., 20/6Φ /3
Rugby Portland Cement 5/), 30/10½Φ /4½Φ /6 30/‡ /7½ /3 /9 1/; A (1/), 32/ (7-7); 5% Pref., 23/9 (6-7); 4½% Ln., 96½
Russell (5/), xd., 10/3 (4-7)
Ruston and Hornsby, xd., 61/9 2/ (7-7) 62/3Φ 1/6Φ
Rykneld Mills (1/), 4/3¾ (5-7)
Rylands 6% Ptpg. Pref., 17/3 (6-7) 17/6Φ
S.K.F. B (K10), £23¾ (6-7) 23 13/16Φ
Sage (10/), 7/1½ (6-7)
St. Martin Preserving (4/), 3/7½ (7-7)
Ste. Madeleine Sugar, 33/6 (6-7)
Saker, Bartle (5/), 1/4½ /6 (7-7)
Salts (5/), 8/6Φ /7½ /5¼; 4½% Pref., 17/ (6-7); 7% Pref. (10/), 9/9 (7-7)
Samnuggur Jute, 18/9 19/ (4-7)
Samuel (5/), 22/ (4-7); A (5/), 21/
Sanbra (1/), 2/5½Φ /3½ /5¼ /4½ /5¼; New (1/), 2/4½Φ /4 /6 /3; 6% Pref. (10/), 10/3 10/ (7-7)
Sandeman, 32/7½Φ 1/9Φ 2/3; 5% Pref., 18/ (7-7)
Sanderson Bros. and Newbould (10/), 34/4½ (6-7)
Sanderson, Murray, 14/1½ (4-7)
Sandown Park (10/), 11/9 (7-7)
Sangamo Weston (10/), 20/ (6-7); New (10/), 20/3 (6-7)
Sangers (5/), 16/3 16/ /5¼; 5½% Pref., 18/ (6-7)
"Sanitas" Co. 9% Pref., 26/
"Sanitas" Trust (10/), xd., 41/3 40/9 (7-7); 10% Pref., 28/6
Sankey (4/), 15/3 (5-7)
Santa Rosa Milling (10/), 9/3
Sauce Holdings (2/6), 4/3 /7 /6 (7-7)
Saunders (H. A.) 6% Pref., 17/6 (6-7)
Saunders Valve (5/), xd., 22/6Φ /7½ 2/; New (5/), 22/6 22/ (4-7)
Savory and Moore 5½% Pref., 17/7½ (7-7)
Savoy Hotel A (10/), 20/ (6-7) 20/1½Φ; B (5/), 41/ (7-7); 7% Pref., 20/6 (6-7); 4% (Strand) Deb., 90 (4-7)
Saxone Shoe (5/), 19/ 18/9; 6½% Pref., xd., 23/3 (5-7)
Scammell Lorries (10/), 50/ 49/6 (6-7)
Schneiders (1/), 1/6¾ /6¼
Schweppes, 66/6 6/‡ 7/3 6/9 /3; 5% Pref., 19/6 (7-7) 19/4½Φ
Scot. Agricultural, 50/ (7-7); 4½% Pref., 17/10½ (5-7)
Scot. Cables (4/), 19/10½Φ /10½ 20/3
Scot. Dyers (5/), 7/ (5-7)
Scot. Greyhound Racing (1/), /6 (7-7)
Scot. Machine Tool (4/), 6/4½ (4-7)
Scot. Motor Traction (5/), 9/4½ /3
Scott's Restaurant (2/6), 10/9 11/ (5-7); 5% Ptpg. Pref., 34/3 /9 (6-7)
Scribbans-Kemp, 42/9 /6 /3 (7-7)
Sears Holdings (5/), 19/3 /1½; A (5/), 19/ 18/10½;

Form und Gegenform

Form and counter-form

Forme et contre-forme

Die typographischen Zeichen, auf weißes Papier gedruckt, fassen, aktivieren und regulieren Licht; sie sind nur zusammen mit dem Unbedruckten erfaßbar. Der aufgedruckte Wert bewirkt seinen Gegenwert, der die Gesamtform mit bestimmt. Das Unbedruckte ist nicht eine undefinierbare Leere, sondern ein Element des Bedruckten.

Der weiße Innenraum eines Buchstabens ist an der Form des Buchstabens beteiligt, und der Schriftschöpfer muß beim Zeichnen Form und Gegenform ständig gegeneinander abwägen. Das Zusammenstellen der Buchstaben beruht auf einem Spiel zwischen dem Weiß des Innenraums und dem Weiß der Buchstabenabstände. Enge Abstände ergeben ein intensiveres Weiß und verstärken gleichzeitig die Wirkung der weißen Innenform. Die Abstände können so stark erweitert werden, daß ein harmonischer Ausgleich zwischen dem Weiß des Innenraumes und dem Weiß der Abstände entsteht. Der Buchstabenabstand ist für den Typographen das Mittel, mit dem er die Wirkung der Buchstabeninnenformen entweder verstärken oder verringern kann.

Die Lesbarkeit eines Satzgebildes kann gestört werden, wenn durch zu großen Zeilenabstand eine weiße Bandwirkung als zu gewichtige Gegenform erzeugt wird, eine Gegenform, welche die Form, das heißt das graue Zeilenband, das für die Lesbarkeit wichtig ist, überspielt. In einer gut gesetzten Satzfläche ist das Gleichgewicht zwischen Bedrucktem und Unbedrucktem gewährleistet, so daß beides, Flächenwirkung des Satzes und Bandwirkung der Zeilen, gleichermaßen zur Wirkung kommt.

Unbedruckte Flächen sind in ihrer Ausdehnung und in ihrem Wert in die Gesamtkonzeption eines Druckwerkes einzubeziehen, wobei zugunsten einer klaren Weißwirkung eine zu starke Aufsplitterung der unbedruckten Partien vermieden werden soll. In der zeitgemäßen Typographie ist das Weiß nicht passiver Hintergrund für typographische Zeichen; das Weiß und die typographischen Zeichen agieren gleichwertig auf einer bestimmten Fläche. Der zwischen den typographischen Zeichen ausgesparte Raum wird zum Kraftfeld unsichtbarer Linien, die sich zwischen den gedruckten Werten kreuzen. Die ornamentale Kraft, die dem Zwischenraum innewohnen kann, wird erfaßt und voll aktiviert.

Bei Matisse stehen in ‹Farbe und Gleichnis› die Sätze: ‹Der Ausdruck liegt für mich nicht etwa in der Leidenschaft, die auf einem Gesichte losbricht oder sich durch eine heftige Bewegung kundtut. Er liegt vielmehr in der ganzen Anordnung meines Bildes: in der Fläche, welche die Körper einnehmen, in den leeren Partien um sie, in den Proportionen.›

Typographical symbols printed on paper capture, activate and regulate light; they can be comprehended only in conjunction with the unprinted areas. The printed value evokes its counter-value and the two together determine the overall form. The unprinted area is not an undefinable vacuum but an essential element of what is printed.

The counter or interior "white" also shares in the form of a letter, and the type designer must constantly balance form and counterform when drawing. The various effects obtained by the combination of letters are determined by the interplay of the white of the counter and the white of the set width. Narrow set width results in a more intense white and at the same time enhances the effect of the white counters. The interspaces may be made so wide that there is a harmonious balance between the white of the counters and the white of the set width. Letterspacing provides the typographer with the means of reducing the effect of counters.

The legibility of the type matter can be impaired when excessive leading produces a white ribbon effect and this counterform dominates the attention to the disadvantage of the form itself, i.e. the grey line of type which is important for legibility. In a well composed type area the balance between the print and the blank spaces is assured, so that both elements, the flat effect of the type area and the ribbon effect of the lines, show to equal advantage.

The extent and the value of blank spaces are elements which must be fitted into the overall design of a printed work; care must be taken not to split up the blank areas too much otherwise the clear white effect will be impaired. In contemporary typography white is not merely a passive background for typographical symbols; there must be parity between the white space and the typographical symbols as regards the effects they produce on a given surface. The space between the typographical symbols becomes a field of forces whose invisible lines run crisscross between the printed elements. The ornamental power which may be inherent in the unprinted spaces must be detected and emphasised in full.

The following appears in Matisse's "Colour and Similarity": "For me expression is not, say, in the passion which wells up in a face or is manifested by a violent gesture. It lies rather in the whole arrangement of my picture: in the surface which contains the bodies, in the empty parts around them and in the proportions."

Les signes typographiques imprimés sur papier blanc saisissent, activent et régularisent la lumière. Ils ne sont perceptibles qu'avec la surface non imprimée. La valeur imprimée engendre sa contre-valeur, elle-même comprise dans la forme générale. L'inimprimé n'est donc pas un vide indéfini, mais bien un élément de l'imprimé.

L'espace intérieur blanc d'une lettre participe à la forme de cette lettre et le créateur de caractères doit en dessinant équilibrer et harmoniser sans cesse forme et contreforme. Un assemblage heureux des lettres repose sur le jeu joué entre le blanc de l'espace intérieur et le blanc de l'interlettrage. Un interlettrage resserré donne un blanc plus intense et renforce du même coup l'action de la forme intérieure blanche. Les lettres peuvent être autant éloignées les unes des autres qu'un équilibre harmonieux subsiste entre le blanc de l'espace intérieur et le blanc des espacements. L'interlettrage est le moyen qui permet au typographe de renforcer ou d'affaiblir l'effet des formes intérieures des lettres.

La lisibilité d'une composition peut être perturbée lorsqu'un trop grand interlignage suscite, par un effet insistant de bande blanche, une contreforme trop importante, une contreforme qui supplante la forme, c'est-à-dire la ligne imprimée nécessaire à la lecture. Un texte bien composé doit présenter un équilibre de force entre l'imprimé et l'inimprimé pour qu'aussi bien l'effet de surface compacte que l'effet de bande claire soient mis en valeur.

Dans la composition générale d'un ouvrage, il faut donc tenir compte de l'étendue et de la valeur des surfaces non imprimées et éviter avant tout, en maintenant le blanc dans une juste proportion, qu'elles créent un effet lézardé. En typographie moderne, le blanc n'est plus un arrière-plan passif du texte imprimé, mais agit de concert avec les signes typographiques sur une surface définie. L'espace réservé entre les signes d'imprimerie devient un champ de force de lignes invisibles qui vont s'entrecroiser et sillonner le texte imprimé. On reconnaît, dès lors on fait agir cette puissance ornementale qui réside dans les espacements.

Nous lisons ces mots dans le texte de Matisse ‹Couleur et allégorie›: ‹L'expression repose pour moi non pas dans la passion qui transparaît sur un visage ou se manifeste dans un mouvement violent, mais bien dans toute l'ordonnance de mon tableau: dans la surface qui comprend les corps, dans les parties vides les entourant, dans les proportions.›

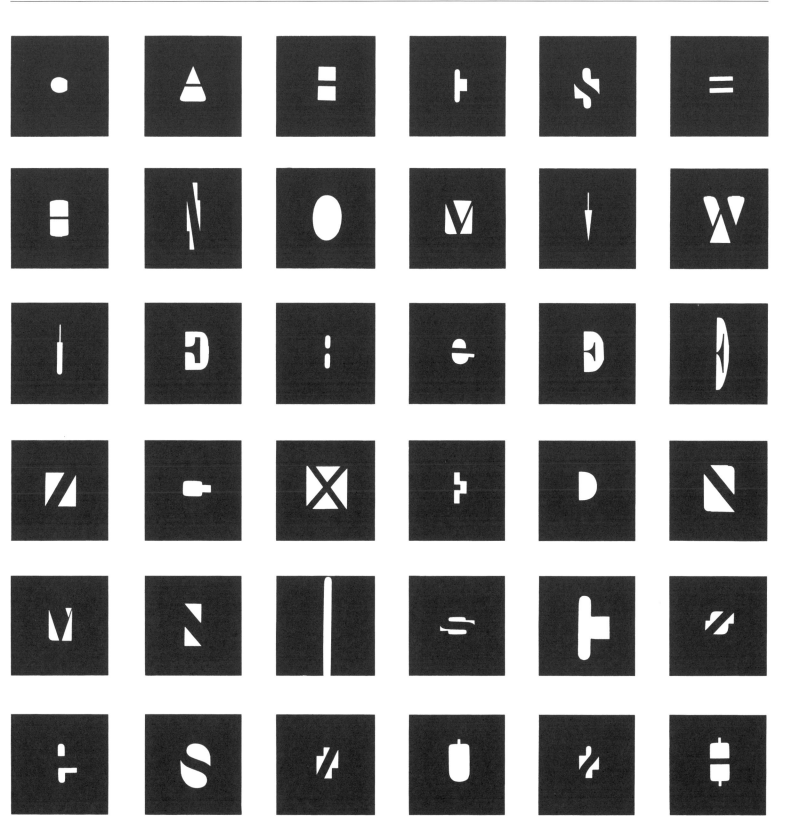

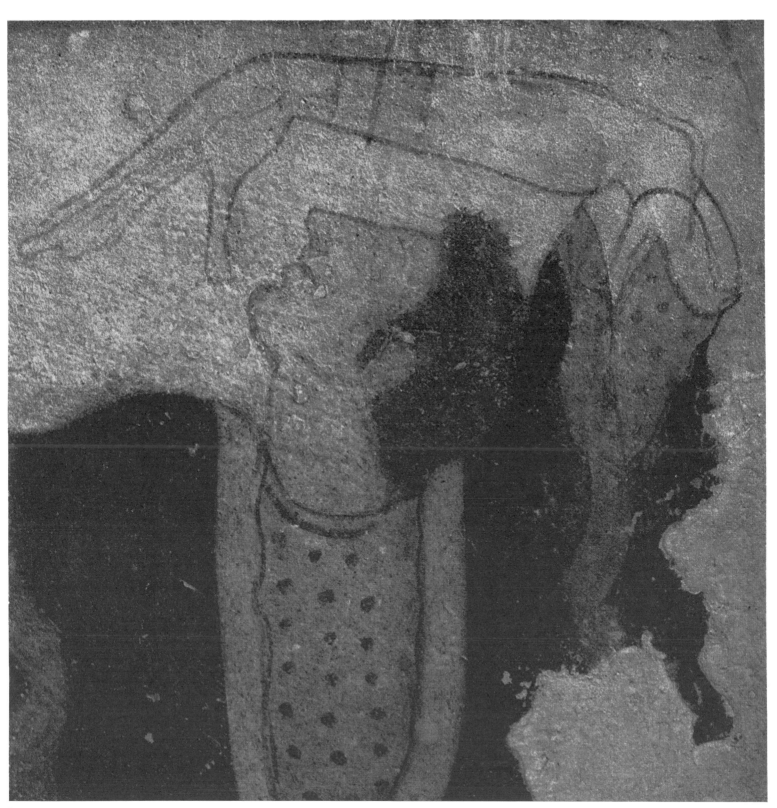

1

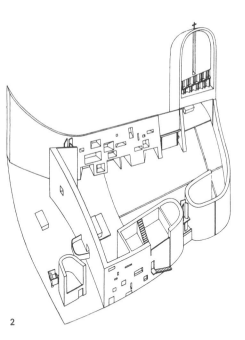

2

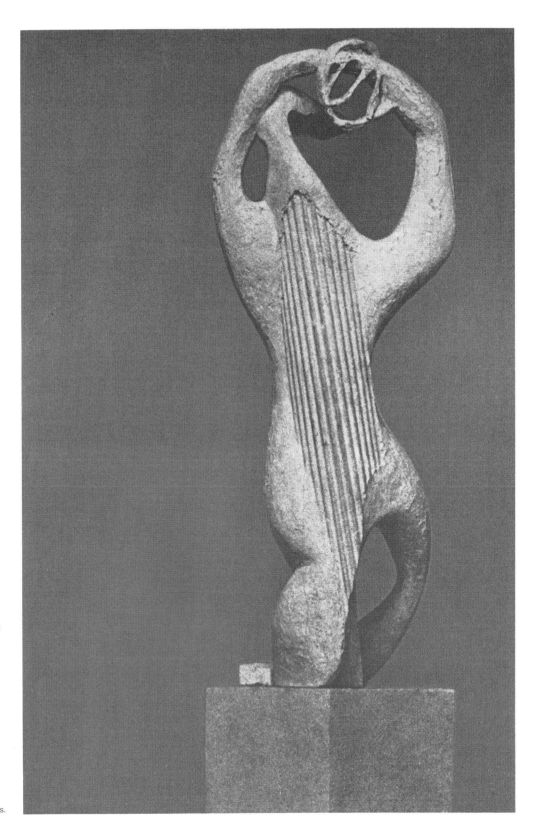

Links: Die leere Fläche in der etruskischen Malerei ist an der
Gestaltung mitbeteiligt. Die Innenform zwischen Arm und Kopf
ist nicht zufällig.

Etruskische Malerei aus der Tomba del Triclinio, Tarquinia,
etwa 480 v. Chr.
Die Kirche in Ronchamp von Le Corbusier ist ein plastisches
Gebilde mit raumgreifendem Charakter. Wie in der Architektur
des Barocks greifen die Kurven auf den angrenzenden Luft-
raum über.
Henri Laurens: Der große Amphion, 1952.
In der modernen Plastik ist die Wirkung des leeren Raumes
miteinbezogen, in unserem Beispiel eingeschlossen in
die Krümmung der Arme.

Left: Empty space in Etruscan painting is made part of the
pattern. The internal form between arm and head is not fortuitous.

Etruscan painting from the Tomba de Triclino, Tarquinia,
approx. 480 B.C.
Le Corbusier's church at Ronchamp is a plastic structure of a
space-embracing character. As in Baroque architecture, the
curves extend into the contiguous air space and bring it into the
design.
Henri Laurens: The great Amphion, 1952.
Modern sculpture seeks to bring the effect of empty
space in its pattern, as in our example in the bend of the arms.

A gauche: Dans la peinture étrusque, la surface vide participe
au dessin. La forme intérieure comprise entre le bras et la tête
n'est pas un effet du hasard.

Peinture étrusque, tombe du Triclinio, Tarquinia, environ
480 av. J.-C.
Eglise de Ronchamp, de Le Corbusier. Réalisation architecturale jouant avec les surfaces et les volumes. A l'instar de
l'architecture baroque, les courbes empiètent sur l'espace
aérien environnant.
Henri Laurens: Le grand Amphion, 1952.
La plastique moderne tient compte du rôle de l'espace vide;
voir, dans notre exemple, l'espace contenu dans le repli des bras.

MARCI TVLLII CICERONIS
OFFICIORVM LIBRI TRES,
CATO MAIOR, VEL DE SENECTVTE,
LÆLIVS, VEL DE AMICITIA,
PARADOXA STOICORVM SEX,
SOMNIVM SCIPIONIS
EX DIALOGIS DE REPVBLICA,
CATO ITEM, ET SOMNIVM GRÆCE,
OBSERVATIONES,
DE QVIBVS CAVTVM EST
SENATVS VENETI DECRETO.

M D XXXVIII.

Für die italienische Renaissance ist der leere Raum Hintergrund, er liegt tiefer und umkreist das Objekt. In Leonardo da Vincis Bildnis der Lucretia Crivelli umkreist die leere Fläche den Bildmittelpunkt, so wie im Titelblatt eines venezianischen Druckes aus dem 16. Jahrhundert.

The Italian Renaissance regarded empty space as background, as lying further back and encircling the object. In Leonardo da Vinci's portrait of Lucretia Crivelli, empty space encircles the centre of the picture as it does in the title-page of a Venetian printed work of the 16th century.

Pour la Renaissance italienne, l'espace vide ne joue qu'un rôle secondaire, il ne fait qu'entourer le sujet. Dans le portrait de Lucrèce Crivelli, de Léonard de Vinci, la surface vide encercle le centre de la peinture, comme dans cette page de titre d'une impression vénitienne du 16e siècle.

Die Moderne, im Gegensatz zur Renaissance, erhebt die leere Fläche zum gleichwertigen Element der Gestaltung. An die Stelle des Umfließens der Fläche tritt die Flächenspannung. Im Holzschnitt von Erich Heckel sind die weißen Flächen durch Schwarz gefaßt und gefangen. Die Randgebiete sind so wichtig wie die Bildmitte, wie die intensive Weißfläche an der linken Bildkante, gefaßt durch die energische Schwarzkurve, zeigt. Die Typographie des 20. Jahrhunderts, hier in der Anzeige für die Kabelfabrik Delft von Piet Zwart, gibt dem Unbedruckten die gleiche Bedeutung wie dem Bedruckten. Der dominierende rechte Winkel ergibt als innere Gegenform eine intensive Weißwirkung.

The modern artist, unlike his counterpart of the Renaissance, raises empty space to be an element of equal value in design. Instead of space flowing round the surface we have surface tension. The white surfaces are enriched with tensions and the white is activated up to the edge of the format. In the woodcut by Erich Heckel the white surfaces are surrounded by black and held captive. The marginal areas are as important as the centre of the picture, as is shown by the prominent white area at the left edge of the picture which is held by the energetic black curve.
Twentieth century typography, as here in the advertisement for the Delft Cable Factory by Piet Zwart, gives the unprinted area the same importance as the printed one. The dominant right angle produces a pronounced white effect as an inner counterform.

L'art moderne, au contraire de l'art de la Renaissance, donne à la surface vide la même valeur qu'aux autres éléments. La surface vide ne fuit plus, elle s'impose dans un rapport de tension. Le blanc agit jusqu'à la limite de sa surface. Dans la gravure sur bois de Erich Heckel, les surfaces blanches sont emprisonnées, cernées de noir. Les bords du dessin et leurs approches sont aussi importants que le centre, comme le montre la surface blanche très intense, cernée par un vigoureux trait noir, vers le bord gauche de le planche.
La typographie de notre siècle attribue autant de signification à la surface non imprimée qu'à celle imprimée (voir ici l'annonce faite pour la Fabrique de Câbles de Delft de Piet Zwart). La surface comprise dans l'angle droit domine nettement; cette contreforme intérieure agit intensément.

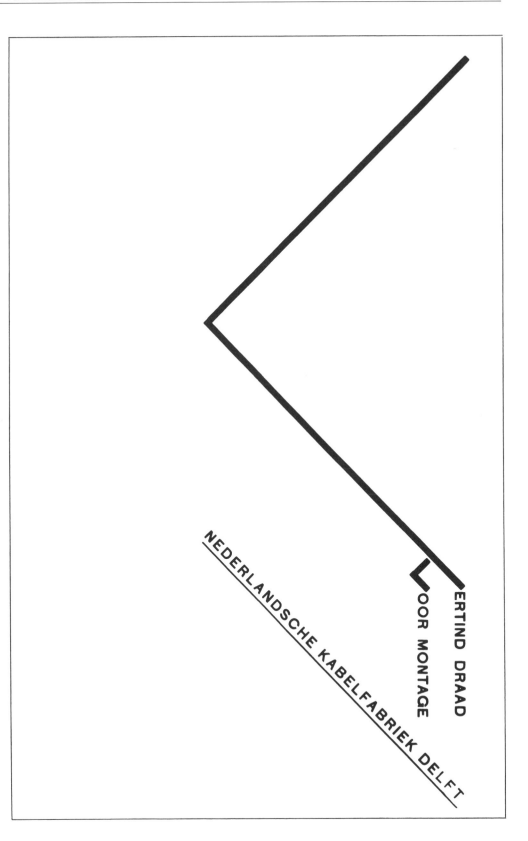

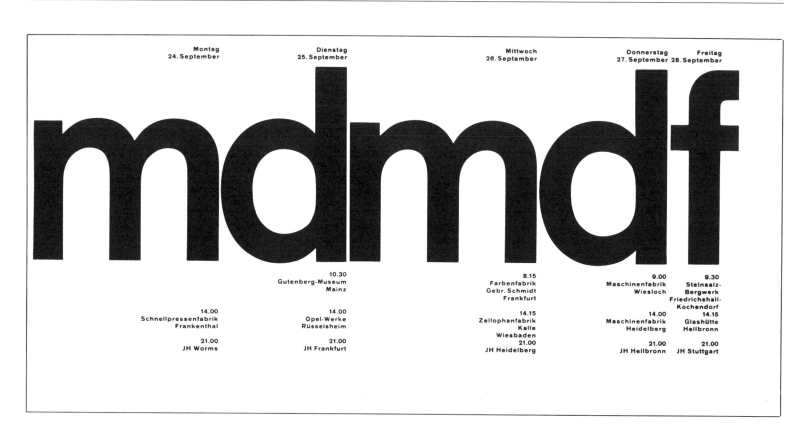

Montag
24. September

Dienstag
25. September

Mittwoch
26. September

Donnerstag
27. September

Freitag
28. September

10.30
Gutenberg-Museum
Mainz

8.15
Farbenfabrik
Gebr. Schmidt
Frankfurt

9.00
Maschinenfabrik
Wiesloch

9.30
Steinsalz-
Bergwerk
Friedrichshall-
Kochendorf

14.00
Schnellpressenfabrik
Frankenthal

14.00
Opel-Werke
Rüsselsheim

14.15
Zellophanfabrik
Kalle
Wiesbaden

14.00
Maschinenfabrik
Heidelberg

14.15
Glashütte
Heilbronn

21.00
JH Worms

21.00
JH Frankfurt

21.00
JH Heidelberg

21.00
JH Hellbronn

21.00
JH Stuttgart

Durch knappe Buchstabenabstände werden die weißen Innen-
formen der Buchstaben verstärkt; das Weiß der Abstände
rivalisiert nicht mit den Punzenformen. In diesem Programm für
eine Studienreise mit den großen Buchstaben für die Wochen-
tage dominieren die Innenräume der Buchstaben über die
anderen Formen. Die unbedruckten Gegenformen überspielen
die bedruckten Teile.

Narrow set width gives prominence to the counters.
In this programme for a study tour with big letters for the
weekdays the counters of the letters dominate the other
forms. The unprinted counterforms are superior in impact
to the printed parts.

Le blanc des espacements très serrés ne peut rivaliser avec le
blanc intérieur des lettres, mais au contaire renforce ce derni-
Dans ce programme pour un voyage d'étude, l'intérieur des
grandes lettres employées pour le nom des jours de la semai
domine les autres formes. Les surfaces non imprimées
l'emportent sur celles imprimées.

Oben: Harry Boller: Werbung für Insidon (Geigy). Von unten nach oben werden die Buchstaben fetter und dadurch in den Abständen enger. In der untersten Zeile sind die Innenräume wenig wirksam, werden aber in der Entwicklung nach oben immer gewichtiger.

Unten: Innenform der Schrift ‹Méridien› von Adrian Frutiger. Die Zusammenstellung aller Innenräume des Alphabets zeigt die gut geformten weißen Gegenformen und die Durchgestaltung dieser Formen.

Above: Harry Boller: advertisement for Insidon (Geigy). The letters grow in thickness from the bottom upwards and the spaces between them thus become narrower. In the lowest lines the internal spaces have little effect but acquire importance in their upward development.

Below: Internal forms of the "Méridien" fount by Adrian Frutiger. When all the internal forms of this alphabet are brought together, it can be seen how well the white counterforms are shaped and how consistently the design is carried through.

En haut: Harry Boller: Publicité pour l'Insidon (Geigy). Les caractères maigres en bas deviennent en montant toujours plus gras; inversement, les espacements de bas en haut se rétrécissent progressivement. Dans les lignes du bas, l'effet du blanc des lettres est faible; il augmente en importance dans les lignes supérieures.

En bas: Formes intérieures des caractères ‹Méridien› d'Adrian Frutiger. L'assemblage de tous les espaces intérieurs de l'alphabet montre la qualité des contre-formes blanches et la dualité de ces caractères.

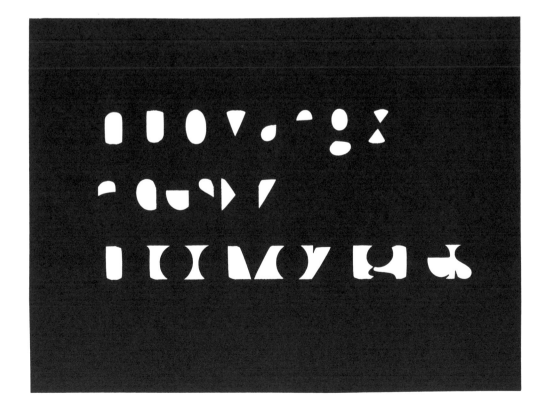

PRiNT
America's Graphic Design Magazine
September October 1966
PRiNT IXX:5

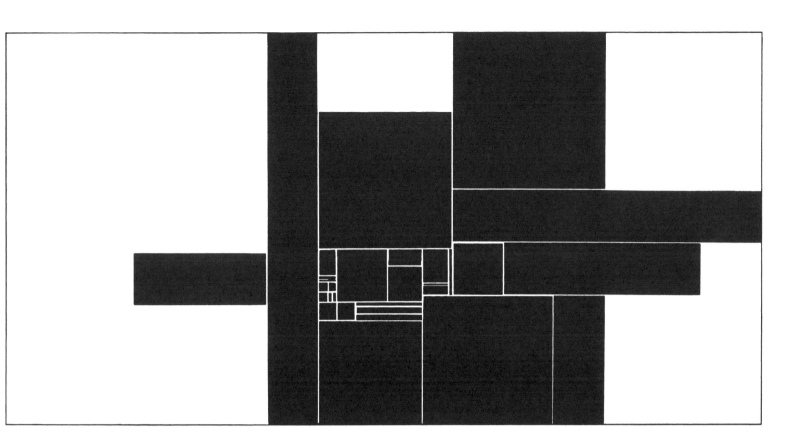

Linke Seite: Titelblatt der Zeitschrift ‹Print›. Die Zeile ‹Print› ist bis auf die Innenräume reduziert, welche von einer großen Schwarzmenge eingeschlossen sind. Dadurch ist die Weißwirkung bis an die Grenze des optisch Erträglichen verstärkt worden.

Oben: Komposition mit typographischen Elementen. Die durch Schwarz eingefaßten feinen weißen Linien sind in der Wirkung stärker als die verschieden großen Schwarzvolumen. Nicht der Flächencharakter von Schwarz, sondern das heftig wirkende Weiß des Linienwerks dominiert.

Left side: Title-page of the journal "Print". The line "Print" is reduced to the internal spaces which are enclosed by a large quantity of black. In this way the white effect has been intensified to the limits of the optically tolerable.

Above: Composition with typographical elements. The fine white lines framed in black have more impact than the various large black volumes. It is not the flat surface of the black that dominates but the linear pattern of the forceful white.

Page de gauche: Page de titre de la revue ‹Print›. La ligne ‹Print› est réduite aux espaces intérieurs qui sont entourés de noir. L'effet de blanc est porté jusqu'à la limite visuellement supportable.

En haut: Composition à l'aide d'éléments typographiques. Les fines lignes blanches, cernées de noir, agissent plus fortement que les diverses grandes surfaces voires. Le caractère plane du noir est nettement dominé par le caractère linéaire vigoureux du blanc.

Technik der Typographie

The techniques of typography

Technique de la typographie

Formbildendes Werkzeug und oft auch Formträger (das als Unterlage dienende Material) sind an der Formgebung einer Schrift maßgebend beteiligt.

Die Schriftform weist immer auf das Werkzeug hin: Die geschriebene Schrift auf die Feder, der in Stein gehauene Buchstabe auf den Meißel, geritzte Formen auf den Griffel, Kupferstich-Buchstaben auf den Grabstichel, Buchdrucktypen auf zwei verwendete Werkzeuge, auf die Schreibfeder und den Stichel des Stempelschneiders

Das Gießen eines Buchstabens in beliebiger Wiederholung aus einer Matrize bedingt das für die Typographie charakteristische, gleichbleibende Buchstabenbild. Auf diesem gleichbleibenden Bild aller Buchstaben beruht die Schönheit der Typographie, ihr Wesen ist Wiederholung der Type und Wiederholung im Druckverfahren.

Das Zusammenfügen der Bleitypen und des weiteren Bleimaterials geschieht im rechten Winkel, der nur unter Mißachtung der Satztechnik umgangen werden kann. Der rechte Winkel gehört, neben der Wiederholung der Formen, in das Bild der Typographie. Im Filmsatz neueren Datums allerdings kann der rechte Winkel durch diagonale Anordnungen überspielt werden.

Das typographische Bild wird wesentlich beeinflußt von der Art des Papiers und der Art des Druckverfahrens. Das Drucken der Type in ein weiches, stark strukturiertes Papier verursacht eine Ausdehnung der Formen mit unbestimmten, diffusen Randpartien, der Buchstabe verliert an Präzision und wirkt fetter, als er eigentlich ist. Die gleiche Type auf sehr glattes Kunstdruckpapier gedruckt, ergibt ein präzises Bild und eindeutige, klare Randpartien. Die Schriftformen der Frühdrucke des 15. Jahrhunderts wurden für das stark strukturierte, handgeschöpfte Papier konzipiert; der Druck dieser Typen auf glattes Papier würde ihren Charakter verfälschen.

Der Typograph muß das Druckverfahren in seine Dispositionen einbeziehen. Im Buchdruck-Rotationsdruck wird die Type auf eine Matrize geprägt und von dort mit Blei abgegossen. Diese zwei Prozesse übersteht sie nicht ohne Veränderungen, eine Vergrößerung des Buchstabenbildes ist unvermeidlich. Im Gegensatz zum Buchdruck, bei dem die Type mit Kraft in des Papier gepreßt wird, ist der Offsetdruck ein Verfahren, bei dem auf indirekte Weise die Farbe von der Type auf die Papieroberfläche aufgetragen wird, wodurch das Buchstabenbild etwas weniger klar und präzis erscheint. Beim Tiefdruckverfahren, das auf einen geätzten Raster beruht, verliert das Buchstabenbild, gegenüber dem Buchdruck, ebenfalls an Präzision. Die neuen Lichtsetzverfahren hingegen ermöglichen ein Buchstabenbild von einer Präzision, die nie vorher erreicht, in der ganzen Entwicklung des Buchdrucks aber immer angestrebt wurde.

Der Typograph muß die technische Entwicklung der Gegenwart und der Zukunft auf seinem Gebiet zur Kenntnis nehmen, da diese Entwicklung auch formale Veränderungen bewirken kann. Technik und Formgebung sind nicht voneinander zu trennen, und jedes Druckwerk, das als Zeitdokument Gültigkeit haben soll, muß sowohl die technischen wie auch die formalen Qualitäten in sich vereinen.

The instrument creating form and often the material in which the form is created are of crucial importance in determining the pattern of writing.

Written form always points to the instrument used: calligraphy to the pen, letters carved in stone to the chisel, cut forms to the stylus, copperplate letters to the graver, and type characters to the two instruments used in their creation: the pen and the punch-cutter's graver.

Since letters are cast as often as required from a mould, the face of the characters used for typography must be permanent in their form. It is in this unchanging appearance of all the letters that the beauty of typography resides; its essential nature lies in the repetition of the type characters and the repetition inherent in the printing process.

The lead type and furniture are assembled within a rectangular pattern which can be circumvented only by disregard of the rules of composition. The rectangular pattern, like the repetition of forms, is an essential part of the typographical picture. In the technique of film-setting, of recent introduction, it is possible to have diagonal arrangements as well as rectangular.

The appearance of the typography is greatly influenced by the quality of the paper and printing process used. Printing on a soft, strongly textured paper causes the forms to spread and have vague and diffuse edges, the letter loses its precision and looks bolder than it really is. The same type face on a very glossy art paper comes up quite sharp and clear and its precision is preserved. The type characters of the incunabula of the 15th century were designed for the very strongly textured handmade paper. If these faces were printed on glossy paper, their characters would be distorted.

The typographer must take the printing process into account in preparing his work. In letterpress rotary printing the type is imprinted in a mould and then cast in lead. The type cannot be submitted to these two processes without undergoing some changes and a certain coarsening in the appearance of the type face is inevitable. In contrast to letterpress, in which the type is forcibly imprinted against the paper, offset is a process in which the ink is rather transferred from the face to the surface of the paper under light pressure, leaving the impression rather less clear and precise. In gravure printing, which is based on an etched screen, the appearance of the face again loses precision in comparison with letterpress. The new technique of photocomposition makes it possible to acquire an unprecedented clarity such as typographers have striven to attain throughout the whole history of printing.

The typographer must take into account technical developments of the present and future, for such advances might bring about changes of form. And a printed work which is to be a valid document of its times must combine both technical and formal qualities.

L'outillage, aussi bien que le matériel, influent sur l'aspect de l'écriture.

Un caractère révèle toujours l'instrument qui a servi à sa création: ainsi dans l'écriture courante se manifeste la plume, dans la lettre gravée dans la pierre, le ciseau, dans les taillesdouces, le burin, dans les eaux-fortes, la pointe-sèche, dans le caractères d'imprimerie, deux outils: le plume, et le burin du graveur de poinçons.

La lettre d'imprimerie est fondue dans une matrice qui peut la reproduire indéfiniment et lui confère son ceractère immuable La beauté de la typographie réside en cette immutabilité de toutes les lettres, son essence, dans la répétition des types, répétition que l'on retrouve dans le procédé d'imprimer.

L'assemblage des caractères et autre matériel en plomb s'effectue dans un composteur strictement d'équerre, en ayan soin d'éviter tout déréglage dû à une non-observation de la technique de la composition. Avec la répétition des mêmes formes, cette mesure à l'équerre est l'une des caractéristiques de la typographie. Toutefois, actuellement, la photocomposition permet des arrangements en diagonale.

Le choix du papier et du procédé d'impression jouent un rôle important dans l'ouvrage imprimé. L'impression des caractère sur un papier souple, à gros grain, occasionne un empâtemer des formes, des contours imprécis et diffus; la lettre perd sa précision et paraît plus grasse qu'elle ne l'est en réalité. Les mêmes types imprimés sur un papier couché glacé donnent une image précise, des contours nets. Les caractères des premières impressions du 15e siècle furent conçus pour le papier à la main rugueux de l'époque; ces mêmes types impr sur un papier lisse perdraient toute la particularité de leur car tère. Le procédé d'impression détermine également le visage l'œuvre imprimée. Dans l'impression typographique sur pres rotative, les caractères sont successivement gaufrés sur une matrice puis coulés au plomb, deux processus qui les expose à des modifications où ils perdent inévitablement de leur finesse. Au contraire du procédé en relief, où les caractères so pressés fortement sur le papier, l'offset, procédé à plat, perme d'imprimer les encres par décalque, mais donne un léger flou aux caractères. Dans le procédé en creux également, qui repo sur une trame gravée, la lettre perd en netteté. Mais les nouveaux procédés photographiques dotent le caractère d'une précision qu'il n'avait encore jamais connue et que l'imprimer avait recherchée tout au cours de son évolution.

Le typographe doit se tenir au courant de l'évolution techniqu actuelle et à venir qui concerne son métier, car elle peut entraîner en même temps une évolution des formes. Et dans chaque ouvrage imprimé qui veut être un témoignage de son époque, les qualités techniques doivent s'allier aux qualités formelles.

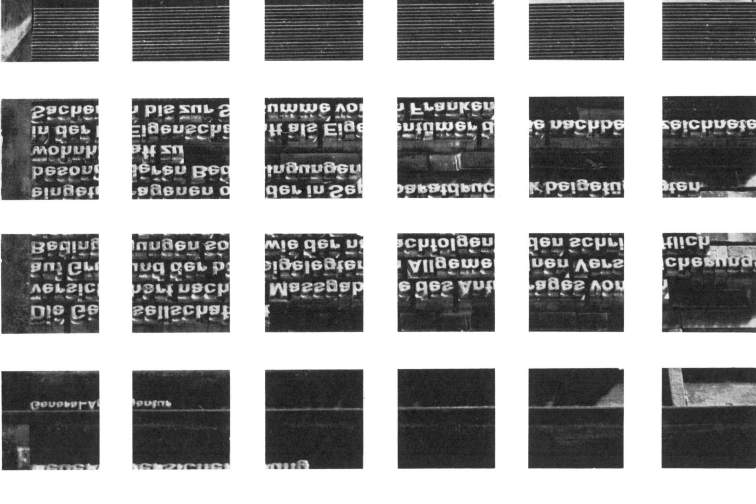

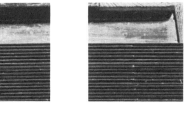

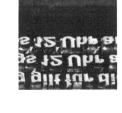

stefan zweig
baumeister
der
welt
tolstoi
dickens
kleist
balzac
nietzsche
dostojewski
stendhal
hölderlin

Das Setzen mit Blei bedingt das Bauen eines Satzes im rechten Winkel nach bestimmten technischen Gesetzen. Die Arbeit des Bauens und Zusammenfügens darf im Satzbild sichtbar werden, und das Gebundensein an das Material kann für die Form mitbestimmend sein.

Links Buchumschlag; rechts der satztechnische Aufbau der gleichen Arbeit.

Composing with lead calls for the construction of type matter in a right angle in accordance with certain technical rules. This structural work – the fitting together of the parts – may legitimately show in the form of the composition, and the intention to be true to material may be a factor co-determining the form.

On the left a dust jacket; on the right a proof of the compositor's form for the same work.

Un composteur strictement d'équerre et des loins techniques précises conditionnent la composition au plomb. Le travail de construction et d'assemblage peut très bien apparaître dans la composition, et le matériel employé détermine en grande partie la forme définitive.

A gauche: Couverture de livre; à droite: Composition du même travail du point de vue technique.

Mit wachsender Kultur mußten die Bedürfnisse mannigfaltiger werden und der Wert der Mittel ihrer Befriedigung umso mehr steigen, je weiter die moralische Gesinnung hinter allen diesen Erfindungen des Luxus, hinter allen Raffinements des Lebensgenusses und der Bequemlichkeit zurückgeblieben war. Die Sinnlichkeit hatte viel zu schnell ungeheures Feld gewonnen. In eben dem Verhältnisse, als die Menschen auf dieser Seite ihre Natur ausbildeten und sich in der vielfachsten Tätigkeit und dem behaglichsten Selbstgefühl verloren, mußte ihnen die andere Seite ganz unscheinbar, eng und fern vorkommen. Hier nun meinten sie den rechten Weg ihrer Bestimmung eingeschlagen zu haben, hierfür alle Kräfte verwenden zu müssen. So wurde grober Eigennutz zur Leidenschaft und zugleich seine Maxime zum Resultat des höchsten Verstandes ; und all dies machte die Leidenschaft gefährlich und unüberwindlich. Wie herrlich wäre es, wenn der jetzige König sich wahrhaftig überzeugte, daß man auf diesem Wege nur das flüchtige Glück eines Spielers machen könne, das von einer so veränderlichen Größe bestimmt wird als die Imbezillität und der Mangel an Routine und Finesse seiner Mitspieler. Durch Betrogenwerden lernt man betrügen, und wie bald ändert sich da nicht das Blatt, und der Meister wird Schüler seines Schülers ; ein dauerhaftes Glück macht nur der rechtliche Mann und der rechtliche Staat. Was helfen mir alle Reichtümer, wenn sie sich bei mir nur aufhalten, um frische Pferde zu nehmen und so nur schneller ihre Reise um die Welt zurückzulegen ?

Mit wachsender Kultur mußten die Bedürfnisse mannigfaltiger werden und der Wert der Mittel ihrer Befriedigung umso mehr steigen, je weiter die moralische Gesinnung hinter allen diesen Erfindungen des Luxus, hinter allen Raffinements des Lebensgenusses und der Bequemlichkeit zurückgeblieben war. Die Sinnlichkeit hatte viel zu schnell ungeheures Feld gewonnen. In eben dem Verhältnisse, als die Menschen auf dieser Seite ihre Natur ausbildeten und sich in der vielfachsten Tätigkeit und dem behaglichsten Selbstgefühl verloren, mußte ihnen die andere Seite ganz unscheinbar, eng und fern vorkommen. Hier nun meinten sie den rechten Weg ihrer Bestimmung eingeschlagen zu haben, hiefür alle Kräfte verwenden zu müssen. So wurde grober Eigennutz zur Leidenschaft und zugleich seine Maxime zum Resultat des höchsten Verstandes ; und all dies machte die Leidenschaft gefährlich und unüberwindlich. Wie herrlich wäre es, wenn der jetzige König sich wahrhaftig überzeugte, daß man auf diesem Wege nur das flüchtige Glück eines Spielers machen könne, das von einer so veränderlichen Größe bestimmt wird als die Imbezillität und der Mangel an Routine und Finesse seiner Mitspieler. Durch Betrogenwerden lernt man betrügen, und wie bald ändert sich da nicht das Blatt, und der Meister wird Schüler seines Schülers : ein dauerhaftes Glück macht nur der rechtliche Mann und der rechtliche Staat. Was helfen mir alle Reichtümer, wenn sie sich bei mir nur aufhalten, um frische Pferde zu nehmen und so nur schneller ihre Reise um die Welt zurückzulegen ?

Mit wachsender Kultur mußten die Bedürfnisse mannigfaltiger werden und der Wert der Mittel ihrer Befriedigung umso mehr steigen, je weiter die moralische Gesinnung hinter allen diesen Erfindungen des Luxus, hinter allen Raffinements des Lebensgenusses und der Bequemlichkeit zurückgeblieben war. Die Sinnlichkeit hatte viel zu schnell ungeheures Feld gewonnen. In eben dem Verhältnisse, als die Menschen auf dieser Seite ihre Natur ausbildeten und sich in der vielfachsten Tätigkeit und dem behaglichsten Selbstgefühl verloren, mußte ihnen die andere Seite ganz unscheinbar, eng und fern vorkommen. Hier nun meinten sie den rechten Weg ihrer Bestimmung eingeschlagen zu haben, hierfür alle Kräfte verwenden zu müssen. So wurde grober Eigennutz zur Leidenschaft und zugleich seine Maxime zum Resultat des höchsten Verstandes ; und all dies machte die Leidenschaft gefährlich und unüberwindlich. Wie herrlich wäre es, wenn der jetzige König sich wahrhaftig überzeugte, daß man auf diesem Wege nur das flüchtige Glück eines Spielers machen könne, das von einer so veränderlichen Größe bestimmt wird als die Imbezillität und der Mangel an Routine und Finesse seiner Mitspieler. Durch Betrogenwerden lernt man betrügen, und wie bald ändert sich da nicht das Blatt, und der Meister wird Schüler seines Schülers ; ein dauerhaftes Glück macht nur der rechtliche Mann und der rechtliche Staat. Was helfen mir alle Reichtümer, wenn sie sich bei mir nur aufhalten, um frische Pferde zu nehmen und so nur schneller ihre Reise um die Welt zurückzulegen ?

Die gesetzten Zeilen können in der Typographie beliebig voneinander getrennt werden. Die Beispiele zeigen den Weg von reichlich durchschossenem Satz bis zum undurchschossenen Satz. Von der Form her gesehen, geht die Entwicklung von hell zu dunkel und von linear zu flächig. Die Lesbarkeit ist bei zu viel Durchschuß durch die aufdringliche lineare Wirkung geschwächt, und bei zu wenig Durchschuß geht die für das Lesen wichtige Zeilenführung in der Fläche unter. Am besten lesbar ist der Schriftsatz, in dem flächige und lineare Wirkungen gut aufeinander abgestimmt sind.

In typography the composed lines can be separated from one another as desired. The examples show all degrees from matter with wide leading to matter set solid, i.e. with no leading at all. Seen from the formal point of view, there is a progression from light to dark and from a pattern of lines to a plain surface. Reading is difficult when there is too much leading because the linear pattern becomes obtrusive, and with too little leading the run of the lines, which is important for legibility, is submerged under the surface. The most legible composition is the one in which the effects of line and surface are nicely matched.

En typographie, les lignes composées peuvent être séparées à volonté les unes des autres. Les exemples ici donnés montrent la différence entre une composition généreusement interlignée et une composition compacte. Considérant la forme seule, l'effet rendu passe du ton clair au foncé, du linéaire à la surface. La lisibilité est affaiblie par l'effet linéaire obstiné dû à l'interlignage trop aéré, mais elle est également rendue difficile par interlignage trop serré, où les lignes qui devraient rester distinctes les unes des autres se meuent en un bloc compact. La lisibilité est bonne lorsque effets linéaires et de surface sont harmonieusement équilibrés.

Mit wachsender Kultur mußten die Bedürfnisse mannigfaltiger werden und der Wert der Mittel ihrer Befriedigung umso mehr steigen, je weiter die moralische Gesinnung hinter allen diesen Erfindungen des Luxus, hinter allen Raffinements des Lebensgenusses und der Bequemlichkeit zurückgeblieben war. Die Sinnlichkeit hatte viel zu schnell ungeheures Feld gewonnen. In eben dem Verhältnisse, als die Menschen auf dieser Seite ihre Natur ausbildeten und sich in der vielfachsten Tätigkeit und dem behaglichsten Selbstgefühl verloren, mußte ihnen die andere Seite ganz unscheinbar, eng und fern vorkommen. Hier nun meinten sie den rechten Weg ihrer Bestimmung eingeschlagen zu haben, hierfür alle Kräfte verwenden zu müssen. So wurde grober Eigennutz zur Leidenschaft und zugleich seine Maxime zum Resultat des höchsten Verstandes; und all dies machte die Leidenschaft gefährlich und unüberwindlich. Wie herrlich wäre es, wenn der jetzige König sich wahrhaftig überzeugte, daß man auf diesem Wege nur das flüchtige Glück eines Spielers machen könne, das von einer so veränderlichen Größe bestimmt wird als die Imbezillität und der Mangel an Routine und Finesse seiner Mitspieler. Durch Betrogenwerden lernt man betrügen, und wie bald ändert sich da nicht das Blatt, und der Meister wird Schüler seines Schülers; ein dauerhaftes Glück macht nur der rechtliche Mann und der rechtliche Staat. Was helfen mir alle Reichtümer, wenn sie sich bei mir nur aufhalten, um frische Pferde zu nehmen und so nur schneller ihre Reise um die Welt zurückzulegen?

Mit wachsender Kultur mußten die Bedürfnisse mannigfaltiger werden und der Wert der Mittel ihrer Befriedigung umso mehr steigen, je weiter die moralische Gesinnung hinter allen diesen Erfindungen des Luxus, hinter allen Raffinements des Lebensgenusses und der Bequemlichkeit zurückgeblieben war. Die Sinnlichkeit hatte viel zu schnell ungeheures Feld gewonnen. In eben dem Verhältnisse, als die Menschen auf dieser Seite ihre Natur ausbildeten und sich in der vielfachsten Tätigkeit und dem behaglichsten Selbstgefühl verloren, mußte ihnen die andere Seite ganz unscheinbar, eng und fern vorkommen. Hier nun meinten sie den rechten Weg ihrer Bestimmung eingeschlagen zu haben, hierfür alle Kräfte verwenden zu müssen. So wurde grober Eigennutz zur Leidenschaft und zugleich seine Maxime zum Resultat des höchsten Verstandes; und all dies machte die Leidenschaft gefährlich und unüberwindlich. Wie herrlich wäre es, wenn der jetzige König sich wahrhaftig überzeugte, daß man auf diesem Wege nur das flüchtige Glück eines Spielers machen könne, das von einer so veränderlichen Größe bestimmt wird als die Imbezillität und der Mangel an Routine und Finesse seiner Mitspieler. Durch Betrogenwerden lernt man betrügen, und wie bald ändert sich da nicht das Blatt, und der Meister wird Schüler seines Schülers; ein dauerhaftes Glück macht nur der rechtliche Mann und der rechtliche Staat. Was helfen mir alle Reichtümer, wenn sie sich bei mir nur aufhalten, um frische Pferde zu nehmen und so nur schneller ihre Reise um die Welt zurückzulegen?

Mit wachsender Kultur mußten die Bedürfnisse mannigfaltiger werden und der Wert der Mittel ihrer Befriedigung umso mehr steigen, je weiter die moralische Gesinnung hinter allen diesen Erfindungen des Luxus, hinter allen Raffinements des Lebensgenusses und der Bequemlichkeit zurückgeblieben war. Die Sinnlichkeit hatte viel zu schnell ungeheures Feld gewonnen. In eben dem Verhältnisse, als die Menschen auf dieser Seite ihre Natur ausbildeten und sich in der vielfachsten Tätigkeit und dem behaglichsten Selbstgefühl verloren, mußte ihnen die andere Seite ganz unscheinbar, eng und fern vorkommen. Hier nun meinten sie den rechten Weg ihrer Bestimmung eingeschlagen zu haben, hiefür alle Kräfte verwenden zu müssen. So wurde grober Eigennutz zur Leidenschaft und zugleich seine Maxime zum Resultat des höchsten Verstandes; und all dies machte die Leidenschaft gefährlich und unüberwindlich. Wie herrlich wäre es, wenn der jetzige König sich wahrhaftig überzeugte, daß man auf diesem Wege nur das flüchtige Glück eines Spielers machen könne, das von einer so veränderlichen Größe bestimmt wird als die Imbezillität und der Mangel an Routine und Finesse seiner Mitspieler. Durch Betrogenwerden lernt man betrügen, und wie bald ändert sich da nicht das Blatt, und der Meister wird Schüler seines Schülers: ein dauerhaftes Glück macht nur der rechtiiche Mann und der rechtliche Staat. Was helfen mir alle Reichtümer, wenn sie sich bei mir nur aufhalten, um frische Pferde zu nehmen und so nur schneller ihre Reise um die Welt zurückzulegen?

Seite 71:
Jeder Druckbuchstabe muß links und rechts einen Abstand aufweisen, der beim Zusammensetzen den weißen Raum zwischen den Buchstaben regelt. Bei den klassischen Typen erfolgt diese Regelung, im Schriftguß Zurichtung genannt, zum großen Teil durch die seitlichen Ausladungen (Seite rechts, rechte Hälfte). Bei der serifenlosen Grotesk hingegen muß sehr auf die seitliche Distanz geachtet werde, damit sich die Buchstaben nicht zu nahe kommen. Eine zu enge Zurichtung ergibt beim Aneinanderreihen der Typen zum Satz ein fleckiges Schriftbild.

Seite 72-73:
Auf der linken Seite sind Wörter mit schwieriger Reihung aufgeführt, mit Buchstaben, die beim Zusammenfügen gerne zu große Abstände ergeben (ktyvwfrz). Auf der rechten Seite stehen Wörter mit einfacher Reihung, die für das Wortbild keine Schwierigkeiten ergeben (lignchb). Bei einer gut zugerichteten Schrift, die Buchstaben mit richtigem Anguß aufweist, soll die Grauwirkung der linken und der rechten Seite gleich sein. Es empfiehlt sich, die Doppelseite auf diese Wirkung hin aus der Distanz zu betrachten. Eine Schrift mit zu enger Zurichtung wird auf der linken Seit ein zu helles und auf der rechten Seite ein zu dunkles Bild ergeben.

Page 71:
Every type character must have to its left and right an interval which determines the amount of white space between the letters in the composed line. In classical types this space is regulated, in cast type called make ready, for the most part by the lateral projections (right page, right half). But in sans serif type the letters are not too close together. If letter spacing is too narrow the type area looks spotty when the type characters are set side by side.

Page 72-73:
On the left page are words which are difficult to set because their letters (ktyvwfrz) leave awkward gaps of white when they are set against each other. On the right page are words comprising letters which cause no trouble (lignchb). With correct set-width and well-cast characters the degree of greyness should be the same on the left and right pages. It is advisable to hold the two pages some distance away to judge this effect. Composition with spacing too narrow would give an area too light on the left page and one too dark on the right.

Page 71:
Chaque caractère d'imprimerie doit accuser un espacement latéral qui contistuera, lors de l'assemblage, l'espace blanc entre les lettres. Pour les caractères classiques, ce réglage dépend en grande partie des empattements latéraux (page de droite, moitié droite). Par contre, pour les antiques sans empattements, l'interlettrage demande un soin particulier, afin que les lettres ne soient pas collés les unes aux autres. Par un interlettrage trop étroit, la composition finale donne un effet d tache.

Page 72-73:
Sur la page de gauche, nous avons affaire aux lettres ktyvw frz qui, lorsqu'elles se trouvent juxtaposées, peuvent présente un interlettrage trop large. Sur la page de droite, nous nous trouvons en présence de lettres qui n'offrent aucune difficulté d'assemblage (lignchb). Dans une composition aux approches correctement rectifiées, la tonalité du gris doit être identique s la page de droite et sur celle de gauche. Il convient ici d'apprécier cet équilibre de valeur sur la double page, en la tenant à une certaine distance. Lorsque l'interlettrage est trop serré l'effet optique de la composition est trop clair sur la page de gauche et trop foncé sur la page droite.

lal	aaa	oao	lal	aaa	oao
lbl	aba	obo	lbl	aba	obo
lcl	aca	oco	lcl	aca	oco
ldl	ada	odo	ldl	ada	odo
lel	aea	oeo	lel	aea	oeo
lkl	aka	oko	lkl	aka	oko
lll	ala	olo	lll	ala	olo
lol	aoa	ooo	lol	aoa	ooo

vertrag	crainte	screw
verwalter	croyant	science
verzicht	fratricide	sketchy
vorrede	frivolité	story
yankee	instruction	take
zwetschge	lyre	treaty
zypresse	navette	tricycle
fraktur	nocturne	typograph
kraft	pervertir	vanity
raffeln	presto	victory
reaktion	prévoyant	vivacity
rekord	priorité	wayward
revolte	proscrire	efficiency
tritt	raviver	without
trotzkopf	tactilité	through
tyrann	arrêt	known

bibel	malhabile	modo
biegen	peuple	punibile
blind	qualifier	quindi
damals	quelle	dinamica
china	quelque	analiso
schaden	salomon	macchina
schein	sellier	secondo
lager	sommier	singolo
legion	unique	possibile
mime	unanime	unico
mohn	usuel	legge
nagel	abonner	unione
puder	agir	punizione
quälen	aiglon	dunque
huldigen	allégir	quando
geduld	alliance	uomini

Die Technik des Schriftgusses ist für die Formgebung in der Typographie bestimmend. Das Gießen eines Buchstabens nach einer Matrize gewährleistet auch bei fast unbegrenzter Wiederholung ein absolut gleichbleibendes Buchstabenbild. Dieses gleichbleibende Bild gehört zum Wesen der Typographie und soll nicht durch Variationsbuchstaben verändert werden. Abwandlungen eines Buchstabens würden die Buchdruckschrift in die Nähe der geschriebenen Schrift bringen, in der alle Buchstaben voneinander verschieden sind. Die Gesetze des Geschriebenen jedoch unterscheiden sich völlig von den Gesetzen des Gedruckten, und ein gegenseitiger Ausgleich ist nicht erwünscht.

Form in typography is determined by the technique of type casting. Casting a letter from a mould ensures that the face of the type will remain absolutely unchanged, the number of castings being almost unlimited. This unchanging face is of the essence of typography and should not be marred by letters deviating from the pattern. Changes in the face of a letter would approximate letterpress characters to handwritten characters which all differ from one another. The laws of handwriting, however, are completely different from the laws of printing and it would serve no useful purpose to attempt to make one resemble the other.

La technique de la fonte des caractères est déterminante pour la réalisation typographique. La fonte d'une lettre dans une matrice permet une reproduction presque illimitée d'un caractère absolument immuable. Cette image permanente du caractère appartient en propre à la technique typographique. Des modifications dans les lettres ne doivent pas intervenir. Soumis à des mutations, les caractères d'imprimerie se rapprocheraient de l'écriture courante, où toutes les lettres diffèrent les unes des autres. Les lois de l'écriture courante sont parfaitement étrangères aux lois de l'impression typographique, et une comparaison entre serait vaine.

mit dem Buch in die Ferien

das Buch ein treuer Freund

auch das Buch ist unentbehrlich

das Buch zeigt die Welt

nur das gute Buch enttäuscht nie

das billige Buch für jedermann

das Buch weitet die Grenzen

das schöne Buch ein Kunstwerk

nie ohne Buch

durch das Buch Erkenntnis

das Buch erbaut

kein Buch keine Bildung

das schöne Buch auch billig

vor allem ein Buch für die Jugend

darum ein Buch

Wähle Deinen Beruf

nachMass

Wähle Deinen Beruf

nach Mass

Wähle Deinen Beruf

nach Mass

Wähle Deinen Beruf

nach Mass

Wähle Deinen Beruf

nach Mass

Wähle Deinen Beruf

nach Mass

Wähle Deinen Beruf

nach Mass

Wähle Deinen Beruf

nach Mass

nachMass

Reichhaltige differenzierte Gradabstufungen stehen dem typographischen Gestalter zur Verfügung, wobei er sich bewußt sein muß, daß er nicht nur in verschiedenen Größen, sondern ebenso in verschiedenen Grau und in verschiedenen Tiefen arbeitet.

The typographical designer has a wide range of different type sizes at his disposal, but he must realize that he works not merely in different sizes but also in different greys and different depths of tone.

Le compositeur typographique dispose d'une riche échelle de graduations qui lui permet d'œuvrer non seulement dans diverses grandeurs de corps, mais dans divers gris et une multitude de tonalités.

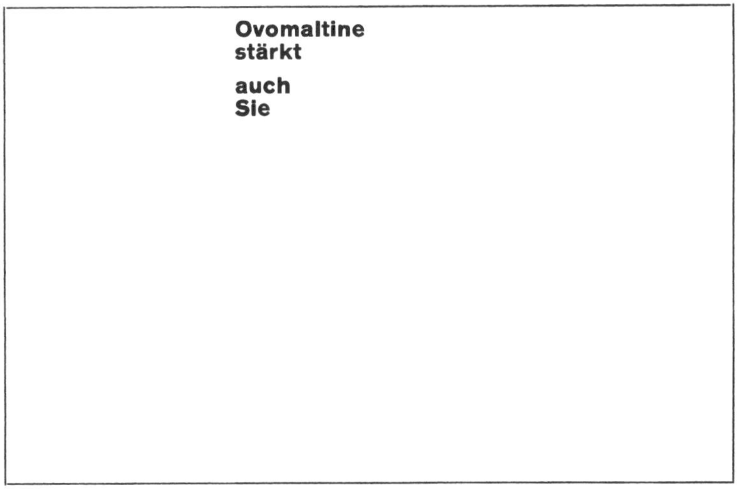

**Ovomaltine
stärkt**

**auch
Sie**

**Ovomaltine
stärkt**

**auch
Sie**

**Ovomaltine
stärkt**

**auch
Sie**

**Ovomaltine
stärkt**

**auch
Sie**

**Ovomaltine
stärkt**

**auch
Sie**

**Ovomaltine
stärkt**

**auch
Sie**

1

2

Es gibt h

Man kau

haben, el

der Frau

viel meh

als «Kat:

später in

3

Sagne, éta

y faire ses

son train,

d'une mais

sieur qui |

dule, se ta

nière. Furi

4

cessa de |

ferma dan

toujours,

que jamai

vaux utile

faire le bi

vrait de pi

5

Papierstrukturen und Druckverfahren üben einen großen Einfluß auf das Schriftbild aus. Die Schriften der Wiegendrucke sind so konzipiert, daß sie in die rauhe, feuchte Oberfläche des handgeschöpften Papiers eingedrückt werden können; die selben Schriften im Offsetverfahren oder im Buchdruckverfahren auf Kunstdruckpapier gedruckt, sind nicht mehr zu erkennen. In der Geschichte des Schriftgusses haben die Entwicklungen in der Papierherstellung und in den Druckverfahren maßgebend auf den Schriftentwurf eingewirkt.

Venezianischer Druck, 1594.
Buchdruckverfahren auf Kunstdruckpapier.
Rotationsbuchdruck auf Zeitungspapier.
Tiefdruckverfahren auf holzhaltigem Papier. Aufrasterung der Schrift.
Buchdruckverfahren, Paris 1854.

Paper textures and printing processes have a marked influence on the final appearance of the printed page. The typefaces used in the incunabula were so designed that they could be impressed in the rough, moist surface of the handmade paper; if the same typefaces are used for offset or letterpress on art paper they are hardly recognizable. In the history of type casting, developments in papermaking and printing have brought an important influence to bear on the design of typefaces.

1 Venetian print, 1594.
2 Letterpress on art paper.
3 Rotary letterpress printing on newsprint.
4 Gravure printing on paper containing wood pulp. The typeface is screened
5 Lenerpress process, Paris 1854.

Composition du papier et procédé d'impression exercent une grande influence sur la présentation de l'ouvrage typographique. Les caractères des incunables sont conçus pour être imprimés sur le papier rugueux et humide fait à la main. Ces mêmes caractères sont méconnaissables imprimés en offset ou en typographie sur papier couché. L'évolution de la fabrication du papier et des procédés d'impression a agi d'une façon déterminante sur la création des caratères.

1 Impression vénitienne, 1594.
2 Procédé d'impression typographique sur papier couché.
3 Impression typographique à la rotative sur papier journal.
4 Procédé héliogravure sur papier bois. Caractères tramés.
5 Procédé typographique, Paris 1854.

Gliederungen   Arrangements   Arrangements

Wir werden heute mit einer so unübersehbaren Menge von Gedrucktem überflutet, daß das einzelne Druckwerk in hohem Maße entwertet ist, weil der geplagte Zeitgenosse gar nicht mehr alles Gedruckte erfassen kann. Der Typograph hat die Aufgabe, diese Menge von Drucksachen so aufzuteilen, zu gliedern und zu interpretieren, daß der Leser mit einiger Wahrscheinlichkeit das ihn Interessierende wahrnehmen wird.

Eine Tageszeitung wird kaum von der ersten bis zur letzten Zeile gelesen. Weißräume, Linien, Farben, große und fette Schrifttypen dienen zur Signalisierung der wesentlichsten Texte, die zudem nach Gebieten in besonderen Rubriken oder auf besonderen Seiten zusammengefaßt sind.

Der Text eines mehrhundertseitigen Buches muß vom Typographen so auf die einzelnen Seiten verteilt werden, daß der gesamte Text vom Leser mühelos in Etappen bewältigt werden kann. Es gibt eine Textmenge der einzelnen Seite, die vom Leser als angenehm empfunden wird. Zuviel Text auf einer Seite wirkt ermüdend, zuwenig Text wirkt unangenehm, weil der Leseprozeß durch das häufige Wenden der Seiten zu oft unterbrochen wird. Einzüge und Ausgangszeilen als Gliederungsmittel tragen wesentlich zur guten Lesbarkeit bei. Ein starrer, ungegliederter Satzblock ohne Einzug und Ausgang ist ein Zeichen von beruflicher Unreife und ist sowohl ästhetisch wie funktionell unzulänglich. Das Ziel jeder guten Typographie ist die Form, die sich der Lesbarkeit unterordnet.

Zu den Gesetzen der Form gehören auch alle Möglichkeiten der Gliederung. Der gestaltende Typograph muß sie kennen, und um sie sinnvoll anwenden zu können, soll er sich in die Rolle der umworbenen und geplagten Leser, zu denen er ja selber auch gehört, einfühlen. Nur so ist es möglich, Druckwerke zu schaffen, die in jeder Beziehung, formal und funktionell, den höchsten Ansprüchen genügen.

Die rechte Seite zeigt folgende Gliederungsmöglichkeiten:

1 Ungegliederte Satzfläche, starres, unrhythmisches und schwer zu lesendes Gebilde.
2 Gliederung durch zusätzliche Farbe.
3 Gliederung durch halbfette und gewöhnliche Schnitte.
4 Gliederung durch größere Schriftgrade.
5 Gliederung durch Linien.
6 Gliederung durch Blindzeilen.
7 Gliederung durch Ausgangszeilen.

Today we are inundated with such an immense flood of printed matter that the value of the individual printed work has depreciated, for our harassed contemporaries simply cannot take in everything that is printed today. It is the typographer's task to divide up and organize and interpret this mass of printed matter in such a way that the reader will have a good chance of finding what is of interest to him.

No newspaper is likely to be read from the first line to the last. White spaces, rules, colours, large and bold type faces are used to emphasize the most important texts, which are also arranged under special headings or on special pages according to the subject.

When the text of a book runs to several hundred pages, the typographer must distribute it over the pages in such a way that the reader will have no difficulty in coping with the mass of print in easy stages. There is a certain quantity of text to the page which the reader will find agreeable. Too much text is fatiguing, and too little is unpleasant because the reader must stop to turn the pages too often. Indents and break lines are very useful means of breaking up the mass of type and enhancing legibility. A rigid, unrelieved area of composition without indents or break lines is a sign of professional immaturity and falls short of the desirable as regards both function and aesthetics. The aim of all good typography is form subordinated to legibility.

In following the laws of form we must make use of every possible means of division and arrangement. The typographer must be conversant with them and know how to use them, and one of the best ways of doing this is for him to imagine himself in the shoes of the harassed reader (which, of course, he often is) whose attention is solicited on all sides. Only then can he create printed works which will measure up to the highest standards as regards both function and form.

The right-hand page shows some possible ways of dividing up a text:

1 Unrelieved area of type. The pattern lacks rhythm and flexibility and is difficult to read.
2 Relief by colour.
3 Relief by bold and normal faces.
4 Relief by larger type sizes.
5 Relief by lines.
6 Relief by blank lines.
7 Relief by break lines.

Nous sommes aujourd'hui envahis par une quantité quasi incalculable d'imprimés, aussi chacun d'eux perd-il sa valeur dans masse, car nos contemporains, submergés par ce flot, ne peuvent embrasser toutes ces sollicitations. Le typographe se doit donc de répartir tous ces imprimés, de les structurer, de le interpréter, afin que le lecteur puisse discerner rapidement ce qui présente pour lui quelque intérêt.

Il est bien rare qu'un quotidien soit lu de la première à la dernière ligne. Blancs, filets, couleurs, grands titres, caractères gras, signalent à l'attention du public les textes essentiel qui sont eux-mêmes rassemblés sous des rubriques ou des pages spéciales.

Le texte d'un livre de plusieurs centaines de pages doit être composé par le typographe de telle manière que le lecteur puisse sans peine, et par étapes, en venir à bout. Il est une jus quantité de texte qui, réparti sur une page, est agréable à la lecture. Un texte trop compact fatigue ; trop peu de texte est tout aussi désagréable, car il oblige le lecteur à interrompre sa lecture pour tourner fréquemment la page. Renfoncements et fins d'alinéas, qui architecturent le texte, contribuent essentiel ment à rendre la lecture aisée. Une composition rigide, qui forme bloc, sans renfoncements ni alinéas, atteste un manque de maturité professionnelle, et ne donne satisfaction ni au poi de vue esthétique, ni au point de vue fonctionnel. Le but de toute bonne typographie est de soumettre la forme à la lisibili

Aux lois de la forme appartiennent aussi toutes les possibilité d'arrangements que le compositeur typographe se doit de connaître. Pour les utiliser judicieusement, il se mettra à la pla du lecteur pressé et submergé, qu'il est du reste lui-même ni son temps. Ce faisant, des imprimés seront créés qui pourron s'honorer d'une certaine perfection formelle et fonctionnelle.

La page de droite nous montre quelques possibilités d'arrang ments :

1 Composition non structurée, donnant une impression de rigidité, d'immobilité et dont la lecture est difficile.
2 Arrangement avec adjonction de couleurs.
3 Arrangement avec caractères gras et normaux.
4 Arrangement avec un plus grand corps de caractères.
5 Arrangement avec des lignes.
6 Arrangement avec lignes en blanc.
7 Arrangement avec alinéas.

edededededededewhich
edededededededed
edededededededed
edededededededed
edededededededed
edededededededed
edededededededed
edededededededed
edededededededed
edededededededed

1

ledededededededed
ledededededededed
ledededededededed
ledededededededed
edededededededed
edededededededed
edededededededed
edededededededed
edededededededed
edededededededed
edededededededed

2

ledededededededed
ledededededededed
ledededededededed
ledededededededed
edededededededed
edededededededed
edededededededed
edededededededed
edededededededed
edededededededed
edededededededed

3

edededededed
edededededed
edededededededed
edededededededed
edededededededed
edededededededed
edededededededed
edededededededed
edededededededed
edededededededed

4

edededededededed
edededededededed
edededededededed

edededededededed
edededededededed
edededededededed
edededededededed
edededededededed
edededededededed
edededededededed

5

edededededededed
edededededededed
edededededededed
edededededededed

edededededededed
edededededededed
edededededededed
edededededededed
edededededededed
edededededededed

6

edededededededed
edededededededed
edededededededed
edededededededed
ededededede
edededededededed
edededededededed
edededededededed
edededededededed
edededededededed
edededededededed

7

Wieviel Freude
was für eine schöne Tätigkeit für Sie,
Ihr neues Heim einrichten zu können !
Natürlich wissen Sie, daß damit auch viel
Arbeit, ein verantwortungsvolles
Suchen und ein sorgfältiges Wählen
verbunden sind.
Dürfen wir Ihnen dabei helfen ?
Wir beschäftigen uns seit Jahr und
Tag mit dem Verkauf all der Geräte,
die man in Küche und Haus braucht,
und wir glauben darum, Ihnen allerhand
Wissenswertes über diese Dinge
sagen zu können.
Richten Sie Ihre Küche vor allem so
ein, daß sie Ihnen dient : einfach,
praktisch, mit neuzeitlichen Hilfsmitteln
ausgestattet. Wenn Sie sparen wollen,
so können Sie sich den Kauf von
Hausapparaten nicht gestatten, die nur
billig sind, aber intensiven Gebrauch
nicht aushalten.
Beim Fachmann können Sie aus der
Vielfalt der Möglichkeiten das aus-
suchen, was für Sie dienlich ist und
Ihnen in Qualität und Preislage zusagt.
Wir wissen Bescheid auch über die
Neuheiten der Branche und orientieren
Sie gern über die neuesten Apparate
und Verbesserungen, die Ihnen die
strengen Haushaltpflichten zur Freude
machen.
Blaser am Marktplatz

Wieviel Freude

was für eine schöne Tätigkeit für Sie,
Ihr neues Heim einrichten zu können !

Natürlich wissen Sie, daß damit auch viel
Arbeit, ein verantwortungsvolles
Suchen und ein sorgfältiges Wählen
verbunden sind.

Dürfen wir Ihnen dabei helfen ?
Wir beschäftigen uns seit Jahr und
Tag mit dem Verkauf all der Geräte,
die man in Küche und Haus braucht,
und wir glauben darum, Ihnen allerhand
Wissenswertes über diese Dinge
sagen zu können.

Richten Sie Ihre Küche vor allem so
ein, daß sie Ihnen dient : einfach,
praktisch, mit neuzeitlichen Hilfsmitteln
ausgestattet. Wenn Sie sparen wollen,
so können Sie sich den Kauf von
Hausapparaten nicht gestatten, die nur
billig sind, aber intensiven Gebrauch
nicht aushalten.

Beim Fachmann können Sie aus der
Vielfalt der Möglichkeiten das aus-
suchen, was für Sie dienlich ist und
Ihnen in Qualität und Preislage zusagt.
Wir wissen Bescheid auch über die
Neuheiten der Branche und orientieren
Sie gern über die neuesten Apparate
und Verbesserungen, die Ihnen die
strengen Haushaltpflichten zur Freude
machen.

Blaser am Marktplatz

Wieviel Freude

was für eine schöne Tätigkeit für Sie,
Ihr neues Heim einrichten zu können !

Natürlich wissen Sie, daß damit auch viel
Arbeit, ein verantwortungsvolles
Suchen und ein sorgfältiges Wählen
verbunden sind.

Dürfen wir Ihnen dabei helfen ?
Wir beschäftigen uns seit Jahr und
Tag mit dem Verkauf all der Geräte,
die man in Küche und Haus braucht,
und wir glauben darum, Ihnen allerhand
Wissenswertes über diese Dinge
sagen zu können.

Richten Sie Ihre Küche vor allem so
ein, daß sie Ihnen dient : einfach,
praktisch, mit neuzeitlichen Hilfsmitteln
ausgestattet. Wenn Sie sparen wollen,
so können Sie sich den Kauf von
Hausapparaten nicht gestatten, die nur
billig sind, aber intensiven Gebrauch
nicht aushalten.

Beim Fachmann können Sie aus der
Vielfalt der Möglichkeiten das aus-
suchen, was für Sie dienlich ist und
Ihnen in Qualität und Preislage zusagt.
Wir wissen Bescheid auch über die
Neuheiten der Branche und orientieren
Sie gern über die neuesten Apparate
und Verbesserungen, die Ihnen die
strengen Haushaltpflichten zur Freude
machen.

Blaser am Marktplatz

Wieviel Freude

**was für eine schöne Tätigkeit für Sie,
Ihr neues Heim einrichten zu können!**

Natürlich wissen Sie, daß damit auch viel
Arbeit, ein verantwortungsvolles
Suchen und ein sorgfältiges Wählen
verbunden sind.

Dürfen wir Ihnen dabei helfen?
Wir beschäftigen uns seit Jahr und
Tag mit dem Verkauf all der Geräte,
die man in Küche und Haus braucht,
und wir glauben darum, Ihnen allerhand
Wissenswertes über diese Dinge
sagen zu können.

Richten Sie Ihre Küche vor allem so
ein, daß sie Ihnen dient: einfach,
praktisch, mit neuzeitlichen Hilfsmitteln
ausgestattet. Wenn Sie sparen wollen,
so können Sie sich den Kauf von
Hausapparaten nicht gestatten die nur
billig sind, aber intensiven Gebrauch
nicht aushalten.

Beim Fachmann können Sie aus der
Vielfalt der Möglichkeiten das aus-
suchen, was für Sie dienlich ist und
Ihnen in Qualität und Preislage zusagt.
Wir wissen Bescheid auch über die
Neuheiten der Branche und orientieren
Sie gern über die neuesten Apparate
und Verbesserungen, die Ihnen die
strengen Haushaltpflichten zur Freude
machen.

Blaser am Marktplatz

Wieviel Freude

was für eine schöne Tätigkeit für Sie,
Ihr neues Heim einrichten zu können!

Natürlich wissen Sie, daß damit auch viel
Arbeit, ein verantwortungsvolles
Suchen und ein sorgfältiges Wählen
verbunden sind.

Dürfen wir Ihnen dabei helfen?
Wir beschäftigen uns seit Jahr und
Tag mit dem Verkauf all der Geräte,
die man in Küche und Haus braucht,
und wir glauben darum, Ihnen allerhand
Wissenswertes über diese Dinge
sagen zu können.

Richten Sie Ihre Küche vor allem so
ein, daß sie Ihnen dient: einfach,
praktisch, mit neuzeitlichen Hilfsmitteln
ausgestattet. Wenn Sie sparen wollen,
so können Sie sich den Kauf von
Hausapparaten nicht gestatten, die nur
billig sind, aber intensiven Gebrauch
nicht aushalten.

Beim Fachmann können Sie aus der
Vielfalt der Möglichkeiten das aus-
suchen, was für Sie dienlich ist und
Ihnen in Qualität und Preislage zusagt.
Wir wissen Bescheid auch über die
Neuheiten der Branche und orientieren
Sie gern über die neuesten Apparate
und Verbesserungen, die Ihnen die
strengen Haushaltpflichten zur Freude
machen.

Blaser am Marktplatz

Wieviel Freude

was für eine schöne Tätigkeit für Sie,
Ihr neues Heim einrichten zu können!

Natürlich wissen Sie, daß damit auch viel
Arbeit, ein verantwortungsvolles
Suchen und ein sorgfältiges Wählen
verbunden sind.

Dürfen wir Ihnen dabei helfen?
Wir beschäftigen uns seit Jahr und
Tag mit dem Verkauf all der Geräte,
die man in Küche und Haus braucht,
und wir glauben darum, Ihnen allerhand
Wissenswertes über diese Dinge
sagen zu können.

Richten Sie Ihre Küche vor allem so
ein, daß sie Ihnen dient: einfach,
praktisch, mit neuzeitlichen Hilfsmitteln
ausgestattet. Wenn Sie sparen wollen,
so können Sie sich den Kauf von
Hausapparaten nicht gestatten, die nur
billig sind, aber intensiven Gebrauch
nicht aushalten.

Beim Fachmann können Sie aus der
Vielfalt der Möglichkeiten das aus-
suchen, was für Sie dienlich ist und
Ihnen in Qualität und Preislage zusagt.
Wir wissen Bescheid auch über die
Neuheiten der Branche und orientieren
Sie gern über die neuesten Apparate
und Verbesserungen, die Ihnen die
strengen Haushaltpflichten zur Freude
machen.

Blaser am Marktplatz

Inseratentext ungegliedert (links außen). Der selbe Text gestaltet und gegliedert durch Weiß, Linien, größeren Grad, fetten Schnitt und Farbe. Durch die verschiedenen Gliederungsmittel, die auch zusammen eingesetzt werden können, gewinnt nicht nur die Lesbarkeit, sondern auch die Form.

Advertising copy as an undifferentiated mass of type (extreme left). The same text broken up into a pattern by the use of white space, rules, larger type size, bold face, and colour. These various devices, which can likewise be used together, enhance not only the legibility but also the form.

Texte d'annonce non structuré (tout à gauche). Le même texte mis en place et structuré par les filets, le blanc, le grand corps gras et la couleur. Par l'action simultanée de ces divers éléments, la composition gagne autant en lisibilité qu'en perfection formelle.

Buchseite aus einem Hörspiel von Friedrich Dürrenmatt. Rede und Gegenrede mehrerer Personen und Regiebemerkungen sollen im Dramensatz gut unterschieden werden. Dies erfolgt hier vorwiegend mit den Mitteln der weißen Fläche. Die handelnden Personen sind freigestellt und Regiebemerkungen zwischen eckige Klammern gesetzt.

Page of a book from a play by Friedrich Dürrenmatt. The dialogue of several characters and the stage directions should be clearly differentiated in dramatical works. This is achieved here mainly with the help of white space. The characters' names are thrown into relief and the stage directions are set in square brackets.

Page tirée d'une pièce de Dürrenmatt. Les répliques des protagonistes et les instructions de mise en scène doivent être bien distinctes dans la présentation typographique d'une œuvre pour la scène. Ici, on a recouru aux surfaces blanches pour aérer le texte. Le nom des personnages en action est mis en évidence, et les jeux de scène sont indiqués entre crochets.

Der Besucher: Kann ich mir denken. Iselhöhebad ist teuer. Für mich katastrophal. Dabei wohne ich höchst bescheiden in der Pension Seeblick. [Er seufzt.] In Adelboden war's billiger.

Der Autor: In Adelboden?

Der Besucher: In Adelboden.

Der Autor: War ebenfalls in Adelboden.

Der Besucher: Sie im Grandhotel Wildstrubel, ich im Erholungsheim Pro Senectute. Wir begegneten uns einige Male. So bei der Drahtseilbahn auf die Engstligenalp und auf der Kurterrasse in Baden-Baden.

Der Autor: In Baden-Baden waren Sie auch?

Der Besucher: Auch.

Der Autor: Während ich dort weilte?

Der Besucher: Im christlichen Heim Siloah.

Der Autor [ungeduldig]: Meine Zeit ist spärlich bemessen. Ich habe wie ein Sklave zu arbeiten, Herr...

Der Besucher: Fürchtegott Hofer.

Der Autor: Herr Fürchtegott Hofer. Mein Lebenswandel verschlingt Hunderttausende. Ich kann nur eine Viertelstunde für Sie aufwenden. Fassen Sie sich kurz, sagen Sie mir, was Sie wünschen.

Der Besucher: Ich komme mit einer ganz bestimmten Absicht.
[Der Autor steht auf.]

Der Autor: Sie wollen Geld? Ich habe keines für irgendjemanden übrig. Es gibt eine so ungeheure Anzahl von Menschen, die keine Schriftsteller sind und die man anpumpen kann, daß man Leute von meiner Profession gefälligst in Ruhe lassen soll. Und im übrigen ist der Nobelpreis verjubelt. Darf ich Sie nun verabschieden?
[Der Besucher erhebt sich.]

Der Besucher: Verehrter Meister...

Der Autor: Korbes.

Der Besucher: Verehrter Herr Korbes...

Der Autor: Hinaus!

Der Besucher [verzweifelt]: Sie mißverstehen mich. Ich bin nicht aus finanziellen Gründen zu Ihnen gekommen, sondern, weil – [entschlossen] – weil ich mich seit meiner Pensionierung als Detektiv betätige.

Der Autor [atmet auf]: Ach so. Das ist etwas anderes. Setzen wir uns wieder. Da kann ich ja erleichtert aufatmen. Sie sind also jetzt bei der Polizei angestellt?

Der Besucher: Nein, verehrter...

11

Politisches Plakat in Weltformat. Der Text ist so gegliedert und aufgeteilt, daß die zusammengehörenden Begriffe eigene Gruppen bilden, die sich von oben nach unten entwickeln: für einen / geeinten starken sozialen / Kanton Basel / Radikale Liste 1 / Garanten für eine gute Verfassung.

Political poster of international format. The text is divided and arranged so that individual groups form their own pattern and follow in their proper order from top to bottom: für einen / geeinten starken sozialen / Kanton Basel / Radikale Liste 1 / Garanten für eine gute Verfassung. (For a / united strong social / Canton Basle / Radicals List 1 / guarantors of a good constitution.)

Affiche politique au format mondial. Structure et répartition du texte visant à séparer certaines notions en groupes se lisant de haut en bas: für einen / geeinten starken sozialen / Kanton Basel / Radikale Liste 1 / Garanten für eine gute Verfassung. (Pour un / canton bâlois / uni, fort, social / liste radicale 1 / garanties d'une bonne constitution.)

für
einen geeinten
starken
sozialen
Kanton
Basel
Radikale
Liste
1

Garanten
für eine gute
Verfassung:

Das Schweigen

Ingmar Bergmans
gewagtester Film

mit
Gunnel Lindblom
Ingrid Thulin
Birger Malmsten
Hakan Jahnberg
Jörgen Lindström

‹Der Schock,
die Provokation,
der Skandal
dieses Films
rütteln wach,
auch den,
der vielleicht
aus falscher
Spekulation
ins Kino gerät›
film-dienst

Cinema Royal
Basel
Telefon 25 44 21

rei Möglichkeiten der Gliederung und Interpretation eines
Iminserates. In der ersten Fassung ist nur der Titel des Filmes
erausgestellt; die große weiße Fläche wird zum Symbol für
as Schweigen. In der zweiten Fassung dominieren die
Imschauspieler, und in der dritten Fassung ist ein Pressezitat
oß herausgestellt.

Three possible ways of arranging and interpreting a film
advertisement. In the first version only the title of the film is
prominently displayed; the large area of white becomes a
symbol of the word "Schweigen" (silence). In the second
version the actors are dominant, and in the third a quotation
from the press is made the principal feature.

Trois possibilités d'interprétation et de structure d'une annonce
pour un film. Dans la première conception, seul le titre du film
est mis en évidence; le grand aplat blanc est symbole du
‹silence› (titre du film). Les noms des acteurs ressortent dans la
deuxième annonce, et la troisième attire l'attention sur un
extrait de presse.

Der Schock,
die Provokation,
der Skandal
dieses Films
rütteln wach,
auch den,
der vielleicht
aus falscher
Spekulation
ins Kino gerät›
film-dienst

Ingmar Bergmans
gewagtester Film

Das Schweigen

mit
Gunnel Lindblom
Ingrid Thulin
Birger Malmsten
Hakan Jahnberg
Jörgen Lindström

Cinema Royal
Basel
Telefon 25 44 21

Gunnel Lindblom
Ingrid Thulin
Birger Malmsten
Hakan Jahnberg
Jörgen Lindström

in Ingmar Bergmans
gewagtestem Film

Das Schweigen

‹Der Schock,
die Provokation,
der Skandal
dieses Films
rütteln wach,
auch den,
der vielleicht
aus falscher
Spekulation
ins Kino gerät›
film-dienst

Cinema Royal
Basel
Telefon 25 44 21

Geometrisches, Optisches und Organisches

Geometrical, optical and organic aspects

Aspects géométriques, optiques et organiques

Das Empfinden – das optische und ästhetische – ist der geometrischen Konstruktion übergeordnet, und nach diesem Empfinden muß das Gegeneinander von Schwarz und Weiß ausgewogen werden.

Theo von Doesburg, ein Exponent des Konstruktiven, im ‹Manifest der konkreten Kunst›, 1930: ‹Die Konstruktion unterscheidet sich vollständig vom Arrangement (Dekoration) und von der geschmacksmäßig empfundenen Komposition. Wenn man es nicht fertigbringt, eine gerade Linie mit der Hand zu ziehen, dann nimmt man ein Lineal. Wenn man einen Kreisbogen nicht mit der freien Hand ziehen kann, dann nimmt man einen Zirkel. Alle durch die Notwendigkeit größerer Perfektion intellektuell entwickelten Instrumente sind zu empfehlen.›

Paul Klee äußert in der Bauhaus-Zeitschrift, 1928, seine Skepsis der Konstruktion gegenüber: ‹Wir konstruieren und konstruieren, und doch ist die Intuition noch immer eine gute Sache. Man kann ohne sie Beträchtliches, aber nicht alles.›

Die Drucktype, welche das Auge, ein menschliches Organ, als ‹richtig› empfinden soll, kann nicht konstruiert sein. Das Auge hat die Tendenz, alle waagrecht gelagerten Werte zu vergrößern und die senkrechten Teile als schwächer zu registrieren. Optische Täuschung kann nicht als Einbildung abgetan werden und jeder kreativ Tätige muß die daraus resultierenden Probleme kennen.

1 Das geometrische Quadrat ist für das Auge niedriger als breit. Das optische Quadrat muß deshalb leicht überhöht sein .
2 Bei der geometrischen Querteilung wirkt die unter Hälfte kleiner.
3 Der fette Querbalken wirkt fetter als der geometrisch gleich dicke Balken hochgestellt; ein Ergebnis der Schwerkraft.
4 Der hochgestellte fette Balken wirkt durch die Schwerkraft dünner.
5 bis 10 Das schwarze Quadrat erscheint optisch in der Verkleinerung als abgerundeter Punkt.
11 Der geometrische Kreis wirkt breiter als hoch.
12 Zwei konstruierte Halbkreise, zur S-Form gefügt, können sich nicht organisch verbinden. Beide Bewegungen werden an der Nahtstelle gestoppt, und es entsteht ein Knick, der optisch überarbeitet werden muß.
13 Eine Kreisbewegung mündet in zwei Geraden ein. Die Tendenz des Halbkreises, sich zu schließen, wird durch die Geraden verhindert. Auch hier ein Knick an den Übergangsstellen. Ein U kann nicht geometrisch konstruiert werden.
14 und 15 Die gleiche schwarze Kreisform wirkt verschieden, je nach ihrer Stellung in der Fläche. Im oberen Teil der Fläche wirkt die Kreisform schwebend (Ballon), an der unteren Peripherie gewichtig und lastend.
16 und 17 Das Dreieck im Sinne der Pyramide wirkt stabil, in der Umkehrung wirkt die selbe Form labil, schwankend.
18 und 19 Ein fetter Balken, waagrecht und senkrecht gestellt. Waagrecht wirkt die Form lastend und schwer, senkrecht jedoch leichter und beweglich.
20 und 21 Weißes und schwarzes Quadrat in gleicher Größe. Das weiße Quadrat überstrahlt seine Grenzen auf dem schwarzen Hintergrund und wirkt merklich größer als das geometrisch gleich große schwarze Quadrat auf weißem Grund.
22 und 23 Waagrechte und senkrechte Linien zu je einem Quadrat addiert. Die waagrechten Linien bewirken eine optische Überhöhung des Quadrates, die senkrechten Linien eine optische Verbreiterung.
24 und 25 Quadratfläche, einmal begrenzt durch zwei waagrechte, einmal durch zwei senkrechte Linien. Die waagrechten Linien verbreitern die Fläche, die senkrechten Linien erhöhen sie.

Our sensibility – that is our visual perception and our aesthetic sense – is superior to geometric construction, and it is to this sensibility that we must appeal when striking a balance between opposed black and white.

In the manifesto of concrete art, Theo von Doesburg, an exponent of constructivism, wrote in 1930: "Construction is completely different from arrangement (decoration) and composition, which we appreciate through our sensibility in terms of taste. If we cannot draw a straight line by hand, we take a ruler. If we cannot draw an arc free-hand, we use a pair of compasses. All the instruments the mind has developed to meet the needs of greater perfection are recommended."

In the Bauhaus Journal, 1928, Paul Klee voiced his scepticism of construction: "We construct and construct, but intuition is still a good thing. We can do a great deal without it, but not everything."

The typeface which looks "right" to the eye, a human organ, cannot be constructed. The eye tends to magnify all horizontal values and to diminish vertical ones. Optical illusions cannot simply be dismissed as fancies, and every creative artist must reckon with the problems they pose.

1 To the eye the geometric square looks greater in width than in height. An optical square must therefore be slightly increased in height.
2 When a geometric figure is divided transversely, the lower half looks smaller.
3 The thick horizontal bar looks fatter than a bar of equal geometrical thickness placed on end. The force of gravity active in the form makes it broader.
4 The thick bar placed on end looks thinner in the direction of gravity.
5 to 10 Reducing a black square in size makes it look like a rounded dot.
11 The geometric circle looks wider than its height.
12 Two constructed semi-circles, joined to make an S, cannot form an organic whole. The two movements come to a halt at the point of union and this break must be smoothed over optically.
13 A circular movement flows into two straight lines. The tendency of the semi-circle to close must be prevented by two straights. Again there is a break at the points of transition. The letter U cannot be constructed geometrically.
14 and 15 The same black circle changes in appearance depending on its position on a plane surface. In the upper part of the surface the circle seems to float (balloon) whereas at the lower edge it conveys a sense of weight.
16 and 17 The triangle placed like a pyramid looks stable; turned upside down the same form looks unstable and irresolute.
18 and 19 A thick bar placed horizontally and vertically. The form looks heavy and weighty when horizontal, but lighter and more mobile when vertical.
20 and 21 White and black squares of the same size. The white square radiates beyond its edges against the black background and looks appreciably larger than the black square of equal size on a white ground.
22 and 23 Horizontal and vertical lines added up to make a square. The horizontal lines make the square look higher than it is; the vertical lines make it look wider.
24 and 25 A square surface bounded by two horizontal lines and then by two vertical lines. The horizontal lines make the surface look wider; the vertical lines increase its height.

La perception sensible – optique et esthétique – précède la construction géométrique et détermine l'équilibre de la confrontation du noir et du blanc.

Théo von Doesburg, un partisan de la forme construite, écrit en 1930 dans le ‹Manifeste de l'art concret›: ‹La construction se distingue nettement de tout arrangement (décoration) et de toute composition issue de l'intuition et du goût. Lorsqu'on ne parvient pas à tracer à la main une ligne droite ou un arc de cercle, que l'on prenne une règle ou un compas. La nécessité d'une perfection toujours plus grande entraîne l'utilisation d'instruments techniques perfectionnés.›

Paul Klee exprime par contre son scepticisme envers la construction volontaire, dans ces lignes parues dans une revue du Bauhaus en 1928: ‹Nous construisons encore et toujours, et pourtant, l'intuition est une bien bonne chose. On peut faire beaucoup sans elle, mais certes pas tout.›

Par cet organe humain qu'est l'œil, nous ressentons la ‹justesse› des caractères d'imprimerie, c'est pour cela que ceux-ci ne peuvent être construits géométriquement. L'œil a tendance à agrandir tous les éléments horizontaux et à minimiser les parties verticales. La vision exige donc certaines rectifications dans le dessin des lettres, et le créateur-dessinateur devra posséder une parfaite connaissance des problèmes posés par l'illusion optique.

1 Le carré géométrique est pour l'œil plus large que haut. Le carré optique devra donc être légèrement rehaussé.
2 Lors d'une séparation transversale géométrique, la partie inférieur apparaît plus petite.
3 La large poutre transversale donne l'impression d'être plus épaisse que la même poutre placée verticalement; résultat de la force de pesanteur.
4 La large poutre verticale est amincie par la force de pesanteur
5 à 10 Le carré noir, réduit fortement, s'arrondit optiquement jusqu'au point.
11 Le cercle géométrique paraît plus large que haut.
12 Deux demi-cercles juxtaposés en forme de ‹S› ne peuvent organiquement se rejoindre en une circonférence. Les deux mouvements sont bloqués au point de jonction; il en résulte une cassure qui doit être optiquement retouchée.
13 Un mouvement circulaire aboutit à deux droites. La tendance du demi-cercle à se fermer est enrayée par les lignes droites. aussi s'établit une cassure au point de transition. Un ‹U› ne peut être construit géométriquement.
14 et 15 Selon sa position sur la surface, le même cercle noir agit différemment sur notre œil. Dans la partie supérieure, le cercle plane comme un ballon; dans la partie inférieure, il s'impose s'alourdit.
16 et 17 Le triangle, telle la pyramide, donne un effet stable. Renversé sur son sommet, il oscille et crée une impression d'instabilité.
18 et 19 Une large poutre posée horizontalement et verticalement Horizontale, la forme est pesante et lourde; verticale, elle s'allège, un certain mouvement l'anime.
20 et 21 Carrés noir et blanc de pareille grandeur. Le carré blanc s'épanche au-delà de ses limites sur le fond noir et paraît sensiblement plus grand que le même carré, mais noir sur fond blanc.
22 et 23 Lignes horizontales et verticales adjointes à un carré. Sous un effet optique, le carré se trouve rehaussé par les lignes horizontales et élargi par les lignes verticales.
24 et 25 Quadrilatère coupé une fois par deux lignes horizontales et une autre fois par deux lignes verticales. Les lignes horizontales élargissent la surface et les lignes verticales la rehaussent

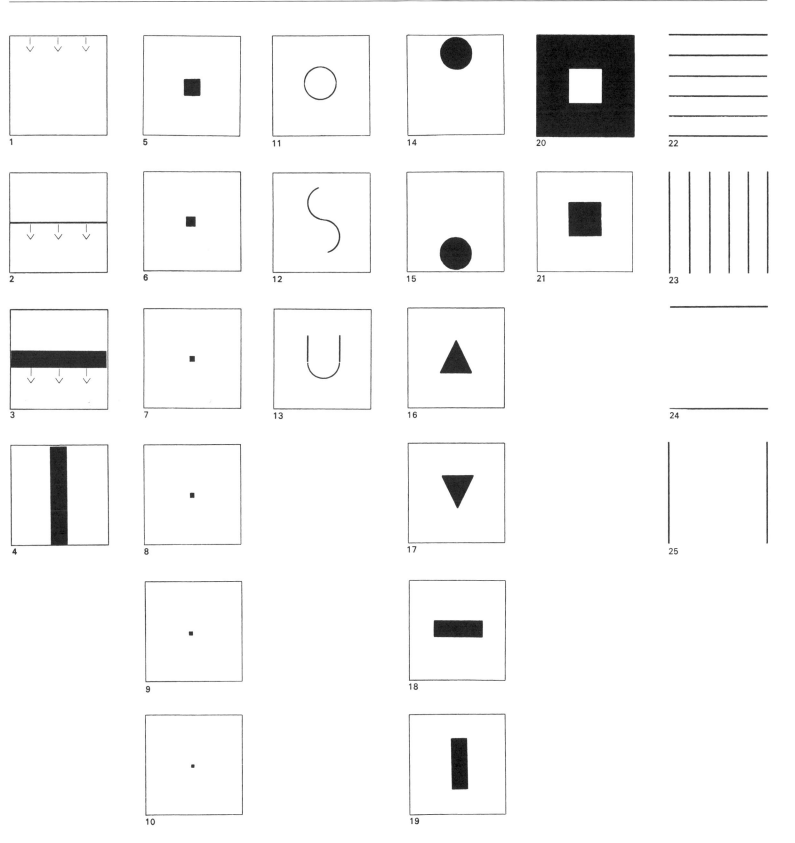

 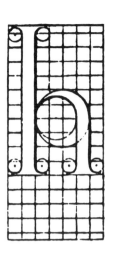 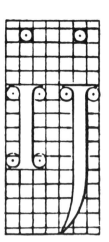 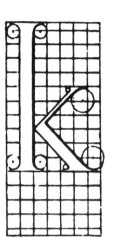 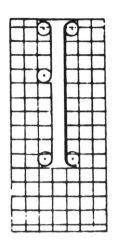 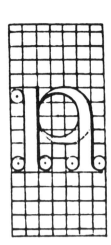

Geometrie allein genügt nicht für eine gute Buchstabenform, denn die seitlichen Ausladungen der senkrechten Balken können der Form nicht von außen mit dem Zirkel beigefügt werden. Die Ausladungen der Senkrechten vollziehen sich von innen nach außen, und die oberen Ausladungen müssen kleiner sein als die unteren für die Standfläche des Buchstabens. Auch alle Übergänge von den Kreisformen in die Geraden müssen nachträglich überarbeitet werden.

Rechte Seite: Reinzeichnung eines Univers-Buchstabens von Adrian Frutiger. Die äußere Kreisform ist geometrisch konstruiert, um die zeichnerischen Abweichungen sichtbar zu machen. Der gezeichnete Buchstabe ist weniger breit als hoch und in den waagrechten Teilen bedeutend verschmälert.

Geometry alone is not enough for a well-shaped letter, since the lateral projections of the upright strokes cannot be added to the shape from outside with a pair of compasses. The projections from the vertical take their shape from inside outward, and the top projections must be smaller than the bottom ones. Similarly, all transitions from round to straight must be retouched afterwards.

Right page: Drawing of a Univers letter by Adrian Frutiger. The external circle has been constructed geometrically to emphasize the draughtsman's deviations. The width of the drawn letter is less than its height and the horizontal parts have been thinned down substantially.

La géométrie seule ne suffit pas à élaborer une forme de lettre valable, car les empattements latéraux des fûts ne peuvent être joints à la forme à l'aide du compas. Ils se déploient de l'intérieur vers l'extérieur, et pour que la lettre ait une bonne assise les empattements supérieurs doivent être légèrement plus petits que les inférieurs. Tous les raccords entre les arrondis et les lignes droites doivent être parachevés après coup.

Page de droite: Dessin d'une lettre ‹Univers› d'Adrian Frutiger. La forme arrondie extérieure, la panse, est construite géométriquement pour rendre visibles les écarts du dessin. La lettre dessinée est plus haute que large et sensiblement plus étroite dans les barres horizontales.

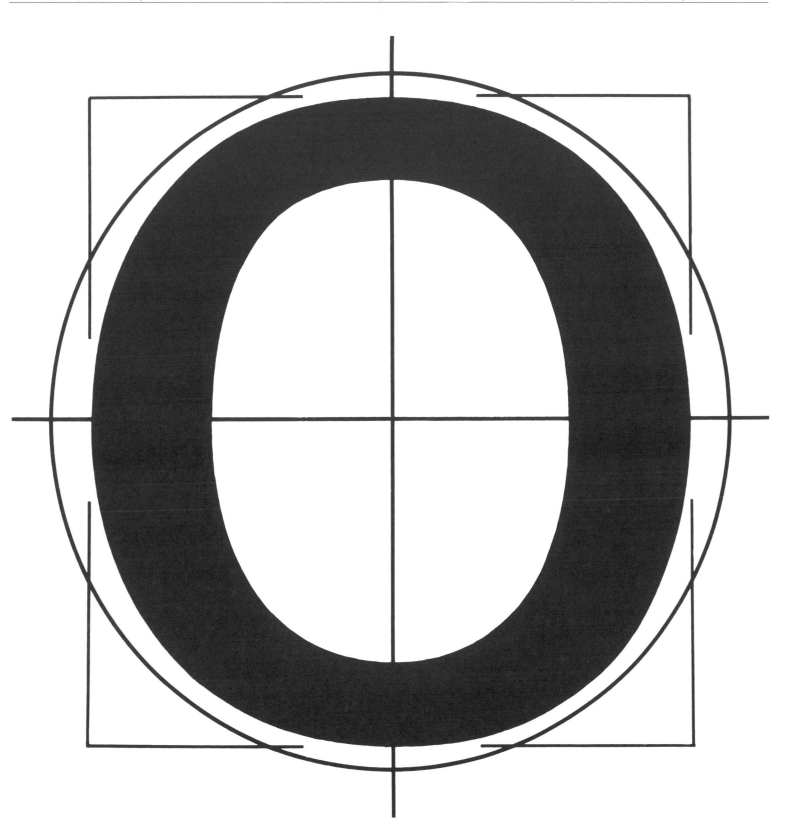

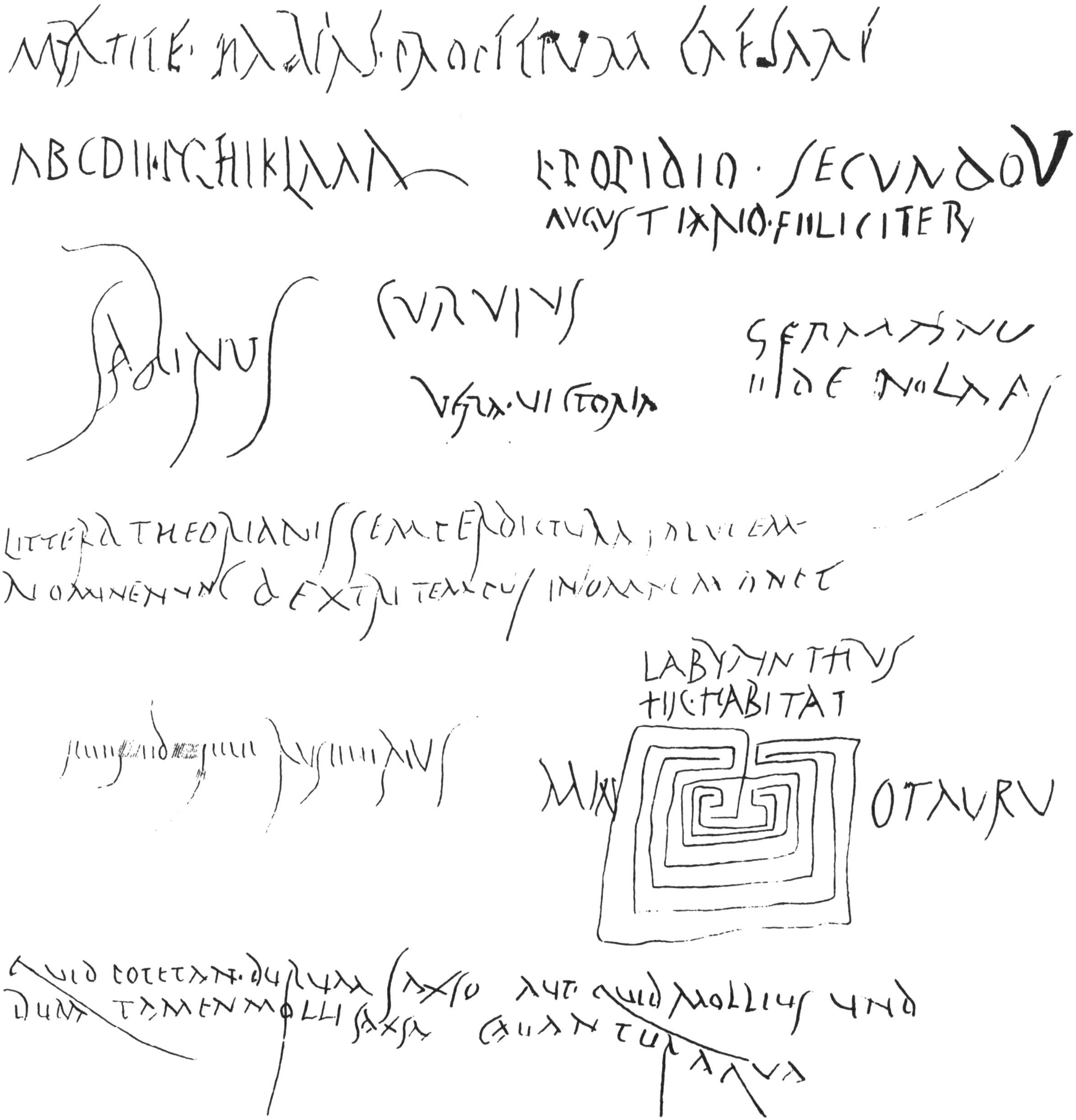

ABCDIIHYCHIKLAAA

EPOPIDIO · SECVNDOV
AVGVSTIANO · FIILICITER

SABINVS

CVRVIVS

VGA · VICTORIA

GERMANV
IIDE NOLAS

LITTERA THEODIANISSEMEERDICTVAA
NOMINENVNC DEXTRITEALCV/ INOMNA

LABYRINTHVS
HICHABITAT

MIN   OTAVRV

QVID TOTTTAT. DVRVM SAXO AVT QVID MOLLIVS VNDA
DVM TAMEN MOLLI SAXA CAVANTVR AQVA

Linke Seite: Die römische Kursive, in Wachs geritzt, besitzt alle Eigenschaften einer spontanen, organischen Niederschrift. In der Drucktype geht das Organische teilweise verloren, da die Type den Gesetzen des Stempelschneidens und Gießens unterworfen ist.

Oben: Das übergroß gezeichnete ‹et› im typographischen Signet einer Buchhandlung ergibt eine ausgeprägt organische Form, die durch eine geometrische Konstruktion nicht erreicht würde.

Left page: Roman italic, scratched in wax, has all the qualities of a spontaneous, organic script. Some of the organic is lost in the typeface since the laws of fount-cutting and casting cannot be disregarded.

Above: The outsize "et" drawn in the typographic emblem of a bookshop shows a markedly organic form which could not be obtained by geometric construction.

Page de gauche: Le Romain courant gravé dans la cire possède toutes les qualités d'une écriture organique, spontanée. Par leur soumission aux lois de la gravure du poinçon et de la fonte, les caractères d'imprimerie perdent en partie l'élément naturel, organique.

En haut: Dans l'emblème typographique d'une librairie, le dessin du mot ‹et› agrandi démesurément confère à la forme générale un naturel que n'aurait pu rendre une construction géométrique.

Konstruiertes und Organisches. Der Fassadenausschnitt aus dem Apartment House in Chicago von Mies van der Rohe zeigt die Schönheit von Technik und Konstruktion. Der Stahlskelettbau wirkt durch sein Konstruktionsprinzip, ohne Anspruch auf organische Aspekte zu erheben.
Rechts: Der unfaßbare Reiz des Organischen im Abdruck eines Blattes.

Constructed and organic. This detail of the façade of an apartment house in Chicago designed by Mies van der Rohe reveals the beauty of technology and construction. The steelframed building produces its effect by the principle of its construction and makes no claim to be organic.
Right: The elusive charm of the organic in the impression of a leaf.

Aspects construit et organique. Ce détail de la façade de l'Apartement House, Chicago, de Mies van der Rohe, montre la beauté de la technique et de la construction. Beauté intrinsèque de l'ossature métallique qui ne prétend pas à un aspect organique.
A droite: Charme indéfinissable d'un aspect organique dans l'impression d'une feuille.

		Buchdruck-Fachklasse Basel Studienreise 16. bis 21. September 1963
Montag		Strasbourg Besichtigung des Münsters
	14.15	Holweg Anilindruckmaschinen
		Jugendherberge Heidelberg
Dienstag	8.15	Schnellpressenfabriken Wiesloch und Heidelberg
		Jugendherberge Frankfurt
Mittwoch	8.15	Offenbach Roland Offsetdruckmaschinen Faber & Schleicher
	14.00	Frankfurt Bauer'sche Schriftgiesserei
		Jugendherberge Wiesbaden
Donnerstag	8.15	Kalle Zellophanfabrik Wiesbade
	14.00	Opel-Werke Rüsselsheim
		Jugendherberge Mainz
Freitag		Vormittag: Mainz Besuch des Gutenbergmuseum Besichtigung des Doms Nachmittag: Worms
		Jugendherberge Speyer
Samstag		Besichtigung von Speyer und Heimfahrt nach Basel

Konstruiertes und Organisches in der Durchdringung.

Oben: Programm für eine Studienreise. Die gezeichneten Drucktypen kontrastieren mit den straffen typographischen Linien.

Rechte Seite: Fox River House von Mies van der Rohe. Die technisch bedingten konstruierten Formen ergeben einen wirkungsvollen Kontrast zu den organischen Naturformen.

Interpenetration of the constructed and the organic.

Above: Programme for a study tour. The drawn typefaces contrast with the taut typographic rules.

Right side: Fox River House by Mies van der Rohe. The constructed shapes determined by technical architectural requirements form an effective contrast to the organic forms of nature.

Formes empreintes des deux éléments, géométrique et organique.

En haut: Programme pour un voyage d'étude. Les caractères dessinés contrastent avec les filets typographiques rigides.

Page de droite: Fox River House, de Mies van der Rohe. Les formes conditionnées techniquement par la construction prennent une valeur particulière en regard des formes organique de la nature avoisinante.

l'œil

Directeur technique : Robert Delpire
Lausanne
Avenue de la gare 33
Téléphone 021 34 28 12

Rédaction : 67 rue des Saints-Pères, Paris
Direction : Georges et Rosamond Bernier
Secrétaire générale :
Monique Schneider-Mannoury

Abonnements 12 numéros par la poste
Pour la France 22 NF
Pour la Suisse Fr. 27.–
Pour la Belgique fr. b. 375.–

Konstruierte und organische Formen in einer Druckschrift.

Oben: Anzeige für die Kunstzeitschrift ‹l'œil›. Die straffen, geometrischen Formen der Buchstaben ‹l› und ‹i› kontrastieren mit den gezeichneten organischen Formen der Ligatur ‹œ›.

Rechte Seite: Anzeige für die Interkantonale Landeslotterie. Die schlichte Typographie lebt vom Gegensatz zwischen konstruierten und organischen Formen. Geometrisch konstruiert sind die Buchstaben ‹T› und ‹F›, deren Wirkung verstärkt wird durch die senkrechte Addition. Das Gegengewicht der organischen Formen liegt vor allem in der Massierung der Ziffer ‹0›.

Constructed and organic shapes in a printed work.

Above: Advertisement for the art magazine "l'œil". The taut geometric forms of the letters "l" and "i" form a contrast with the drawn organic forms of the ligature "œ".

Right: Advertisement for the Intercantonal National Lottery. It is the contrast between the constructed and the organic forms which gives the typography its simple charm. The letters "T" and "F" have been constructed geometrically and their effect is given further emphasis by the vertical addition. The counterpoise of the organic forms resides chiefly in the dimensioning of the figure "o".

Formes géométriques et organiques dans un texte imprimé.

En haut: Annonce pour la revue d'art ‹l'œil›. Formes rigides et géométriques les lettres ‹l› et ‹i› contrastant avec le dessin naturel de la ligature ‹œ›.

Page de droite: Annonce pour la Loterie nationale. Typographie sobre dont l'attrait réside dans l'opposition entre les formes construites et naturelles. L'élément géométrique émane des lettres ‹T› et ‹F› et se trouve encore renforcé par la superposition verticale. L'équilibre des éléments organiques réside principalement dans l'accumulation des chiffres ‹0›.

1 Treffer zu Fr. 50000
1 Treffer zu Fr. 10000
2 Treffer zu Fr. 5000
3 Treffer zu Fr. 3000
5 Treffer zu Fr. 2000
50 Treffer zu Fr. 1000
100 Treffer zu Fr. 500

Inter
kantonale
Landes
lotterie

Proportionen

Proportions

Proportions

Jedes Mittel, das der schöpferische Mensch einsetzt, hat seinen Wert und seine Ausdehnung. In der Architektur sind es die den Raum umschließenden Flächen und das Volumen des umbauten Raumes. Die Typographie beschränkt sich auf den Raum und auf zwei Dimensionen. Schon im Einzelwert steckt das Problem der Proportion, denn die Verhältnisse von Länge, Breite und Tiefe müssen geordnet werden. Mit der Addition der Mittel entsteht das eigentliche Problem der Proportion: das Ordnen mehrerer Dinge in ein bestimmtes Größenverhältnis.

Durch die Jahrhunderte, von der Zahlenmystik des Mittelalters über die Maßsysteme der Renaissance bis zum Modulor von Corbusier, mühte sich der Mensch, Dinge verschiedener Dimensionen gewissen Regeln und bestimmten Zahlensystemen zu unterstellen. Solche Bemühungen zeitigen zwei Ergebnisse: Aus dem Gefühl und der Intuition geschaffene Werke werden nachträglich einer Zahlenordnung unterstellt und damit irrtümlich den Werken zugezählt, die auf einem errechneten Prinzip aufgebaut sind. Schwerer wiegt aber, daß Proportionssysteme auf errechneter Basis die schöpferische Arbeit verbauen; die Proportionszahlen werden zur Krücke, an der sich der Unfähige hält. Der Modulor von Corbusier steht am Ende eines langen, schöpferischen und an Erfahrungen und Einsichten überaus reichen Lebens. Für den jungen Architekturstudenten hingegen bedeutet der selbe Modulor Hindernis und Gefahr. Die umfangreichen Bemühungen von Ostwald, alle Farben zu numerieren und die ‹richtigen› Farben zusammenzuführen, haben nicht das geringste zu einer wirklichen Farbkultur beigetragen.

Auch das raffinierteste System von Verhältniszahlen kann dem Typographen die Entscheidung darüber nicht abnehmen, wie ein Wert zu einem andern gestellt werden soll. Er muß den Einzelwert zuerst erkennen, bevor er mit diesem Wert arbeiten kann. Er muß unentwegt sein Proportions*gefühl* schulen, damit er die Tragfähigkeit eines Proportionsverhältnisses beurteilen kann. Er muß spüren, wann das Spannungsverhältnis zwischen mehreren Dingen so stark wird, daß der Zusammenklang gefährdet ist.

Er soll aber auch die spannungslosen Verhältnisse, die zur Einförmigkeit führen, zu vermeiden wissen. Die Entscheidung über starke oder schwächere Spannungsverhältnisse soll der typographische Gestalter je nach Art und Charakter der zu lösenden Aufgabe fällen können. Das spricht gegen ein starres Zahlenprinzip wie den Goldenen Schnitt im Verhältnis 3:5:8:13, denn dieses Prinzip mag für eine Arbeit richtig, für eine andere jedoch falsch sein.

Typographische Gestaltung heißt das Erkennen der Werte, die beim Setzen sichtbar und nach folgenden Überlegungen geordnet werden sollen: In welchem Verhältnis steht der eine Wert zum andern? Wie verhält sich ein gegebener Schriftgrad zu einem zweiten und dritten? Welcher Art sind die Beziehungen zwischen Bedrucktem und Unbedrucktem? Wie verhalten sich Farbwert und Farbqualität zum Grau eines Satzes? Wie stehen die verschiedenen Grautöne zueinander? Die richtige Folgerung nach solchen Überlegungen ist entscheidend für die Schönheit eines Druckwerkes, für seine formalen und funktionellen Qualitäten.

Die nebenstehende Seite zeigt elementare Übungen zur Ausbildung des Gefühls für Proportionen: Ein Quadrat von gleichbleibender Größe wird waagrecht und senkrecht nach immer neuen Proportionen aufgeteilt.

Every means at the disposal of man in his creative activities has its value and its extent. In architecture we have the surfaces which enclose space and the volume thus enclosed. Typography is restricted to two-dimensional space. Even with a single value the problem of proportion still arises, for the relationship of length, breadth and depth has to be settled. Once a plurality of means is used, the real problem of proportion must be faced: the organization of several things in a certain relationship of size.

For centuries, from the number mysticism of the Middle Ages, through the proportional systems of the Renaissance, down to Le Corbusier's module, man has endeavoured to subject objects of different dimensions to certain rules and fixed numerical systems. These efforts have had two results: Work created out of feeling and intuition and subsequently subordinated to a numerical pattern has been erroneously placed with works constructed on a principle reached by calculation. More important, however, is the fact that proportional systems based on calculation have barred the way to creative work; they have become crutches to support the incompetent. Le Corbusier's module came at the end of a long, creative life, rich in experience and insights; but for the young student of architecture the same module is a pitfall and a hazard. Ostwald's extensive efforts to number all colours and to bring the "right" colours together has made no contribution whatever to a real colour culture.

No system of ratios, however ingenious, can relieve the typographer of deciding how one value should be related to another. He must first recognize the individual value before he can work with it. He must spare no effort to tutor his *feeling* for proportion so that he can judge how much a given ratio can bear. He must know intuitively when the tension between several things is so great that harmony is endangered. But he must also know how to avoid relationships lacking in tension since these lead to monotony. Whether the tension should be strong or weak is a decision which the typographer must make for himself in the light of the problem he is seeking to solve. This is an argument against a rigid numerical principle such as the Golden Section of 3:5:8:13, for this principle may be right for one work but wrong for another.

Typographical design calls for the recognition of values which become visible during the setting process and have to be organized according to the following criteria: What is the relationship between one value and another? How is a given type size related to a second or third? What are the relations between the printed and unprinted areas? What is the relationship between the colour value and quality and the grey of the type matter? How do the various tones of grey compare? The proper observation of these principles is crucial for the beauty of a printed work, and for its formal and functional qualities.

On the page opposite are some elementary exercises for training the sense of proportion. A square of fixed size is divided up horizontally and vertically in ever-changing proportions.

Chaque moyen utilisé par celui qui crée possède sa valeur propre et sa valeur d'expansion. En architecture, ce sont les surfaces qui enclosent l'espace et le volume des espaces construits; en typographie, cela se limite à l'espace et à deux dimensions. Le problème des proportions réside déjà dans chaque valeur prise isolément, car les rapports de longueur, de largeur et de profondeur doivent constamment être déterminés. Une fois tous les moyens de création réunis se pose le véritable problème des proportions, soit la combinaison de plusieurs rapports entre eux.

Pendant des siècles, que ce soit dans la mystique des nombres du Moyen-Age, dans le système de mesures de la Renaissance ou dans le Modulor de Le Corbusier, l'être humain s'efforça de disposer entre elles des choses de dimensions diverses selon certaines règles et un système arithmétique précis. Ces efforts ont comme résultats que des œuvres créés par intuition et par sentiment, et soumises après coup à une ordonnance calculée, sont incorporées par erreur aux œuvres construites sur un principe mathématique. Mais il est à redouter qu'un système de rapports calculés mathématiquement n'altère l'originalité de la création et que les nombres proportionnels ne deviennent les béquilles auxquelles s'accroche l'incapable. Le Modulor de Le Corbusier est le résultat d'une longue vie, riche de créations d'expériences accumulées et de convictions acquises. Pour le jeune étudiant architecte, il ne peut présenter qu'un handicap et un danger. Les énormes efforts entrepris par Ostwald pour numéroter les couleurs et réunir les coloris ‹justes› n'ont pas apporté le moindre enrichissement aux connaissances réelles de la chromatique.

De même le système des nombres proportionnels le plus raffiné n'aide en rien le typographe lorsque celui-ci doit établir un rapport de valeurs. Le typographe, avant de pouvoir travailler avec une valeur, doit avant tout bien la repérer.

Il doit inlassablement parfaire son *sens* des proportions, afin de pouvoir juger sans défaillance de la portée et de la limite d'un rapport de proportions. Il sentira alors à quel moment la tension établie entre deux éléments devient si forte que l'harmonie se trouve menacée. Il apprendra à éviter les rapports sans tension aucune qui engendrent l'uniformité et l'ennui. Il déterminera en outre le degré de tension plus ou moins fort qui devra exister entre les rapports selon la nature et le caractère de l'ouvrage qui lui est confié. On ne peut donc concevoir un principe de calcul rigide, comme le rapport de la règle d'or 3:5:8:13, car ce rapport peut être valable pour un travail et faux pour un autre.

La création typographique suppose une connaissance préalabla parfaite des valeurs qui seront visibles dans la composition. Voici quelques questions qui, résolues, aideront le typographe à ordonner ces valeurs: Dans quel rapport se trouve une valeur vis-à-vis d'une autre? Comment se comporte une certaine force de caractère par rapport à une seconde, à une troisième? De quelle nature sont les relations entre l'imprimé et l'inimprimé? Comment la valeur et la qualité de la couleur entrent-elles en contact avec les éléments gris du texte? Quel est le rapport des tonalités grises entre elles? De la juste conclusion de ces problèmes dépendent la beauté et les qualités formelles et fonctionnelles d'un ouvrage imprimé.

La page ci-contre montre des exercices élémentaires destinés développer le sens des proportions: division horizontale et verticale, dans des proportions toujours nouvelles, d'un carré de grandeur constante.

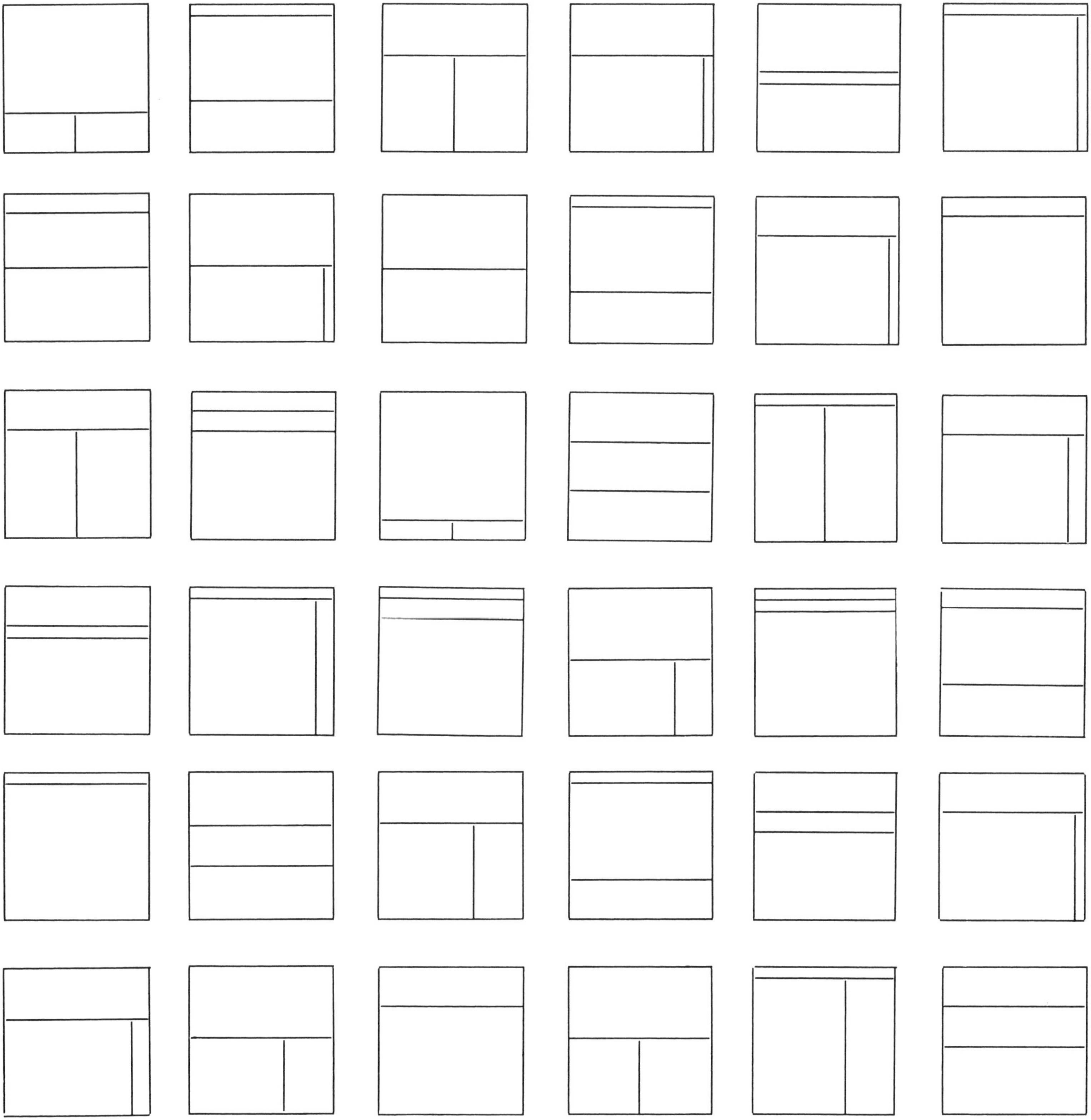

Das Proportionsgefühl der Antike ist im Parthenon auf der
Akropolis dokumentiert. Die drei Teile Basis, Stütze und Last
sind völlig harmonisch aufeinander abgewogen, und die geringste Verschiebung oder Veränderung der Werte würde die
Harmonie empfindlich stören. Im Parthenon manifestiert sich
das auf menschliche Dimensionen basierende antike Proportionsgefühl.

Rechts: Die Moderne vermittelt ihr eigenes Proportions-
empfinden, wie ja jede Zeit ihren eigenen Stil, ihren eigenen
Ausdruck finden muß. Die Verhältnisse der Kirche in Ronchamp
von Le Corbusier zeugen von einem Proportionsgefühl, das, im
Gegensatz zur Statik der Antike, auf Kontrastwirkung und
Dynamik beruht.

The Parthenon on the Acropolis provides concrete evidence of
the ancient's sense of proportion. The three elements of base,
pillar and load are perfectly adjusted to each other and the least
change or shift in these values would grossly impair the
harmony. The Parthenon expresses the ancients' sense of
proportion, which was based on the dimensions of the human
figure. Our day and age has its own sense of proportion, just as
every epoch must find its own style and form of expression. The
conception of Le Corbusier's church at Ronchamp reveals a
sense of proportion based on contrast and dynamism and therefore differing from that of the ancients in which balance was
paramount.

L'antiquité livre tout entier son sens des proportions, sa
recherche du rapport le plus juste dans le Parthénon sur
l'Acropole. Les trois parties, base, colonnes et faîte, sont en
parfait accord, et le moindre écart, la moindre modification des
valeurs en briseraient l'harmonie. Dans le Prathénon se manifeste ce sentiment des proportions des Anciens basé sur les lois
humaines relatives et mobiles.

A droite: Les temps modernes, à l'instar de chaque époque qui
cherche et trouve son style, nous transmettent leur propre sens
des proportions. Les rapports animant l'église de Ronchamp de
Le Corbusier attestent un sens très vif des proportions, qui
s'appuie sur un effet dynamique et de contrastes, au contraire
de l'effet statique recherché dans l'antiquité.

Komposition in Blau, Gelb und Weiß von Piet Mondrian, 1936. Kunstmuseum Basel. Im Gegensatz zum dynamischen Rhythmus ist die Komposition von Piet Mondrian auf statischen Proportionen aufgebaut. Horizontale und vertikale Elemente regeln die subtilen Verhältnisse zwischen den einzelnen Flächen in einem asymmetrischen Gleichgewicht. Mondrians Einfluß auf die heutige Typographie, Malerei und Architektur ins unverkennbar.

Composition in blue, yellow and white, by Piet Mondrian, 1936. Museum of Art, Basle. Mondrian's composition eschews dynamic rhythm and is constructed on static proportions. The subtle proportions between the various plane surfaces are determined by horizontal and vertical elements and composed in an asymmetrical balance: Mondrian's influence on modern typography, painting and architecture is unmistakable.

Composition polychrome, en bleu, jaune et blanc, de Piet Mondrian, 1936, Musée des Beaux-Arts de Bâle, basée sur de proportions statiques et dépourvue du rythme dynamique de planche précédente. Des éléments horizontaux et perpendicu laires règlent les rapports subtils liant les différentes surfaces dans un équilibre asymétrique. L'influence de Mondrian sur l typographie, la peinture et l'architecture modernes est in déniable.

Einladungskarte für einen Vortrag. Die Proportionen der bedruckten und der weißen Flächen sind sorgfältig gegeneinander
abgewogen. Die Vielfalt der Proportionen liegt allein in der
Flächenaufteilung in dieser sonst eher schlichten Arbeit.

Invitation to a lecture. The proportions between the printed and
blank areas of this card are carefully balanced. The variety in
this otherwise rather simple design is achieved solely by the
way the surface is divided.

Carte d'invitation à une conférence. Proportions entre surface
blanche et surface imprimée soigneusement étudiées. Composition sobre, dont toute l'originalité réside dans les multiples
rapports répartissant les surfaces.

Seite 114
Doppelseitiges Prospektblatt für einen Verlag. Bild, Typen und
weiße Flächen sind klar geordnet, und die verschiedenen
Werte sind zu einem reizvollen Spannungsverhältnis kombiniert.

Page 114
Double-page brochure for a publishing firm. The picture, type
matter and white spaces are clearly set out, and the various
elements are brought together into a taut and interesting
pattern.

Page 114
Double page de prospectus pour une maison d'édition.
Ordonnance claire des caractères, de l'image et des surfaces
blanches; les diverses valeurs sont combinées en un attrayant
rapport de tension.

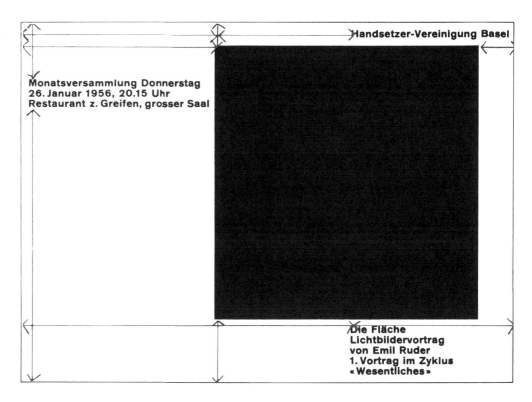

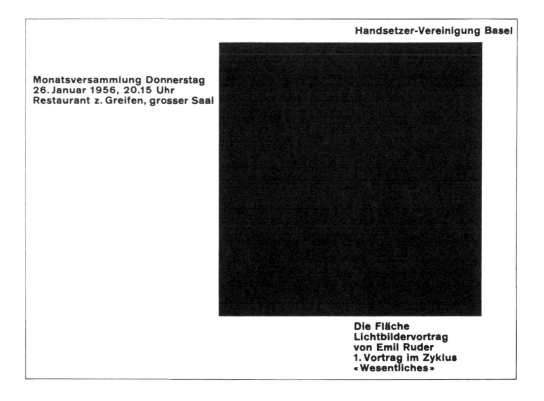

Ein herrliches Bilderwerk über
das aufregendste, folgenreichste Werk
moderner kirchlicher Baukunst

Ein Tag

mit
Ronchamp

Fünfzig Aufnahmen von
Paul und Esther Merkle
Deutende Texte von Robert Th. Stoll

Format 25/25 cm
steifbroschiert und gelumbeckt
Fr./DM ca. 17.–

Wir erleben die Kirche in der Land-
schaft, als Bau im Ganzen
und in den Einzelheiten,
als heilige Stätte der Wallfahrt
und der Sammlung, als ein Werk,
das in Le Corbusiers Meinung
ein Denkmal der Freude und des
Friedens bedeutet.

Johannes-Verlag Einsiedeln

Punkt, Linie, Fläche

Point, line, surface

Point, ligne, surface

Klee wie Kandinsky erklären, daß die Linie aus dem Punkt entstehe. Klee: ‹Ich beginne da, wo die bildnerische Form überhaupt beginnt: beim Punkt, der sich in Bewegung setzt.›
Alles ist Bewegung: Der Punkt bewegt sich, und es entsteht die Linie, die Linie verschiebt sich zur Fläche, und beim Zusammenstoß der Flächen entsteht der Körper.

1 Der Punkt unbewegt.
2 Der Punkt setzt sich in Bewegung, die Linie entsteht.
3 Die senkrechte typographische Linie ist gestrafft, und die Straffung liegt in der Richtung der Schwerkraft.
4 Die waagrechte Linie profitiert nicht von der Schwerkraft, sie ist von der Energie abhängig, die sie von links und rechts spannt. Bei einem Nachlassen der Spannung würde sich die Linie in eine Ruhestellung zusammenrollen.
5 Bei dieser waagrechten Linie ist der Beginn sichtbar; sie bewegt sich von links nach rechts. Sie hat eine Bewegungsrichtung.
6 Zwei Möglichkeiten: Die Linie beginnt irgenwo links und endet rechts an einem bestimmten Punkt; oder: die Linie beginnt rechts und bewegt sich nach links, der Leserichtung entgegengesetzt.
7 Die unentschlossene Linie, in ihrer Ausdehnung überblickbar. Sie hat an Bewegung eingebüßt, sie kann sich nach links wie nach rechts wenden.
8 Die unentschlossene Linie mit Punkt links. Die Linie folgt dem Anruf von links und bewegt sich nach links.

Die imaginäre Linie:
9 Zwischen zwei Punkten wird die Fläche durch einen Spannungsstreifen unterbrochen. Es entsteht die Linie in der Vorstellung, die optische Linie.
10 Die imaginäre Linie, gebildet aus einer Folge von Punkten.
11 Die imaginäre Linie zwischen zwei Linien.
12 Die imaginäre Linie, gebildet aus einer Folge von Linien.
13 Eine Folge von hochgestellten Linien ergibt ein breites Linienband.
14 Die Schriftzeile ergibt eine optische Linie. Die einzelnen Typen verbinden sich zur imaginären Linienwirkung.

Von der Linie zur Fläche:
15 Die reine Linienwirkung.
16 Zwei Linien im rechten Winkel zusammenstoßend ergeben eine schwache Flächenwirkung.
17 Verstärkte Flächenwirkung durch drei Linien.
18 Die geschlossene Form. Die Flächenwirkung ist primär, die lineare Wirkung sekundär.

Linie und Fläche in Kontrast gestellt:
19 Eine Linie und mehrere zur Fläche gereihte Linien in einen Gegensatz gestellt.
20 Linie und reine Fläche als Gegensatz bewirken eine Steigerung beider Elemente.
21 Straffe Linie und runde Fläche nicht nur als Gegensatz Linie-Fläche, sondern auch als Formkontrast.

Lineare und flächige Tendenzen in den Buchdrucktypen:
22 Beinahe reine Linienwirkung im Buchstaben ‹L›. Leichte Flächentendenz im rechten Winkel.
23 Die geschlossene Buchstabenform: Vorerst Flächenwirkung, erst in zweiter Linie lineare Wirkung.
24 Fläche und Linie in der fetten und in der mageren Type. Eine Vermischung der beiden Systeme soll vermieden werden, also nicht: Fett zu Halbfett.
25 Fläche und Linie in zwei fetten Typen. Der weiße Buchstabenabstand ergibt die lineare Wirkung.

Klee and Kandinsky state that the line starts from the dot. Klee: "I begin where all pictorial form begins: in the dot which starts to move."
Everything is movement: the dot moves and gives rise to the line, the line moves and produces a plane surface, and plane surfaces come together and create a body.

1 Dot at rest
2 The dot begins to move and gives rise to a line.
3 The vertical typographical line is tautened and the tautening lies in the direction of gravity.
4 The horizontal line gains nothing from gravity and is dependent on the energy which tautens it from left and right. If this tension were removed, the line would coil up in a position of rest.
5 It can be seen where this horizontal line begins; it moves from left to right. It has a direction of movement.
6 Two possibilities: The line begins somewhere on the left and finishes on the right at a certain point, or the line begins on the right and moves to the left, opposite to the direction of reading.
7 The undecided line which can be surveyed throughout its length. It has forfeited movement, it can turn left just as easily as right.
8 The undecided line with a point to the left. The line follows the call from the left and moves towards the left.

The imaginary line:
9 The surface between points is broken by a strip of tension. A line is summoned up by the imagination, the optical line.
10 The imaginary line, made up from a sequence of points.
11 The imaginary line between two lines.
12 The imaginary line, made up of a sequence of lines.
13 A sequence of lines overend produces a thick band of lines.
14 A row of characters produces an optical line. The individual type faces join together to evoke an imaginary line.

From the line to the plane surface:
15 The pure linear effect.
16 Two lines meeting at a right angle produce e weak plane surface.
17 Three lines produce a more definite plane surface.
18 The closed form. The surface effect is primary, the linear effect secondary.

Line and plane surface contrasted:
19 A line contrasted with several lines arranged to form a surface.
20 A line contrasted with a pure surface results in both elements being intensified.
21 Taut line and round surface make not only a contrast between line and surface but also a contrast between forms.

Tendencies towards lines and surfaces in type faces:
22 An almost pure linear effect in the letter "L". A slight tendency towards a surface in the right angle.
23 Closed letter forms: the surface effect is primary and the linear appearance secondary.
24 Surface and line in bold and light types. A mixture of the two systems should be avoided. Hence never extra-bold to bold.
25 Surface and line in two bold types. The white space between the letters produces a linear effect.

Paul Klee et Kandinsky déclarent que la ligne naît du point. Klee, en ces termes: ‹Je débute là où la forme picturale commence: au point, qui se met en mouvement.›
Tout est mouvement. Que le point se meuve, et la ligne surgit. La ligne s'étend à la surface et le heurt des sudaces engendre le corps.

1 Un point immobile.
2 Le point se met en mouvement – naissance de la ligne.
3 La ligne verticale est rigide, et la rigidité va dans la direction d la force d'attraction.
4 La ligne horizontale ne profite pas de la force d'attraction; elle dépend de la force énergétique qui la tend à gauche et à droite. Un relâchement de la tension ferait s'enrouler la ligne.
5 Le début de cette ligne horizontale est visible; elle se meut de gauche à droite, dans une direction précise.
6 Deux possibilités: la ligne commence quelque part à gauche e se termine à droite en un point précis. Ou bien: la ligne commence à droite et se dirige vers la gauche, dans le sens contra de la lecture.
7 La ligne indécise, vue dans son ensemble, a perdu en mouvement et se dirige à droite comme à gauche.
8 La ligne indécise, avec un point à gauche, est atirée par ce point et se dirige ainsi vers la gauche.

La ligne imaginaire:
9 Entre deux points, la surface est interrompue par une raie horizontale; l'effet de vision prolonge et crée une ligne imaginaire, la ligne optique.
10 La ligne imaginaire, engendrée par une suite de points.
11 La ligne imaginaire, entre deux lignes.
12 La ligne imaginaire engendrée par une suite de lignes.
13 Un large bandeau de lignes suscité par une suite de filets hau placés.
14 La ligne imprimée crée une ligne optique. Les caractères séparés s'unissent en un effet de ligne imaginaire.

De la ligne à la surface:
15 Effet de ligne pure.
16 Deux lignes se heurtant à angle droit créent un léger effet de surface.
17 Effet de surface renforcé par la présence de trois lignes.
18 La forme fermée. L'effet de surface prédomine sur l'effet linéaire.

Ligne et surface entrant en contraste:
19 Une ligne opposée à une surface formée de plusieurs rangées de lignes.
20 Contraste entre une ligne et une surface pure augmentant l'effet des deux éléments.
21 Opposition entre une ligne rigide et un cercle, créant un contraste de formes.

Tendances linéaires et planes des caractéres d'imprimerie:
22 Effet presque uniquement linéaire de la lettre ‹L›. Légère tendance plane à l'angle droit.
23 La lettre fermée: effet de surface qui agit avant l'effet linéaire.
24 Effet de surface dans les caractères gras, et de ligne dans les caractèrs maigres. Un mélange des deux sorts de caractères doit être evité. Ne pas passer du gras au mi-gras.
25 Effet linéaire et de surface de deux caractères gras. L'interlettrage blanc donne l'effet linéaire.

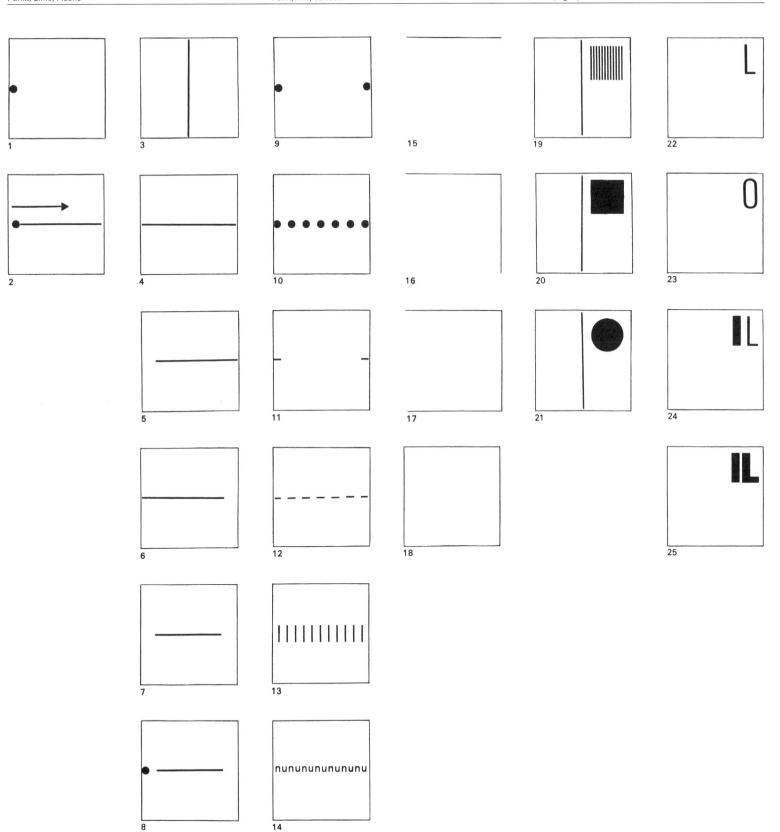

1

2

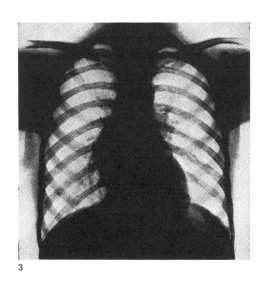

3

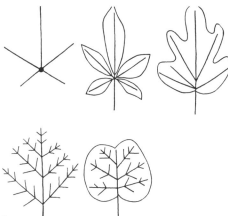

4

1 Die linearen Zweige des Baumes dominieren im Winter, und erst mit den flächigen Blättern wird die lineare Konstante für eine begrenzte Zeit überspielt.
2 Das Holzgerüst eines Baues vor der Umkleidung ist linear.
3 Der menschliche Körper wird vom linearen Bau der Knochen geformt.
4 Die lineare Strahlung des Blattes begrenzt und bestimmt dessen flächige Form (nach Paul Klee).

Seite rechts:
Es gibt keinen Zustand und keine menschliche Eigenschaft, die nicht mit Linien ausgedrückt werden könnten.
1 Die gestraffte Kraft im Linienwerk der frühen griechischen Vasenmalerei.
2 Die elegante Linie im Farbenholzschnitt des Japaners Utamaro.
3 Die Mänade im Schalenbild des griechischen Malers Brygos. Die Linien vermitteln das heiße, schwingende Lebensgefühl.
4 Edvard Munch, der Schrei. Die Linien drücken Verzweiflung aus.
5 Paul Klee, die Versuchung. Linien von lüsterner Sinnlichkeit.
6 Alfred Kubin, Disput. Gespenstische und morbide Linien.
7 Henri de Toulouse-Lautrec, La Goulue und der Schlangenmensch Valentin. In der Liniensprache dieser Lithographie liest man seelische Erregung und Nervenreiz.
8 Die Linie in ihrer gekritzelten, verspielten Form in Paul Klees Kinderspielplatz.
9 Georg Gross, Hinrichtung. Grausame, messerscharfe Linien.

1 The linear branches of the tree are dominant in winter, and it is only when the leaves appear that this linear constant is temporarily eclipsed.
2 The wooden skeleton of a scaffolding is linear before it is clothed with foliage.
3 The human body is formed by the linear structure of the bones.
4 The radiant linearity of the leaf demarcates and determines its two-dimensional form (after Paul Klee).

Page on right:
There is no condition and no human characteristic which cannot be expressed in line.
1 The power inherent in the taut lines of an Early Greek vase painting.
2 Elegance of line in the coloured woodcut by the Japanese Utamaro.
3 The maenad in the dish decoration done by the Greek painter Brygos. The lines convey the passion and vitality of movement.
4 Edvard Munch, the Scream. The lines express despair.
5 Paul Klee, the Temptation. The lines convey lascivious sensuality.
6 Alfred Kubin, Dispute. Ghostly and morbid lines.
7 Henri de Toulouse-Lautrec, La Goulue and the Snakeman Valentin. The linear idiom of this lithograph is eloquent of spiritual excitement and jittery nerves.
8 The line as a scribbled, wayward form in Paul Klee's Children's Playground.
9 Georg Gross, Execution. Cruel, razor-sharp lines.

1 Le dessin linéaire des branches d'un arbre envahit le paysage d'hiver; cette constante linéaire disparaîtra, pour un temps limité seulement, derrière les surfaces des feuilles.
2 Effet linéaire d'un échafaudage.
3 La charpente linéaire des os du corps humain.
4 Les nervures linéaires de la feuille en limitent et en détermine la forme plane (d'après Paul Klee).

Page de droite:
Il n'est pas d'état ni de qualité humaine qui ne soient exprimables par des lignes.
1 Tracé linéaire rigide d'un décor de vase grec. Néolithique ancien.
2 L'élégant tracé d'un bois gravé polychrome, d'Utamaro, Japon.
3 La ménade, coupe due au peintre grec Brygos. Les lignes transmettent une vigoureuse impression de vie.
4 Le cri, Edvard Munch. Désespoir exprimé par les lignes.
5 La tentation, Paul Klee. Expression de sensualité lascive.
6 Dispute, Alfred Kubin. Lignes fantomatiques et morbides.
7 La Goulue et Valentin le Désossé, Henri de Toulouse-Lautrec. Le tracé de cette lithographie traduit l'excitation psychique et nerveuse.
8 Place de jeux, Paul Klee. Forme griffonnée exprimant l'amusement.
9 Supplice, Georg Gross. Lignes acerbées, suscitant la terreur.

1

2

3

4

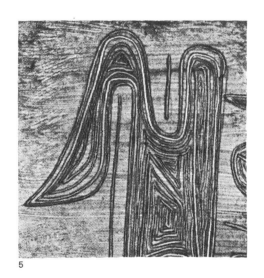

5

6

7

8

9

4.28	4.37	Karlsruhe Hbf
4.56	4.58	Baden-oos
5.21	5.30	Offenburg
6.05	6.10	Freiburg (Brsg.) Hbf
6.27	6.28	Müllheim (Baden)
6.52	7.10	Basel Bad Bf
7.16	7.56	Basel SBB
8.26	8.28	Olten
9.21	9.33	Bern HB
9.56	9.58	Thun
10.07	10.16	Spiez
10.32	10.34	Interlaken Ost

1

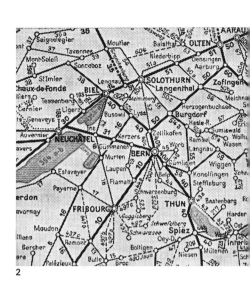

2

3

4

5

Die Geschwindigkeit, ein vorherrschendes Merkmal unserer
Zeit, kann nur linear dargestellt werden. Das Verkehrsnetz eines
Landes, die Straßen, die Fluglinien – es sind alles lineare Gebilde, welche über die stationären Flächen gezogen sind und
diese Fläche durcheilen.

Typographisch gestalteter Fahrplan einer Bahngesellschaft.
Ausschnitt aus dem schweizerischen Eisenbahnnetz.
Die Salginabrücke des Brückenbauers Robert Maillart.
Die gewundene Linie der Gotthardstraße im Val Tremola.
Eine Betonstraße im schweizerischen Mittelland.

Speed, a dominant characteristic of our time, can be represented
only by means of lines. The roads and air routes that make up the
transport network of a country are all linear structures which
are drawn over the stationary surfaces and speed through them.

1 Typographic design for a railway timetable.
2 Section of the Swiss railway network.
3 The Salgina Brigde, designed by Robert Maillart.
4 The winding track of the Gotthard road in the Val Tremola.
5 A concrete road in the Swiss central plain.

La vitesse, marque distinctive et prédominante de notre époque,
ne peut être figurée que par un dessin linéaire. Le réseau de
voies de communications d'un pays, les rues, les voies
aériennes – autant de tracés linéaires striant les surfaces
immobiles.

1 Impression typographique d'un horaire d'une société de
  chemin de fer.
2 Détail d'un réseau de chemins de fer suisses.
3 Le pont de la Salgina. Génie civil: Robert Maillart.
4 Ligne sinueuse de la route du Gotthard, Val Tremola.
5 Route bétonnée du Mittelland suisse.

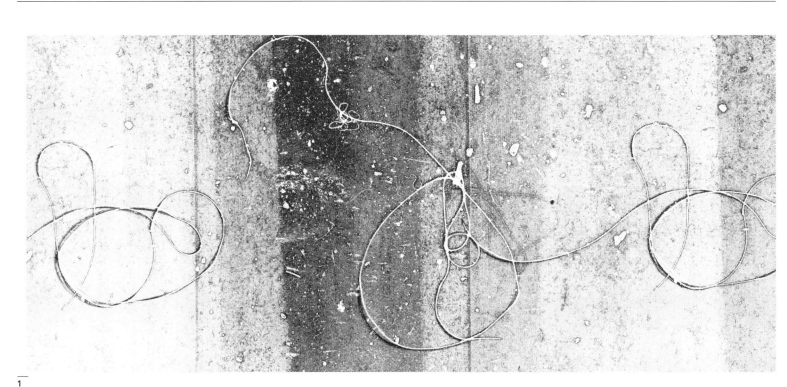

1

Die entspannte Linie steht im größten Gegensatz zur typographischen Linie, die nie das Lockere und Zufällige der Bewegung kennt.

Die rechte Seite zeigt typographische Linien als Reihung. Die dichte Reihung schwächt den linearen Charakter und ergibt eine Flächenwirkung, durch vermehrten Abstand wird das Lineare betont. Alle vier Gebilde sind straff und ergeben einen technischen Aspekt.

There is the greatest possible contrast between the relaxed line and the typographical line which is alien to the fortuitous and indefinite element of movement.

The page on the right shows typographical lines as a sequence. The closer the lines in the sequence, the more their linear character is lost and the more they look like a plane surface. If the gaps between the lines are increased, the linearity is emphasized. All four structures are taut and have a technical look about them.

Ligne détendue contrastant avec la ligne typographique, qui, elle, ignore le relâchement et le mouvement hasardeux. Le caractère linéaire est affaibli par la rangée compacte et tend à l'effet plane; un interlignage agrandi renforce le caractère linéaire. Aspect technique émanant de la composition rigide des quatre planches.

2

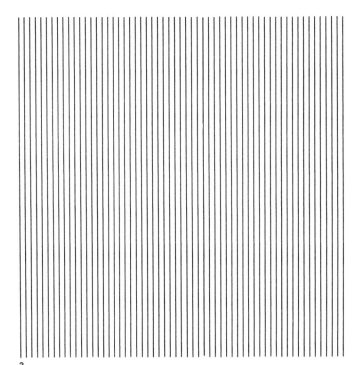

3

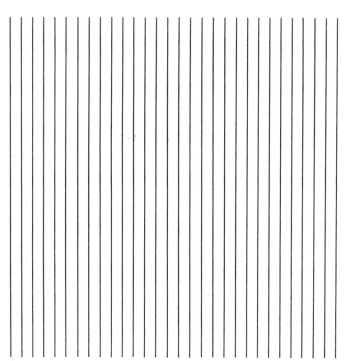

4

5

gewerbe museum basel erhaltenswerte basler bauten

ausstellung
vom 18. april bis 24. mai
täglich geöffnet
10–12 und 14–18 uhr
samstags und sonntags
10–12 und 14–17 uhr
eintritt frei

Seite links: Plakat für das Gewerbemuseum Basel mit betont
linearem Charakter. Magere, lineare Schrift und Betonung der
diagonalen Linie von rechts oben nach links unten.

Oben: Schriftzeile ‹BERLIN› so aneinandergereiht, daß ein
Kontrast linear/flächig entsteht. Die fette Schrift wirkt flächig,
und die weißen Linien der Buchstabenabstände wirken linear.
Zudem ist die Weißwirkung der Linien gesteigert.

Left:
Poster for the Museum of Applied Arts in Basle with a
pronouncedly linear character.
Slim, linear script and emphasis on the diagonal line from top
right to bottom left.
Above:
The line of letters BERLIN is so arranged as to form a contrast
between line and surface. The bold lettering produces a plane
surface and the wihte spaces between the letters look linear. At
the same time the whiteness of the gaps is intensified.

Page de gauche: Affiche destinée au Musée des Arts et Métiers
Bâle, offrant un caractère linéaire accentué. Ecriture linéaire en
caractères maigres. Sens de la diagonale accentuée de droite à
gauche.

En haut: Caractères ‹BERLIN› disposés en vue d'un contraste
ligne-surface. Les caractères gras donnent un effet de surface;
les blancs de l'interlettrage agissent linéairement, et leur effet
blanc est renforcé.

Gewerbemuseum Basel, Spalenvorstadt 2
Einladung
Wir beehren uns, Sie auf Samstag, 8. September 1956, 17 Uhr, zur Eröffnung der Ausstellung

verborgene Schätze des Gewerbemuseums

freundlich einzuladen.
Die Direktion.

Die Ausstellung enthält kostbare Stücke
aus den grossen Sammlungen des Gewerbemuseums,
die sonst in Depoträumen und Kellern verborgen sind.
Sie dauert vom 8. September bis 11. November.

Zwei schlichte typographische Arbeiten, in denen durch die einfache Reihung von Buchstaben zu Wort, Zeile und Fläche lineare und flächige Wirkungen entstehen. Einzelne Textgruppen sind zur Fläche verwoben, unterbrochen durch einzelne Zeilen mit linearer Wirkung. Beschränkung der Mittel auf Typen, die funktionell und formal richtig auf der Fläche geordnet sind.

Two simple typographical works in which linear and two-dimensional effects are produced by simple arrangement of the letters into words, lines and surfaces. Single groups of text are knitted together to form a surface which is broken by single lines with a linear effect. Type faces alone are used and are properly organized both functionally and formally on the surface.

Deux ouvrages typographiques élémentaires, dans lesquels, d'une simple succession de lettres disposées en mots, lignes surfaces, naît une impression soit linéaire, soit plane. Des groupes de texte séparés sont entrelacés jusqu'à l'effet de surface, qui est interrompu par quelques tracés isolés à effet linéaire. Moyens d'expression limités aux caractères mis en et ordonnés sur la page d'une manière fonctionnelle et formelle parfaitement correcte.

Ich träume von den vier Elementen, Erde, Wasser, Feuer, Luft.
Ich träume von Gut und Böse.
Und Erde, Wasser, Feuer, Luft, Gut und Böse verweben sich zum Wesentlichen.

Aus einem wogenden Himmelsvließ steigt ein Blatt empor.
Das Blatt verwandelt sich in einen Torso.
Der Torso verwandelt sich in eine Vase.
Ein gewaltiger Nabel erscheint.
Er wächst,
er wird größer und größer.
Das wogende Himmelsvließ löst sich in ihm auf.
Der Nabel ist zu einer Sonne geworden,
zu einer maßlosen Quelle,
zur Urquelle der Welt.
Sie strahlt.
Sie ist zu Licht geworden.
Sie ist zum Wesentlichen geworden.

Mit Mühe kann ich mich an den Unterschied zwischen einem Palast und einem Nest erinnern.
Ein Nest und ein Palast sind von gleicher Pracht.
In der Blume glüht schon der Stern.
Dieses Vermengen, Verweben, Auflösen, dieses Aufheben der Grenzen ist der Weg, der zum Wesentlichen führt.

Wie Wolken treiben die Gestalten der Welt ineinander.
Je inniger sie sich vereinigen,
um so näher sind sie dem Wesen der Welt.
Wenn das Körperliche vergeht,
erstrahlt das Wesentliche.

Ich träume von dem fliegenden Schädel,
von dem Nabeltor und den zwei Vögeln, die das Tor bilden,
von einem Blatt, das sich in einen Torso verwandelt,
von gelben Kugeln, von gelben Flächen,
von gelber, von grüner, von weißer Zeit,
von der wesentlichen Uhr ohne Zeiger und Zifferblatt.
Ich träume von innen und außen, von oben und unten, von hier und dort, von heute und morgen.
Und innen, außen, oben, unten, hier, dort, heute, morgen vermengen sich, verweben sich, lösen sich auf.
Dieses Aufheben der Grenzen ist der Weg, der zum Wesentlichen führt.

Hans Arp: Elemente

Kontraste

Contrasts

Contrastes

Das Zusammenführen zweier Werte nach den Gesetzen des Kontrastes verändert und verstärkt die Wirkung beider Werte. Runde Baumkronen wirken runder, wenn in ihrer Nähe eckige Bauten stehen, ein Turm wirkt höher, wenn er in einer flachen Ebene steht, eine warme Farbe wirkt wärmer, wenn sie mit einer kalten Farbe kombiniert wird. Ästhetik und Lesbarkeit einer Schrift sind abhängig von der Kombination kontrastierender Formen: rund mit gerade, schmal mit breit, klein mit groß, mager mit fett usw. Das Bedruckte muß in einem Spannungsverhältnis zum Unbedruckten stehen, und die Spannung entsteht durch Kontraste. Werte kombiniert mit gleichen Werten ergeben langweilige Einförmigkeit.

Das Denken im Gegensätzlichen ist kein konfuses Denken, denn auch Gegensätze können sich zu einem harmonischen Ganzen fügen. Es gibt Begriffe, die nur durch ihren Gegensatz real werden, zum Beispiel ‹oben› im Zusammenhang mit ‹unten›, ‹horizontal› im Zusammenhang mit ‹vertikal› usw. Der Mensch unserer Zeit denkt in Gegensätzen, für ihn sind Fläche und Raum, Ferne und Nähe, Äußeres und Inneres keine unvereinbaren Dinge, für ihn gibt es nicht mehr nur das ‹Entweder-Oder›, sondern das ‹Sowohl-Als auch›.

Bei der Kombination von gegensätzlichen Werten muß darauf geachtet werden, daß die einheitliche Wirkung des Ganzen gesichert bleibt. Bei zu heftigen Kontrasten, wie hell zu dunkel oder groß zu klein, kann das eine Element so stark überwiegen, daß das Gleichgewicht zum Gegenwert gestört ist oder überhaupt nicht zustande kommt.

Seite rechts: Kontrastwirkungen innerhalb einer Buchdruckschrift:

1 Kontrast dunkel-hell, fett-mager und Fläche-Linie.
2 Kontrast senkrecht-waagrecht und aktiv-passiv. Entspricht der Technik der Typographie am besten.
3 Kontrast gerade-schräg, statisch-dynamisch, geometrisch-organisch und Symmetrie-Asymmetrie. Die Schräge entspricht der Handschrift und wirkt organischer und dynamischer als die Gerade.
4 Kontrast groß-klein, dunkel-hell und Linie-Punkt.
5 Kontrast dunkel-hell, fett-mager und Fläche-Linie.
6 Kontrast Linie-Punkt und bewegt-ruhig.
7 Kontrast Asymmetrie-Symmetrie und bewegt-ruhig.
8 Kontrast rund-gerade, weich-hart und unbegrenzt-begrenzt.
9 Kontrast präzis-diffus, hart-weich und dunkel-hell.
10 Kontrast labil-stabil. Das auf die Spitze gestellte Dreieck wirkt unsicher schwankend, auf die Grundfläche gestellt, wirkt es äußerst stabil (Pyramide).
11 Kontrast Fläche-Punkt, groß-klein und dunkel-hell.
12 Kontrast bewegt-ruhig, dunkel-hell und Fläche-Linie.
13 Kontrast breit-schmal und exzentrisch-konzentrisch.
14 Kontrast konzentrisch-exzentrisch und geschlossen-offen.
15 Kontrast Kleinbuchstabe-Großbuchstabe und dynamisch-statisch.

Combining two values in accordance with the laws of contrast changes and enhances the effect of both values. Round tree-tops look rounder if there are angular buildings near them; a tower looks taller if it stands on a flat plain; a warm colour looks warmer if it is combined with a cold colour. The aesthetics and legibility of a typeface depend on the combination of contrasting forms: round and straight, broad and narrow, large and small, thin and thick, etc. The relationship between the printed and the unprinted area must be one of tension, and this tension comes about through contrasts. Values combined with equal values result in unrelieved monotony.

Thinking in terms of contrasts is not a confused way of thinking, for even contrasts can be united in a harmonious whole. There are concepts which become real only through their opposite, e.g. "above", in conjunction with "below", "horizontal" in conjunction with "vertical", etc. Modern man thinks in contrasts. For him surface and space, far and near, inner and outer are no longer incompatible; for him there is not only an "either-or" but also a "both-and".

In combining contrasting values, care must be exercised that the uniform effect of the whole remains unaffected. If the contrasts are violent, such as light and excessively dark, or large and excessively small, one element can be so dominant that the balance between it and the contrasting value is upset, or never comes into being at all.

Right: contrasting effects in printing type:

1 Contrast light-dark, thin-thick and line-surface.
2 Contrast vertical-horizontal and active-passive. This is most suited to typographical technique.
3 Contrast straight-oblique, static-dynamic, geometric-organic, and symmetry-asymmetry. The obliques correspond to handwriting and have a more organic and dynamic look than uprights.
4 Contrast large-small, dark-light and line-point.
5 Contrast dark-light, thin-thick and the surface-line.
6 Contrast line-point and agitated-restful.
7 Contrast asymmetry-symmetry and agitated-restful.
8 Contrast round-straight, soft-hard and unlimited-limited.
9 Contrast precise-diffuse, hard-soft and dark-light.
10 Contrast stable-unstable. The triangle on its apex looks very insecure, whereas on its base it looks extremely stable (pyramid).
11 Contrast surface-point, large-small and dark-light.
12 Contrast aigtated-restful, dark-light and surface-line.
13 Contrast wide-narrow and eccentric-concentric.
14 Contrast concentric-eccentric and closed-open.
15 Contrast lower-case/capital and dynamic-static.

Deux valeurs combinées selon les lois des contrastes modifient et renforcent leur effet respectif. Le faîte des arbres paraît plus arrondi auprès de constructions cubiques, la platitude d'un terrain fait ressortir la hauteur d'une tour, une couleur chaude rayonne plus encore auprès d'une couleur froide. Des combinaisons de formes, telles que: formes rondes et droites, larges étroites, grandes et petites, grasses et maigres, etc., naissent des contrastes qui font la beauté et la lisibilité de l'écriture. L'imprimé doit se trouver dans un rapport de tension avec l'inimprimé, et cette tension dépend des contrastes. Des valeurs semblables combinées entre elles ne suscitent qu'une ennuyeuse uniformité.

Cette mise en contraste, pour former un tout harmonieux, doit s'accompagner d'un clair penser. Il est des états qui ne prennent une densité réelle qu'opposés à leur contraire, par exemple ‹haut› opposé à ‹bas›, ‹horizontal› opposé à ‹vertical›, etc. L'homme actuel pense à l'aide de contrastes. Pour lui, surface et espace, éloignement et proximité, extérieur et intérieur, ne sont pas des choses inconciliables; il ne pense pas ‹l'un ou l'autre›, mais ‹autant l'un que l'autre›.

Mais l'opposition des valeurs ne doit pas briser l'effet d'unité requis par le tout. Lors de trop violents contrastes, comme en clair et foncé, ou grand et petit, un élément peut en venir à prédominer; l'équilibre se trouve alors rompu, si même il entre en question.

Page de droite: Effets de contrastes entre des caractères d'imprimerie:

1 Contrastes foncé-clair, gras-maigre, surface-ligne.
2 Contrastes perpendiculaire-horizontal et actif-passif. Répond le mieux à la technique typographique.
3 Contrastes droit-oblique, statique-dynamique, géométrique-organique et symétrie-asymétrie. Les caractères obliques correspondent à l'écriture manuelle et sont d'un effet organique dynamique plus prononcé que les caractères droits.
4 Contrastes grand-petit, foncé-clair et ligne-point.
5 Contrastes foncé-clair, gras-maigre et surface-ligne.
6 Contrastes ligne-point et animé-paisible.
7 Contrastes asymétrie-symétrie et animé-paisible.
8 Contrastes rond-droit, doux-dur et illimité-limité.
9 Contrastes précis-diffus, dur-doux et foncé-clair.
10 Contrastes instable-stable. Le triangle posé sur son sommet incertain, il vacille; posé sur sa base, il donne l'impression d'extrême stabilité (pyramide).
11 Contrastes surface-point, grand-petit et foncé-clair.
12 Contrastes animé-tranquille, foncé-clair et surface-ligne.
13 Contrastes large-étroit, excentrique-concentrique.
14 Contrastes concentrique-excentrique et fermé-ouvert.
15 Contrastes minuscules-majuscules et dynamique-statique.

1

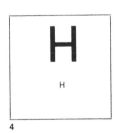

2

3

4

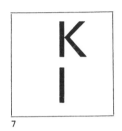

5

6

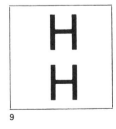

7

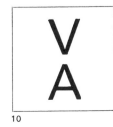

8

9

10

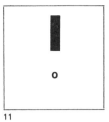

11

12

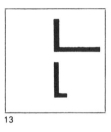

13

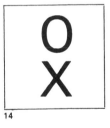

14

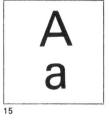

15

Griechische Vasenmalerei. Totenklage, Detail der geometrischen Amphora von Dipylon. Reduktion des ganzen Ge-
schehens auf die Kontrastwirkung senkrecht-waagrecht.
Leben bedeutet senkrecht = stehen, Tod hingegen waagrecht
= liegen. Mit wenigen Zeichen ist viel und Wesentliches aus-
gesagt.

Greek vase painting. Lamentation for the dead. Detail of the
geometric amphora of Dipylon. The events are reduced to the
pattern of contrasts between vertical and horizontal. Life means
vertical = standing; death means horizontal = lying. A few
symbols convey a large number of important ideas.

Peinture sur vase grec. Lamentations mortuaires, détail du
dessin géométrique de l'amphore de Dipylon reposant sur le
contraste vertical-horizontal. La vie est symbolisée par le tra
vertical = position debout; la mort par le tracé horizontal =
position couchée. L'essentiel est dit avec quelques lignes.

Das Schnittprogramm der ‹Univers›, gezeigt am Buchstaben ‹u›. (Bruno Pfäffli, Atelier Frutiger, Paris.) Mit der ‹Univers› hat der Typograph die Möglichkeit, Kontrastwirkungen innerhalb *einer* Schrift zu erreichen. Das Programm ermöglicht folgende Kontrastwirkungen: mager-fett, Linie-Fläche, schmal-breit, hell-dunkel, gerade-kursiv, Statik-Dynamik.

The design programme for Univers, illustrated with reference to the letter "u" (Bruno Pfäffli, Atelier Frutiger, Paris). Univers affords the typographer an opportunity of achieving contrasts within a *single* familiy. The programme provides the following possibilities of contrast: light-bold, line-surface, light-dark, upright-italic, static-dynamic.

Le programme de gravure de l'‹Univers›, montré à la lettre ‹u› (Bruno Pfäffli, Atelier Frutiger, Paris). A l'aide de caractères parfaitement harmonisés l'‹Univers› permet à la typographie d'obtenir, dans une *même* famille, les effets de contrastes suivants: maigre-gras, ligne-surface, étroit-large, clair-foncé, droit-italique, statique-dynamique.

Plakat im Weltformat für eine Kunstausstellung. Die Arbeit ist
bewußt auf mehreren Kontrastwirkungen aufgebaut. Die
dominierende Ziffer ‹10› lebt von den Kontrasten gerade-rund,
hart-weich und begrenzt-unbegrenzt. Die großen Formen der
Ziffern erhalten ihre Größe erst durch das Zuführen der kleinen
Typen. Die energische Senkrechte der Ziffer ‹1› und der
kleineren Schriftgruppe wird durch die waagrechte Zeile
‹zürcher maler› gebrochen.

Rechte Seite: Einwickelpapier ‹lucien lelong›. Einfache
Kontrastwirkung gerade-schräg im Wechsel. Die Fläche wird
durch die lebhaftere Wirkung der kursiven und durch die
statischere Haltung der geraden Schnitte aktiviert.

Poster in international format for an art exhibition. The design
has been built up round a number of contrasts. The dominant
figure "10" is vitalized by the contrasts straight-round, hard-
soft, limited-unlimited. It is simply the addition of small type
that scales up the large forms of the figures. The energetic
vertical of the figure "1" and of the smaller groups of type is
broken by the horizontal line "zürcher maler".

Right: ‹lucien lelong› wrapping paper. Simple contrast of
upright andoblique in an alternating pattern. The surface is vitalized by the more animated effect of the italic and the more
static appearance of the roman type face.

Affiche au format mondial pour une exposition artistique.
L'œuvre est volontairement construite sur plusieurs effets de
contrastes. Le chiffre ‹10› prédominant repose sur les contrastes: droite-courbe, dur-doux, limité-illimité. Les grands
chiffres ne prennent toute leur valeur qu'au contact des petits
caractères. La ligne verticale énergique du chiffre ‹1› et du
petit groupe de caractères est interrompue par la ligne horizontale ‹zürcher maler›.

Page de droite: Papier d'emballage ‹lucien lelong›. Contraste
simple: vertical-oblique alterné. La surface est animée par les
caractères italiques très vivants et par le caractère statique des
lettres verticales.

lucien*lelong*lucien*lelong*lucien*lelong*
*lelong*lucien*lelong*lucien*lelong*lucien
lucien*lelong*lucien*lelong*lucien*lelong*
*lelong*lucien*lelong*lucien*lelong*lucien
lucien*lelong*lucien*lelong*lucien*lelong*
*lelong*lucien*lelong*lucien*lelong*lucien
lucien*lelong*lucien*lelong*lucien*lelong*
*lelong*lucien*lelong*lucien*lelong*lucien
lucien*lelong*lucien*lelong*lucien*lelong*
*lelong*lucien*lelong*lucien*lelong*lucien
lucien*lelong*lucien*lelong*lucien*lelong*
*lelong*lucien*lelong*lucien*lelong*lucien
lucien*lelong*lucien*lelong*lucien*lelong*

rosmarie und rolf lötscher-tschudin   allmendstraße 20 luzern   rolf 10. november 1958

Linke Seite: Ausstellungsplakat ‹Lucien Clergue›, Weltformat. Die kleinen Buchdrucktypen und die große Photographie steigern sich gegenseitig. Zur betonten Senkrechten der Photographie stehen die waagrechten Schriftzeilen und die Leserichtung im Kontrast.

Oben: Geburtsanzeige. Kontrastwirkungen groß-klein und dunkel-hell an der Grenze des Erträglichen. Der Kontrast soll so aufgebaut sein, daß beide Gegensätze sich noch entfalten können. Hier entsteht schon die Tendenz, daß die große und dunkle Form das Kleingliedrige und Helle erschlägt. Das extrem breite Format ist duch die senkrechte große Form gebrochen.

Left: Exhibition poster "Lucien Clergue", international format. The small type of the letterpress and the large photograph give each other a boost. The horizontal lines of type and the direction of reading contrast with the emphatic verticals of the photograph.

Above: Birth announcement. The contrasts large-small and dark-light are only just acceptable. The contrast should be devised in such a way that the two opposites are capable of further development. Here there is already a tendency for the large and dark form to "kill" the light and more delicately articulated one. The extremely wide format is broken by the large vertical format.

Page de gauche: Affiche pour l'exposition ‹Lucien Clergue›. Les petits caractères d'imprimerie et la grande photographie se valorisent l'un l'autre. L'effet vertical accentué de la photographie s'oppose aux inscriptions horizontales et au sens de la lecture.

En haut: Annonce de naissance. Effets de contrastes grand-petit, foncé-clair à la limite du supportable. Les contrastes doivent être maintenus en deçà de la limite de leur développement. Dans l'exemple donné ici, la grande forme foncée menace d'engloutir la petite plus claire. Le format extrêmement large est coupé par la grande forme perpendiculaire.

Albert	Albert	*Albert*
Bernard	Bernard	*Bernard*
Claude	Claude	*Claude*
Denis	Denis	*Denis*
Eugène	Eugène	*Eugène*
Félix	Félix	*Félix*
Georges	Georges	*Georges*
Henri	Henri	*Henri*
Isidore	Isidore	*Isidore*
Jean	Jean	*Jean*
Kléber	Kléber	*Kléber*
Louis	Louis	*Louis*
Maurice	Maurice	*Maurice*
Noël	Noël	*Noël*
Oscar	Oscar	*Oscar*
Paul	Paul	*Paul*
Quiberon	Quiberon	*Quiberon*
Roland	Roland	*Roland*
Simon	Simon	*Simon*
Théo	Théo	*Théo*
Ursule	Ursule	*Ursule*
Valentin	Valentin	*Valentin*
Wagram	Wagram	*Wagram*

Eine Anthologie
dadaistischer
Dichtungen in
englischer,
französischer,
spanischer
und deutscher
Sprache
Herausgegeben
von
Eugen Schläfer
im
Arche-Verlag
Zürich-Stuttgart

dada
*n*ew-*y*ork
ber*lin*
m**a**drid
*p*aris
gen*è*ve
z**ür**ich

Linke Seite: Inserat für die Schrift ‹Univers›. Heftig betonte
Kontrastlage senkrecht-schräg. Die dynamische Wirkung von
Schräg ist dadurch verstärkt worden, daß die kursiven Zeilen
untereinander in eine schräge Linie gestellt wurden.

Oben: Buchumschlag für eine Anthologie dadaistischer Dichtungen. Das Aufeinanderprallen vieler Kontraste, scheinbar
ungeordnet, ist ein Versuch der visuellen Interpretation dadaistischer Dichtung.

Left: Advertisement for the Univers fount. Emphatic contrast of
vertical and oblique. The dynamic effect of the oblique is
enhanced by the fact that the italic lines are arranged under each
other in an oblique line.

Above: Book jacket for an anthology of Dadaist poetry. The
mutual impact of many contrasts, apparently without order, is
an attempt to give a visual interpretation of Dadaist poetry.

Page de gauche: Annonce pour la famille de caractères
‹Univers›. Contraste droite-oblique fortement accentué. L'effet
dynamique de l'oblique est encore renforcé par les lignes de
caractères italiques disposées en biais.

En haut: Jaquette de livre pour une anthologie de poèmes
dadaïstes. Chocs multiples des divers contrastes dans un
désordre apparent; essai d'interprétation visuelle de la poésie
dada.

Grauwerte

Shades of grey

Valeurs des tons gris

Der Typograph läßt sich gerne dazu verleiten, die Schrift vorwiegend als Grauwert einzusetzen und ihr damit eine nur
ästhetische und dekorative Rolle zuzuweisen. Es ist ein Zeichen
beruflicher Unreife, die Graufläche oder einen Grauwert als
Basis der Gestaltung zu nehmen, der sich die Typographie zu
fügen und zu unterziehen hat. Ein Druckwerk kann ein noch so
kostbares Grau aufweisen und trotzdem mit schweren funktionellen und formalen Mängeln behaftet sein. Bevor die Grauwirkung festgelegt wird, muß die funktionell richtige Satzweise
sichergestellt sein.

Nach der Erfüllung dieser Forderung erst dürfen und sollen vom
Gestalter beachtet werden:
die verschiedenen Möglichkeiten der Graubildung mit Linien,
typographischem Schmuckmaterial und Schrifttypen. Auf der
nebenstehenden Seite sind viele Graustufen vom tiefen
Schwarz bis zum hellen Grau realisiert – ein kleiner Ausschnitt
aus tausendfachen, praktisch unbeschränkten Möglichkeiten.
Dabei bewegen wir uns hier im Gebiet der optischen
Täuschungen; die Formen und Zeichen sind alle mit demselben
tiefen Schwarz gedruckt, aber die feine Linie wird zu Grau und
die Anhäufung zu einer grauen Fläche. Der gleiche Schriftgrad
wird durch Sperrung der Buchstaben oder Variieren der Zeilenabstände optisch verändert.

Für das Auge erzeugt das Schwarz verschiedene Grau, dieses
selbe Schwarz hat aber noch eine weitere Auswirkung, die der
Typograph kennen muß: Auch der kleinste Schwarzwert kon-
sumiert Weiß, er nimmt Weiß weg und liegt tiefer als die weiße
Oberfläche. Auf der rechten Seite ist das schwarze Quadrat ein
Loch in der Fläche, und je nach Grau- oder Schwarzintensität
variiert der Flächeneinbruch. Wir haben so viele Tiefenlagen
wie Graustufen; die weiße Fläche ist aufgebrochen und von
Tiefenillusionen durchsetzt.

Mit Grauwert und Tiefe soll der Typograph so umgehen, daß er
diese Werte bewußt und mit voller Überlegung einsetzt. Die
nachfolgenden Beispiele reichen von der Arbeit in zwei Graustufen bis zur vielfältigsten Grauentfaltung. In derTypographie,
welche der Information verpflichtet ist, in der schlichten Mitteilung des Buches, der Zeitschrift oder im Textteil der Zeitung
kann in einem Grauwert gearbeitet werden, höchstens auf-
gehellt durch gesperrte Worte oder zugedunkelt durch halbfette Auszeichnungen. In den Druckwerken der Publizität aber
ist reichhaltiger Graueinsatz legal und erwünscht, durch klang-
voll orchestrierte Schriftfamilien (die 20 Schnitte der Univers)
ermöglicht. Die vielen Grau sind Gliederungsmittel, um die
unterschiedlichen Bedeutungen in einem umfangreichen
Druckwerk zu bezeichnen, sie sind aber auch formale Mittel,
wenn es darum geht, eine Drucksache suggestiv und dyna-
misch zu gestalten.

There is a standing temptation for the typographer to use his
type primarily as a tone of grey and thus to allot it a purely
aesthetic and decorative role. It is a sign of immaturity to use a
grey surface or a grey tone as a basis for a design into which the
typography has to fit as best it can. However rich the grey effect
obtained, there may still be serious functional and formal
defects. Before the grey effect is decided upon, the typographer must be certain that the lay-out of his composition is
functionally right.

Only when this requirement has been satisfied should the
designer turn his attention to:
the various ways of creating a grey effect with lines, typographic ornamentation and typefaces. The opposite page
shows many tones of grey ranging from deep black to light
grey – a small excerpt from the almost unlimited number of
possibilities.

This brings us into the realm of optical illusions: All the forms
and signs are printed in the same deep tone of black, yet the
fine line looks grey and a number of them together make a grey
surface. The same type size looks different according to the
spacing of the letters and the varying distances between the
lines.

Black creates different tones of grey for the eye, but it also has
another effect with which the typographer must be familiar.
The smallest quantity of black consumes white; it takes white
away and lies at a lower level than the white surface. The black
square on the right makes a hole in the surface and the degree
of penetration depends on the intensity of the grey or black.
There are as many depths as there are tones of grey; the white
surface is broken up and riddled with illusions of depth.

The typographer should handle his grey tones and depth
deliberately and use them only when he has decided precisely
what he is going to do with them. The following examples
range from work in two tones of grey to the most varied patterns
of grey. In typography devoted to information – the straight-
forward message of the book, magazine or newspaper text – one
tone of grey is used, lightened at the most by letterspacing or
darkened by accentuations in bold print. But in printed work
for advertising it is perfectly legitimate and desirable to use a
rich scale of grey, and this is made possible by sonorously
orchestrated type families (the 20 founts of Univers). The many
tones of grey serve to articulate the diverse meanings in a large
printed work but they can also be used formally when printing
has to be evocative and dynamic.

Dans son interprétation, le typographe est facilement tenté de
donner au départ la prédominance au ton gris de l'écriture,
n'accordant ainsi à celle-ci qu'un rôle décoratif et esthétique.
Choisir la surface grise ou la tonalité de gris comme base de
l'interprétation, à laquelle toute la typographie devra s'adapter
et se soumettre, est signe d'un manque de maturité professionnelle. Une œuvre typographique peut renfermer le gris le
plus précieux et cependant accuser d'évidents défauts formels
et fonctionnels. Avant d'établir le rôle du gris, il convient donc
d'assurer la juste fonction de la composition.

Cette exigence une fois remplie, le typographe pourra passer
à d'autres recherches, à d'autres choix, et prendre en considération les divers moyens de créer le gris à l'aide de lignes,
d'ornements ou de caractères typographiques. La page
ci-contre montre quelques exemples de gris allant du noir
profond au gris clair – ce n'est là qu'une sélection très restreinte
si l'on considère les innombrables possibilités qui existent.
Pénétrons dans le domaine des effets optiques. Tous les signes
et formes sont imprimés à l'aide du même noir absolu, mais le
filet très fin crée le gris et de la juxtaposition de tels filets naît
une surface grise. Le même corps de caractères peut donner un
effet fort différent par illusion optique, selon l'interlettrage ou
l'interlignage choisi. Le noir produit donc pour l'œil toute
l'échelle des gris.

Ce même noir détient encore un autre pouvoir que le typographe ne doit pas ignorer: une valeur noire, si petite soit-elle
‹mange› le blanc il l'élimine et ‹se creuse› par rapport à la
surface blanche. Sur la page de droite, le carré noir forme un
trou sur la surface. Cette impression de relief en creux varie
selon l'intensité du gris ou du noir. Il existe autant de degrés en
relief en profondeur que de dégradés entre le noir et le blanc.
C'est ainsi que des effets optiques de profondeur peuvent
s'interposer et interrompre une surface blanche. Le rôle du
typographe est de bien connaître et de jouer avec cette richesse
de valeurs des gris, respectivement des creux.
Les exemples ci-contre vont de la composition en deux tons
de gris à celle où se déploie la plus grande diversité de nuances
grises.

Lorsqu'il est dépendant d'un domaine de l'information, le
typographe, même assujetti au texte de presse ou d'œuvre
littéraire, a la liberté d'interpréter sa composition dans un ton
gris plus ou moins clair ou foncé qu'il déterminera par son
choix des corps et des espacements. Par contre, pour les
impressions typographiques publicitaires, il pourra et devra
même faire appel à l'abondante richesse des gris à l'aide des
familles de caractères si expressives (mentionnons ici les
20 séries merveilleusement harmonisées de l'Univers) Si les
nombreux gris charpentent une composition parfois complexe
et en définissent les diverses significations, ils sont aussi des
moyens formels d'en exprimer le dynamisme et la force de
suggestion.

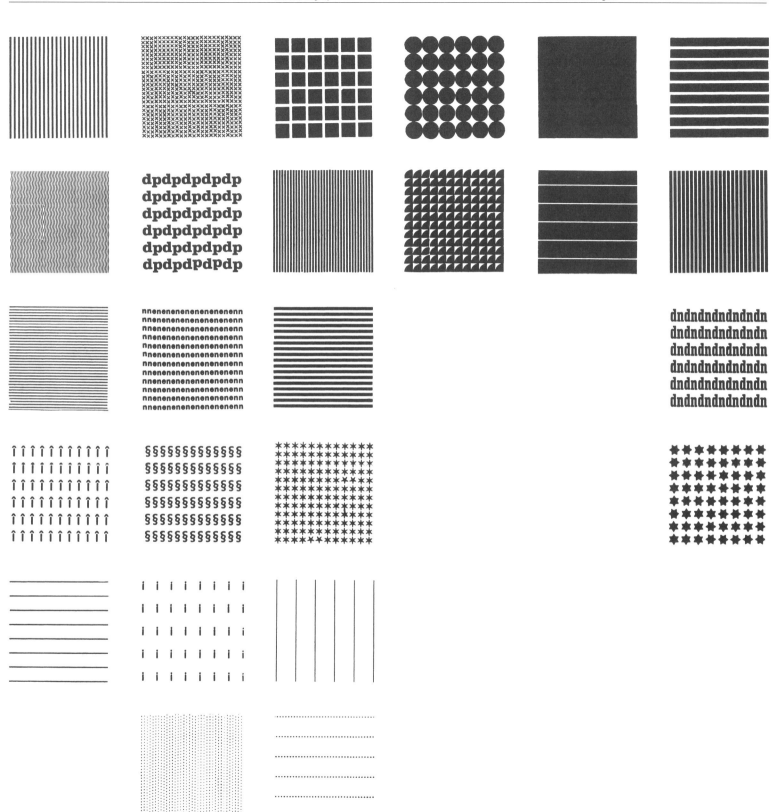

1

2

3

4

5

6

Seiten 146/147
Die Geschichte des Holzschnittes als Beispiel eines immer reicher werdenden Graueinsatzes. Der Weg führt vom linearen Stil (zur Kolorierung bestimmt) zum graureichen Holzschnitt der Renaissance.

Spielkarte, deutsch, um 1400.
Das 10. Gebot, aus dem ‹Seelenhort›, Augsburg 1478.
Christus als guter Hirte, um 1450.
Blockbuchausgabe der ‹Ars memorandi›, Beginn 15. Jahrhundert.
Das selbe Thema wie 4 in der Ausgabe von 1510.
Abendmahl aus dem ‹Schatzbehalter›, Nürnberg 1491.

Pages 146/147
The history of the woodcut shows how increasingly rich effects were obtained with grey tones. Development was from the linear style (intended for colouring) to the Renaissance woodcut with its rich tones of grey.

1 Playing card, German, c. 1400.
2 The Tenth Commandment, from the "Seelenhort", Augsburg 1478.
3 Christ the Good Shepherd, c. 1450.
4 Block book edition of the "Ars memorandi", beginning of 15th century.
5 The same subject as 4 in the 1510 edition.
6 The Lord's Supper from the "Schatzbehalter", Nuremberg 1491.

Pages 146/147
La gravure sur bois au cours des âges nous donne l'évolution du gris, dont la valeur va s'affirmant au fur et à mesure du perfectionnement de cette technique. Ce développement va du style linéaire (destiné à la coloration) à la riche gamme contenue dans la gravure sur bois de la Renaissance.

1 Carte à jouer, allemande, environ de 1400.
2 Le 10e commandement, tiré du ‹Seelenhort›, Augsbourg 1478.
3 Le Bon Berger, environ de 1450.
4 Impression tabellaire de l'‹Ars memorandi›, début du 15e siècle.
5 Même sujet que le précédent dans une édition datée de 1510.
6 Cène, tirée du ‹Schatzbehalter›, Nuremberg 1491.

7

Seite 148
Die Technik des Holzstiches ergibt die reichste Grauskala, und von hier bis zur Aufrasterung der Grautöne im Autotypieklischee ist ein kleiner Schritt.

7 Der wilde Stier von Chillingham, Thomas Bewick, 1789.

Seite 149
Möglichkeiten der typographischen Graustufen in einem Druckgang.

1 Linien in gleicher Stärke mit verschiedenem Abstand.
2 Linien in verschiedener Stärke mit gleichem Abstand.
3 Aufrasterung der Fläche im Autotypieklischee.
4 Abstufung der Schriftgrade.
5 Magerer, halbfetter und fetter Schnitt einer Groteskschrift.
6 Glatter Satz mit verschiedenem Durchschuß.

Page 148
The wood engraving yields the richest scale of greys and from here to the grey tones produced by the screen of the half-tone block is only a short step.

7 The wild bull of Chillingham, Thomas Bewick, 1789.

Page 149
Typographical gradations of grey obtainable in one printing process.

1 Lines of equal thickness with different distances between.
2 Lines of different thickness with the same distances between.
3 Screen surface of a half-tone block.
4 Gradation of type sizes.
5 Light, bold and extra-bold cutting of a sans-serif.
6 Composition with variable leading.

Page 148
La technique du bois gravé atteste la plus riche gamme de gris qui soit; de là il n'y a qu'un pas aux gris tramés des clichés d'autotypie.

7 Le taureau sauvage de Chillingham, Thomas Bewick, 1789.

Page 149
Possibilités d'utilisation des tons gris en typographie:

1 Lignes de même force avec espacements variés.
2 Lignes de force variée avec espacements équidistants.
3 Trame d'un cliché d'autotypie.
4 Echelle des corps de caractères.
5 Caractères Antiques maigres, mi-gras et gras.
6 Composition uniforme avec interlignage varié.

1

2

3

abcdefghiklmnopqrstuvwxyzabcdefghiklmnopqrstuvwxyzabcdefghiklmnopqrstuvwxyzabcdefghiklmnopq

abcdefghiklmnopqrstuvwxyzabcdefghiklmnopqrstuvwxyzabcdefghiklmnopqrstuvw

abcdefghiklmnopqrstuvwxyzabcdefghiklmnopqrstuvwxyzabcdefghiklmnopqrstuvw

abcdefghiklmnopqrstuvwxyzabcdefghiklmnopqrstuvwxyzabcdefghiklmn

abcdefghiklmnopqrstuvwxyzabcdefghiklmnopqrstuvwxyzabcdefghiklmn

abcdefghiklmnopqrstuvwxyz abcdefghiklmnopqrstuvwxyzabcd

abcdefghiklmnopqrstuvwxyz abcdefghiklmnopqrstuvwxyzabcd

abcdefghiklmnopqrstuvwxyzabcdef ghiklmnopqrst

abcdefghiklmnopqrstuvwxyzabcdef ghiklmnopqrst

abcdefghiklmnopqrstuvwxyz abcdefg hiklmno

abcdefghiklmnopqrstuvwxyz abcdefghiklmno

abcdefghijklmnopqrstuvwxyz abcdefg

abcdefghijklmnopqrstuvwxyzabcdefg

abcdefghiklmnopqrstuvwxyz

4

Das Formschaffen unserer Zeit steht im Zeichen der Darstellung des Grundsätzlichen, des Wesentlichen und Zweckhaften. Es ist stark gedanklich orientiert und zeigt als hauptsächlichen Grundzug ein Streben nach Verwirklichung des sachlich Notwendigen unter Zurückgehen auf möglichst einfache Mittel und Ausdrucksweisen. Das seit einigen Jahren den Städten Mittel-

Das Formschaffen unserer Zeit steht im Zeichen der Darstellung des Grundsätzlichen, des Wesentlichen und Zweckhaften. Es ist stark gedanklich orientiert und zeigt als hauptsächlichen Grundzug ein Streben nach Verwirklichung des sachlich Notwendigen unter Zurückgehen auf möglichst einfache Mittel und Ausdrucksweisen. Das seit einigen Jahren den

Das Formschaffen unserer Zeit steht im Zeichen der Darstellung des Grundsätzlichen, des Wesentlichen und Zweckhaften. Es ist stark gedanklich orientiert und zeigt als hauptsächlichen Grundzug ein Streben nach Verwirklichung des sachlich Notwendigen unter Zurückgehen auf möglichst einfache Mittel und Ausdrucksweisen. Das seit einigen Jahren den Städ-

5

stellt die sinnfälligsten Zeichen der heutigem Gestalten zu Grunde liegenden Gesinnung und Formanschauung. Wie dieser neue Formwille, auf einheitlichen Ausdruck ausgehend, sich in sämtlichen Erzeugnissen, die für Einrichtung und Ausstattung der Bauten in Betracht kommen, bis in alle Einzelheiten hinein formändernd auswirken mußte - seien es nun Möbel, Tapeten, Teppiche, Beleuchtungskörper, Dekorationsstoffe usw. -, so bemächtigte er sich auch der Schrift. Ein letztes Wort wurde auf diesem Gebiet durchaus nicht gesprochen, und so hielten wir es als eine mit ihrem Schriftschaffen auf die Erfordernisse der Zeit eingestellte Schriftgießerei für geboten, an der Lösung des Groteskproblems mitzuwirken. Was wir damals ins Auge faßten, war die Herausgabe einer auf Grund klassischer Schriftformen einfach, aber formschön und in klaren Verhältnissen gestalteten konstruktivenGrotesk, welche nicht nur den Bestrebungen der Gegenwart dienlich, sondern ein die Zeitströmungen überdauernder

6

typographischemonatsblättertypographischemonatsblättertypographischemonatsblättertypographischemonatsblättertypographischemonatsblättertypographischemonat
typographischemonatsblättertypographischemonatsblättertypographischemonatsblättertypographischemonatsblättertypographischemonatsblättertypographischemonat
typographischemonatsblättertypographischemonatsblättertypographischemonatsblättertypographischemonatsblättertypographischemonatsblättertypographischemonat
typographischemonatsblättertypographischemonatsblättertypographischemonatsblättertypographischemonatsblättertypographischemonatsblättertypographischemonat
typographischemonatsblättertypographischemonatsblättertypographischemonatsblättertypographischemonatsblättertypographischemonatsblättertypographischemonat
typographischemonatsblättertypographischemonatsblättertypographischemonatsblättertypographischemonatsblättertypographischemonatsblättertypographischemonat
typographischemonatsblättertypographischemonatsblättertypographischemonatsblättertypographischemonatsblättertypographischemonatsblättertypographischemonat
typographischemonatsblättertypographischemonatsblättertypographischemonatsblättertypographischemonatsblättertypographischemonatsblättertypographischemonat
typographischemonatsblättertypographischemonatsblättertypographischemonatsblättertypographischemonatsblättertypographischemonatsblättertypographischemonat
typographischemonatsblättertypographischemonatsblättertypographischemonatsblättertypographischemonatsblättertypographischemonatsblättertypographischemonat
typographischemonatsblättertypographischemonatsblättertypographischemonatsblättertypographischemonatsblättertypographischemonatsblättertypographischemonat
typographischemonatsblättertypographischemonatsblättertypographischemonatsblättertypographischemonatsblättertypographischemonatsblättertypographischemonat
typographischemonatsblättertypographischemonatsblättertypographischemonatsblättertypographischemonatsblättertypographischemonatsblättertypographischemonat
typographischemonatsblättertypographischemonatsblättertypographischemonatsblättertypographischemonatsblättertypographischemonatsblättertypographischemonat
typographischemonatsblättertypographischemonatsblättertypographischemonatsblättertypographischemonatsblättertypographischemonatsblättertypographischemonat
typographischemonatsblättertypographischemonatsblättertypographischemonatsblättertypographischemonatsblättertypographischemonatsblättertypogr
typographischemonatsblättertypographischemonatsblättertypographischemonatsblättertypographischemonatsblättertypographischemonatsblättertypogr
typographischemonatsblättertypographischemonatsblättertypographischemonatsblättertypographischemonatsblättertypographischemonatsblättertypogr
typographischemonatsblättertypographischemonatsblättertypographischemonatsblättertypographischemonatsblättertypographischemonatsblättertypogr
typographischemonatsblättertypographischemonatsblättertypographischemonatsblättertypographischemonatsblättertypographischemonatsblättertypogr
typographischemonatsblättertypographischemonatsblättertypographischemonatsblättertypographischemonatsblättertypographischemonatsblättertypogr
typographischemonatsblättertypographischemonatsblättertypographischemonatsblättertypographischemonatsblättertypographischemonatsblättertypogr
typographischemonatsblättertypographischemonatsblättertypographischemonatsblättertypographischemonatsblättertypographischemona
typographischemonatsblättertypographischemonatsblättertypographischemonatsblättertypographischemonatsblättertypographischemona
typographischemonatsblättertypographischemonatsblättertypographischemonatsblättertypographischemonatsblättertypographischemona
typographischemonatsblättertypographischemonatsblättertypographischemonatsblättertypographischemonatsblättertypographischemona
typographischemonatsblättertypographischemonatsblättertypographischemonatsblättertypographischemonatsblättertypographischemona
typographischemonatsblättertypographischemonatsblättertypographischemonatsblättertypographischemonatsblättertypographischemona
typographischemonatsblättertypographischemonatsblättertypographischemonatsblättertypographischemonatsblättertypographischemona
typographischemonatsblättertypographischemonatsblättertypographischemonatsblättertypogrrtypographischemonatsblättertypographischemonat
typographischemonatsblättertypographischemonatsblättertypographischemonatsblättertypogrrtypographischemonatsblättertypographischemonat
typographischemonatsblättertypographischemonatsblättertypographischemonatsblättertypogrrtypographischemonatsblättertypographischemonat
typographischemonatsblättertypographischemonatsblättertypographischemonatsblättertypogrrtypographischemonatsblättertypographischemonat
typographischemonatsblättertypographischemonatsblättertypographischemonatsblättertypogrrtypographischemonatsblättertypographischemonat
typographischemonatsblättertypographischemonatsblättertypographischemonatsblättertypogrrtypographischemonatsblättertypographischemonat
typographischemonatsblättertypographischemonatsblättertypographischemonatsblättertypogrrtypographischemonatsblättertypographischemonat
typographischemonatsblättertypographischemonatsblättertypographischemonatchemonatsblättertypographischemonatsblättertypographischemonat
typographischemonatsblättertypographischemonatsblättertypographischemonatchemonatsblättertypographischemonatsblättertypographischemonat
typographischemonatsblättertypographischemonatsblättertypographischemonatchemonatsblättertypographischemonatsblättertypographischemonat
typographischemonatsblättertypographischemonatsblättertypographischemonatchemonatsblättertypographischemonatsblättertypographischemonat
typographischemonatsblättertypographischemonatsblättertypographischemonatchemonatsblättertypographischemonatsblättertypographischemonat
typographischemonatsblättertypographischemonatsblättertypographischemonatchemonatsblättertypographischemonatsblättertypographischemonat
typographischemonatsblättertypographischemonatsblättertypographischemonatchemonatsblättertypographischemonatsblättertypographischemonat
typographischemonatsblättertypographischemonatsblättertypographischemonatchemonatsblättertypographischemonatsblättertypographischemonat
typographischemonatsblättertypographischemonatsblättertypographischemonatsblättertypogsblättertypographischemonatsblättertypographischemonatsblättertypographischemonat
typographischemonatsblättertypographischemonatsblättertypographischemonatsblättertypogsblättertypographischemonatsblättertypographischemonatsblättertypographischemonat
typographischemonatsblättertypographischemonatsblättertypographischemonatsblättertypogsblättertypographischemonatsblättertypographischemonatsblättertypographischemonat
typographischemonatsblättertypographischemonatsblättertypographischemonatsblättertypogsblättertypographischemonatsblättertypographischemonatsblättertypographischemonat
typographischemonatsblättertypographischemonatsblättertypographischemonatsblättertypogsblättertypographischemonatsblättertypographischemonatsblättertypographischemonat
typographischemonatsblättertypographischemonatsblättertypographischemonatsblättertypogsblättertypographischemonatsblättertypographischemonatsblättertypographischemonat
typographischemonatsblättertypographischemonatsblättertypographischemonatsblättertypogsblättertypographischemonatsblättertypographischemonatsblättertypographischemonat
typographischemonatsblättertypographischemonatsblättertypographischemonatsblättertypogsblättertypographischemonatsblättertypographischemonatsblättertypographischemonat

typographischemonatsblättertypographischemonatsb
typographischemonatsblättertypographischemonatsb
typographischemonatsblättertypographischemonatsb
typographischemonatsblättertypographischemonatsb
typographischemonatsblättertypographischemonatsb
typographischemonatsblättertypographischemonatsb
typographischemonatsblättertypographischemonatsb
typographischemonatsblättertypographischemonatsb
typographischemonatsblättertypogr
typographischemonatsblättertypogr
typographischemonatsblättertypogr
typographischemonatsblättertypogr
typographischemonatsblättertypogr
typographischemonatsblättertypogr
typographischemonatsblättertypogr
typographischem
typographischem
typographischem
typographischem
typographischem
typographischem
typographischem
typographischem

chemonatsblättertypographischemonatsblättertypographischemonat
chemonatsblättertypographischemonatsblättertypographischemonat
chemonatsblättertypographischemonatsblättertypographischemonat
chemonatsblättertypographischemonatsblättertypographischemonat
chemonatsblättertypographischemonatsblättertypographischemonat
chemonatsblättertypographischemonatsblättertypographischemonat
chemonatsblättertypographischemonatsblättertypographischemonat
chemonatsblättertypographischemonatsblättertypographischemonat
rtypographischemonatsblättertypographischemonat
rtypographischemonatsblättertypographischemonat
rtypographischemonatsblättertypographischemonat
rtypographischemonatsblättertypographischemonat
rtypographischemonatsblättertypographischemonat
rtypographischemonatsblättertypographischemonat
rtypographischemonatsblättertypographischemonat
rtypographischemonatsblättertypographischemonat
monatsblättertypographischemonat
monatsblättertypographischemonat
monatsblättertypographischemonat
monatsblättertypographischemonat
monatsblättertypographischemonat
monatsblättertypographischemonat
monatsblättertypographischemonat
monatsblättertypographischemonat
monatsblättertypographischemonat

ol**iv**etti**iv**reaol**iv**etti**iv**reaol**iv**etti**iv**reaol**iv**etti**iv**rea
ol**iv**etti**iv**reaol**iv**etti**iv**reaol**iv**etti**iv**reaol**iv**etti**iv**rea
ol**iv**etti**iv**reaol**iv**etti**iv**reaol**iv**etti**iv**reaol**iv**etti**iv**rea
ol**iv**etti**iv**reaol**iv**etti**iv**reaol**iv**etti**iv**reaol**iv**etti**iv**rea
ol**iv**etti**iv**reaol**iv**etti**iv**reaol**iv**etti**iv**reaol**iv**etti**iv**rea
ol**iv**etti**iv**reaol**iv**etti**iv**reaol**iv**etti**iv**reaol**iv**etti**iv**rea
ol**iv**etti**iv**reaol**iv**etti**iv**reaol**iv**etti**iv**reaol**iv**etti**iv**rea
ol**iv**etti**iv**reaol**iv**etti**iv**reaol**iv**etti**iv**reaol**iv**etti**iv**rea
ol**iv**etti**iv**reaol**iv**etti**iv**reaol**iv**etti**iv**reaol**iv**etti**iv**rea
ol**iv**etti**iv**reaol**iv**etti**iv**reaol**iv**etti**iv**reaol**iv**etti**iv**rea
ol**iv**etti**iv**reaol**iv**etti**iv**reaol**iv**etti**iv**reaol**iv**etti**iv**rea
ol**iv**etti**iv**reaol**iv**etti**iv**reaol**iv**etti**iv**reaol**iv**etti**iv**rea
ol**iv**etti**iv**reaol**iv**etti**iv**reaol**iv**etti**iv**reaol**iv**etti**iv**rea
ol**iv**etti**iv**reaol**iv**etti**iv**reaol**iv**etti**iv**reaol**iv**etti**iv**rea
ol**iv**etti**iv**reaol**iv**etti**iv**reaol**iv**etti**iv**reaol**iv**etti**iv**rea

JazzJazz**Jazz**Jazz**Jazz**_Jazz_Jazz_Jazz_**Jazz**

JazzJazz**Jazz**Jazz**Jazz**_Jazz_Jazz_Jazz_**Jazz**

JazzJazz**Jazz**Jazz**Jazz**_Jazz_Jazz_Jazz_**Jazz**

JazzJazz**Jazz**Jazz**Jazz**_Jazz_Jazz_Jazz_**Jazz**

JazzJazz**Jazz**Jazz**Jazz**_Jazz_Jazz_Jazz_**Jazz**

JazzJazz**Jazz**Jazz**Jazz**_Jazz_Jazz_Jazz_**Jazz**

JazzJazz**Jazz**Jazz**Jazz**_Jazz_Jazz_Jazz_**Jazz**

JazzJazz**Jazz**Jazz**Jazz**_Jazz_Jazz_Jazz_**Jazz**

JazzJazz**Jazz**Jazz**Jazz**_Jazz_Jazz_Jazz_**Jazz**

JazzJazz**Jazz**Jazz**Jazz**_Jazz_Jazz_Jazz_**Jazz**

JazzJazz**Jazz**Jazz**Jazz**_Jazz_Jazz_Jazz_**Jazz**

JazzJazz**Jazz**Jazz**Jazz**_Jazz_Jazz_Jazz_**Jazz**

JazzJazz**Jazz**Jazz**Jazz**_Jazz_Jazz_Jazz_**Jazz**

JazzJazz**Jazz**Jazz**Jazz**_Jazz_Jazz_Jazz_**Jazz**

JazzJazz**Jazz**Jazz**Jazz**_Jazz_Jazz_Jazz_**Jazz**

JazzJazz**Jazz**Jazz**Jazz**_Jazz_Jazz_Jazz_**Jazz**

JazzJazz**Jazz**Jazz**Jazz**_Jazz_Jazz_Jazz_**Jazz**

JazzJazz**Jazz**Jazz**Jazz**_Jazz_Jazz_Jazz_**Jazz**

JazzJazz**Jazz**Jazz**Jazz**_Jazz_Jazz_Jazz_**Jazz**

JazzJazz**Jazz**Jazz**Jazz**_Jazz_Jazz_Jazz_**Jazz**

JazzJazz**Jazz**Jazz**Jazz**_Jazz_Jazz_Jazz_**Jazz**

JazzJazz**Jazz**Jazz**Jazz**_Jazz_Jazz_Jazz_**Jazz**

JazzJazz**Jazz**Jazz**Jazz**_Jazz_Jazz_Jazz_**Jazz**

JazzJazz**Jazz**Jazz**Jazz**_Jazz_Jazz_Jazz_**Jazz**

JazzJazz**Jazz**Jazz**Jazz**_Jazz_Jazz_Jazz_**Jazz**

JazzJazz**Jazz**Jazz**Jazz**_Jazz_Jazz_Jazz_**Jazz**

JazzJazz**Jazz**Jazz**Jazz**_Jazz_Jazz_Jazz_**Jazz**

JazzJazz**Jazz**Jazz**Jazz**_Jazz_Jazz_Jazz_**Jazz**

JazzJazz**Jazz**Jazz**Jazz**_Jazz_Jazz_Jazz_**Jazz**

ovomaltineovomaltineovomaltineovomaltine**ovomaltine**ovomaltine**ovomaltine**ovomaltine**ovomaltine**ovomaltine**ovomaltine**
ovomaltineovomaltineovomaltineovomaltine**ovomaltine**ovomaltine**ovomaltine**ovomaltine**ovomaltine**ovomaltine**ovomaltine**
ovomaltineovomaltineovomaltineovomaltine**ovomaltine**ovomaltine**ovomaltine**ovomaltine**ovomaltine**ovomaltine**ovomaltine**
ovomaltineovomaltineovomaltineovomaltine**ovomaltine**ovomaltine**ovomaltine**ovomaltine**ovomaltine**ovomaltine**ovomaltine**
ovomaltineovomaltineovomaltineovomaltine**ovomaltine**ovomaltine**ovomaltine**ovomaltine**ovomaltine**ovomaltine**ovomaltine**
ovomaltineovomaltineovomaltineovomaltine**ovomaltine**ovomaltine**ovomaltine**ovomaltine**ovomaltine**ovomaltine**ovomaltine**

(the word "ovomaltine" is repeated across the entire page in alternating bold and regular weights to demonstrate shades of grey)

a u s

b il d

u n g

UniversUniversUniversUnivers
UniversUniversUniversUnivers
UniversUniversUniversUnivers
UniversUniversUniversUnivers
UniversUniversUniversUnivers
UniversUniversUniversUnivers
UniversUniversUniversUnivers
UniversUniversUniversUnivers
UniversUniversUniversUnivers
UniversUniversUniversUnivers
UniversUniversUniversUnivers
UniversUniversUniversUnivers
UniversUniversUniversUnivers
UniversUniversUniversUnivers
UniversUniversUniversUnivers
UniversUniversUniversUnivers
UniversUniversUniversUnivers
UniversUniversUniversUnivers
UniversUniversUniversUnivers
UniversUniversUniversUnivers
UniversUniversUniversUnivers
UniversUniversUniversUnivers
UniversUniversUniversUnivers
UniversUniversUniversUnivers
UniversUniversUniversUnivers
UniversUniversUniversUnivers
UniversUniversUniversUnivers

Farbe

Colour

Couleur

Das typographische Material, Typen, Linien, Schmuck, verhält sich der Farbe gegenüber eher spröde. Die wesentliche typographische Farbe ist Schwarz, mit einer unübersehbar reichen Grauskala, verursacht durch unterschiedliche Typengrößen und -fetten, durch verschiedene Abstände und Sperrungen. Zu diesem Schwarz können leuchtende Farben in Beziehung gebracht werden, vor allem Rot. Kein dumpfes oder bläuliches Rot, sondern ein gelbliches, helles, leuchtendes Rot. Es ist das Rot der Wiegendrucke, in kleiner Menge als Initiale oder Alineazeichen einer größeren Schwarz- oder Graufläche gegenübergestellt. Die starke Farbwirkung wird nur durch große und fette Typen ermöglicht: kleine und magere Typen hemmen die Farbwirkung: Rot verblaßt zu Rosa, Gelb läuft auf der weißen Fläche aus, Blau kann nicht mehr von Schwarz unterschieden werden. Rot ist die eigentliche typographische Buntfarbe schon während Jahrhunderten, und die folgenden Beispiele befassen sich mit dem Einsetzen von Rot in ein Druckwerk. Die Dosierung von Rot darf nicht dem Zufall überlassen werden.

Gerade hier, wie in allen Gebieten der Typographie, soll auf klare Proportionen geachtet werden. Eine bunte Farbe soll zu Schwarz in einem Spannungsverhältnis stehen, in einem Verhältnis, das schon im ersten Entwurf eines Druckwerks klar in Erscheinung tritt. Rot kann dominieren, das heißt in großer Menge zu einer kleinen Menge Schwarz stehen, was dieser Farbe, die sich andern Farben nicht gerne unterordnet und herrschsüchtig ist, im innersten Wesen entspricht. Eine kleine Menge Rot aber, zu viel Schwarz und in größte Nähe von Schwarz gestellt, gewinnt an Kostbarkeit und Leuchtkraft. Sie ist, wie Augusto Giacometti treffend sagt: der Sonntag in der Reihe der grauen Alltage, das Fest. Man vermeide das Zusammenführen zweier Farben in gleicher Menge, wodurch eine unangenehme Rivalität zwischen den zwei Farben entsteht. Das Kräfteverhältnis ist nicht geklärt, und das Auge kann den dominierenden Farbton nicht ermitteln.

Zu den Beispielen auf Seite 159:
1 bis 9 Überleitung einer kleinen Menge Rot zum dominierenden Rot.
1 Gutes Spannungsverhältnis Schwarz-Rot. Rot ist durch die kleine Menge kostbar geworden.
2 Schon etwas unklares Verhältnis Schwarz-Rot. Rot steht zu Schwarz wohl noch in kleinerer Menge, springt aber über seine Grenzen und beansprucht mehr Wirkung, als ihm zukommt.
3 Gleichgewicht Schwarz-Rot durch die Aggressivität des Rots leicht gestört. Das Auge empfindet die Rivalität der beiden Farben als unangenehm.
4 Das umgekehrte Mengenverhältnis von 2, aber durch die Überstrahlung von Rot in im klareren Spannungsverhältnis.
5 Eindeutiges Dominieren von Rot.
6 Klare Schwarzwirkung und klare Rotwirkung.
7 Schwächung der Schwarzwirkung durch lineare Form, Verstärkung von Rotwirkung durch Einbau in Schwarz.
8 bis 11 Schwächung von Schwarz- und Rotwirkung durch Aufsplitterung.
8 Eindeutige Farbwirkungen
9 Beginn der Schwächung von Rot und Schwarz.
10 Weitere Aufsplitterung von Rot und Schwarz.
11 Die Aufsplitterung läßt keine eindeutige Farbwirkung mehr zu. Das Auge vermischt Rot und Schwarz in der Richtung zu Braun.
12 Rotwirkung bedroht durch die zu kleine Menge Rot; die zu große Schwarzmenge erstickt das Rot.
13 Verstärkung der Rotwirkung.
14 Gutes Spannungsverhältnis Schwarz-Rot. Die Rotmenge kann sich gegenüber dem dominierenden Schwarz behaupten.
15 und 16 Schwächung der Rotmenge von 14 durch Auflösung. Die Rotwirkung ist gestört, und auch die Schwarzwirkung ist leicht geschwächt.
17 Dominierendes Rot zu einer klaren Schwarzwirkung gestellt.
18 Die Schwarzwirkung von 17 aufgelöst, dadurch Verzicht auf klare Farbwirkungen.
19 Dominierendes Rot zu einer kleinen Schwarzmenge gestellt, die sich noch knapp behaupten kann.
20 Schwächung der Schwarzwirkung von 19 durch lineare Anordnung.
21 Weitere Schwächung der Schwarzwirkung durch Auflösung.

The typographer's material-type, lines, ornamentation-does not take readily to colour. Black is the paramount colour in typography, and there is an almost infinite scale of grey tones derived from the different sizes and thicknesses of the type, and from the different spaces and gaps. This black goes very well with brilliant colours, red in particular. Not a dull, bluish red, but a bright, gleaming, yellowish red. It is the red of the incunabula, used sparingly in initial letters or paragraph marks and contrasting with the larger area of black or grey. But colour can only be used to effect if the type is large and bold; small and light type works against colour: red pales to pink, yellow seeps out of the white surface, blue becomes indistinguishable from black. Red is the really bright colour in typography, and has been for centuries, and the following examples are concerned with the use of red in a printed work. But the amount of red to be used cannot be left to chance.

Here again, as in every department of typography, proportions must be clearly thought out. There should be tension between a bright colour and black, and this tension should be clearly apparent in the first draft of a printed work. Red can dominate, i.e. a large amount of it can be juxtaposed to a small quantity of black, and this lies very much in the nature of red, which is not a colour that likes to truckle to others but is imperious by disposition. But a small amount of red, placed near too much black, gains in richness and luminosity. As Augusto Giacometti says so pertinently: it is the Sunday in a row of grey weekdays: it is the festival. The juxtaposition of two colours in equal quantities is something to be avoided; it sets up an uncomfortable rivalry. It is not clear what the pattern of forces is between the colours, and the eye cannot decide which colour tone is the dominant one.

Notes on examples on page 159:
1 to 9 Transition from a small quantity of red to red as the dominant colour.
1 The tension between black and red is good. Being small in quantity, the value of the red is enhanced.
2 The relationship between black and red is already a little equivocal. True, there is less red than black, but it bursts its bounds and makes a greater impact than it should.
3 The equilibrium between black and red is slightly upset by the aggressive nature of the red. The rivalry between the two colours conveys an impression of unease to the eye.
4 The same quantities as 2 but reversed. But the red outshines the black and creates a clear pattern of tension.
5 Red definitely in the ascendancy.
6 Black creates a definite effect; so does red.
7 The black effect is weakened by linear form; the red effect is intensified by being boxed in the black.
8 to 11 Attenuation of black and red effect by fragmentation.
8 Unequivocal colour effects.
9 Incipient attenuation of red and black.
10 Further fragmentation of red and black.
11 The fragmentation is no longer compatible with an unequivocal colour effect. The eye mixes red and black and tends to make brown of them.
12 The red effect is compromised by too small a quantity; the excessive quantity of black overwhelms the red.
13 Intensification of the red effect.
14 Good pattern of tension between black and red. The red can more than hold its own against the dominant black.
15 and 16 The quantity of red in 14 is attenuated by diffusion. The red effect is destroyed and the black effect is slightly weakened.
17 Dominant red opposed to an unequivocal black effect.
18 The quantity of black of 17 diffused, thereby forfeiting unequivocal colour effects.
19 Dominant red opposed to a small quantity of black, which can still just hold its own.
20 Weakening of the black effect of 19 by linear arrangement.
21 Further weakening of the black effect by diffusion.

Le matériel typographique, caractères, lignes, ornements, sont des moyens plutôt timides auprès de la couleur. Le colorant typographique fondamental est le noir avec, presque insaisissable dans sa richesse, toute la gamme des gris qu'engendrent les multiples corps des caractères et les divers espacements. Des couleurs lumineuses peuvent être mises en contact avec ce noir. Le rouge, par exemple, occupe une place privilégiée dans cette confrontation: non pas un rouge bleuté, étouffé, mais un rouge jaunâtre, clair, éclatant. Le rouge des incunables en petites touches dans les initiales ou les signes-alinéas, opposé aux grandes surfaces noires ou grises. La violence de l'effet chromatique est donnée par les caractères grands et gras les caractères petits et maigres paralysent cette action de la couleur. Ainsi le rouge pâlira jusqu'au rose, le jaune se diluera dans la surface blanche, le bleu ne se distinguera plus du noir. Dans la chromotypie typographique, le rouge est depuis des siècles la couleur par excellence. Les exemples suivants traiter de cette mise en place du rouge dans une œuvre typographiqu et montrent que le dosage de cette couleur ne doit pas être laissé au hasard.

Là encore, comme dans tous les domaines de la typographie, justes proportions doivent être gardées. Une couleur doit s'opposer au noir dans un certain rapport de tension, dans un rapport qui apparaisse évident dès la première maquette. Le rouge peut régner, c'est-à-dire être en plus grand apport que le noir, ce qui correspond à son caractère dominateur qui ne se laisse pas facilement assujettir. Mais une touche de rouge, auprès d'un grand aplat noir, gagne en valeur et en luminosité Elle devient, comme le disait si pertinemment Auguste Giacometti: ‹Un dimanche dans la grisaille quotidienne, une fête.› Que l'on évite cette rivalité déplaisante qu'engendre l'affronte ment de couleurs en quantité égale. Le rapport des forces ne serait pas résolu et l'œil ne saurait à quelle nuance accorder la prédominance.

Exemples page 159:
1 à 9 Passage d'une touche de rouge à un rouge dominant.
1 Juste rapport de tension entre le noir et le rouge. Par sa petite quantité, le rouge est rendu précieux.
2 Un rapport plus confus entre le noir et le rouge. Le rouge est inférieur en quantité au noir, mais outrepasse déjà ses limites revendique un effet qui lui est dénié.
3 Equilibre noir-rouge légèrement perturbé par l'agressivité du rouge. La rivalité des deux couleurs est déplaisante à l'œil.
4 Rapport de quantité inversé en référence au 2, mais cepender dans un lien de tension plus clair dû à la surintensité du rouge
5 Le rouge domine clairement.
6 Effet du rouge et du noir bien déterminé.
7 Faiblesse du noir due à la forme linéaire. L'effet du rouge est renforcé par son incorporation au noir.
8 à 11 Rouge et noir affaiblis par le morcellement des couleurs.
8 Effet bien déterminé des couleurs.
9 Début d'affaiblissement du rouge et du noir.
10 Autre morcellement du rouge et du noir.
11 Le morcellement entrave l'effet des coloris. Pour l'œil, le roug et le noir s'acheminent vers le brun.
12 Effet du rouge menacé, étouffé par un trop grand aplat noir.
13 Renforcement du rouge.
14 Bon rappon de tension entre le noir et le rouge. Le rouge s'affirme dans une juste proportion face au noir dominant.
15 et 16 Le même rouge qu'à la fig. 14 est ici affaibli, parce que dilué. L'effet de coloris s'en trouve ralenti. Le noir, de même, est légèrement affaibli.
17 Rouge dominant un noir clairement défini.
18 Dans une même proportion qu'à la fig. 17, le noir est ici dilué et renonce à une définition claire.
19 Rouge dominant confronté à un peu de noir, qui parvient de justesse à s'affirmer.
20 Même noir qu'à la fig. 19, mais affaibli par une division linéaire.
21 Faiblesse du noir encore accentuée par dilution.

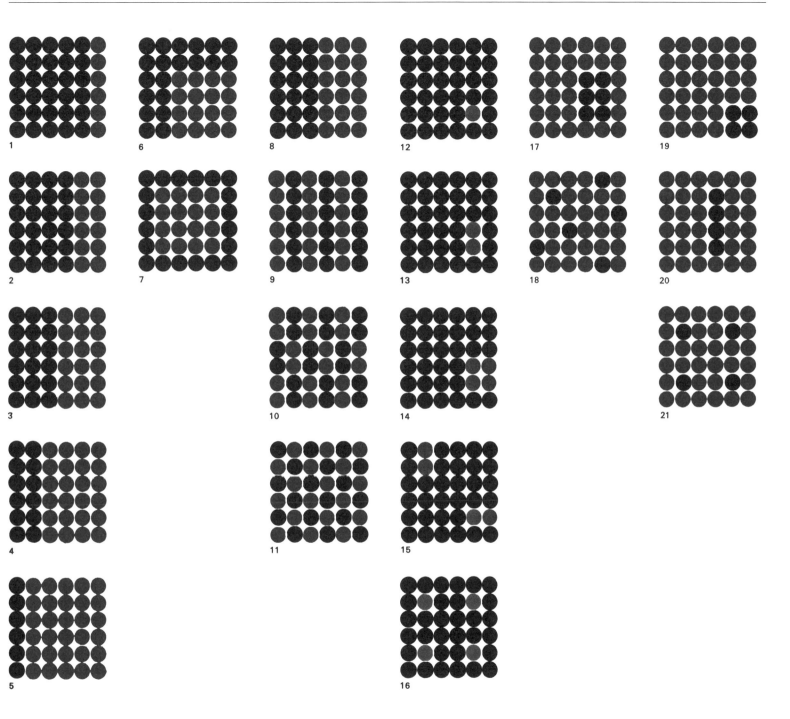

1

6

8

12

17

19

2

7

9

13

18

20

3

10

14

21

4

11

15

5

16

1

ausstellung
dänische werkkunst der gegenwart
kunsthalle basel
23. august
bis 4. september 1962
geöffnet
werktags und sonntags
eintritt fr. 1.-
führungen
werden in der presse
bekanntgegeben
bahnbillette
mit ausstellungsstempel
gelten einfach für
retour
militär und schulen zahlen
halbe preise

2

ausstellung
dänische werkkunst der gegenwart
kunsthalle basel
23. august
bis 4. september 1962
geöffnet
werktags und sonntags
eintritt fr. 1.-
führungen
werden in der presse
bekanntgegeben
bahnbillette
mit ausstellungsstempel
gelten einfach für
retour
militär und schulen zahlen
halbe preise

3

ausstellung
dänische werkkunst der gegenwart
kunsthalle basel
23. august
bis 4. september 1962
geöffnet
werktags und sonntags
eintritt fr. 1.-
führungen
werden in der presse
bekanntgegeben
bahnbillette
mit ausstellungsstempel
gelten einfach für
retour
militär und schulen zahlen
halbe preise

7

ausstellung
dänische werkkunst der gegenwart
kunsthalle basel
23. august
bis 4. september 1962
geöffnet
werktags und sonntags
eintritt fr. 1.-
führungen
werden in der presse
bekanntgegeben
bahnbillette
mit ausstellungsstempel
gelten einfach für
retour
militär und schulen zahlen
halbe preise

8

ausstellung
dänische werkkunst der gegenwart
kunsthalle basel
23. august
bis 4. september 1962
geöffnet
werktags und sonntags
eintritt fr. 1.-
führungen
werden in der presse
bekanntgegeben
bahnbillette
mit ausstellungsstempel
gelten einfach für
retour
militär und schulen zahlen
halbe preise

9

ausstellung
dänische werkkunst der gegenwart
kunsthalle basel
23. august
bis 4. september 1962
geöffnet
werktags und sonntags
eintritt fr. 1.-
führungen
werden in der presse
bekanntgegeben
bahnbillette
mit ausstellungsstempel
gelten einfach für
retour
militär und schulen zahlen
halbe preise

1 bis 6 Aufteilung zweier Grauwerte in einer einfarbigen Arbeit.
1 Arbeit in einem Grauwert. Eine Schwarzwirkung ist durch die
  magere Schrift nicht möglich.
2 Einführung von Schwarz. Die Schwarzmenge ist gegenüber
  der Graumenge zu klein.
3 Beginn einer klaren Auseinandersetzung Schwarz-Grau.
4 Die Schwarzwirkung ist gegenüber der restlichen Grauwirkung
  gesichert.
5 Beginn eines unklaren Verhältnisses Schwarz-Grau.
6 Schwarz und Grau in Gleichgewichtslage, wobei das Grau von
  der überlagerten Schwarzmenge bedrängt wird. Ungeklärtes
  Kräfteverhältnis.

1 to 6 Division of two tones of grey in a monochrome work.
1 Work in one tone of grey. A black effect is precluded by the
  lean type.
2 Introduction of black. The amount of black is too small compared with the amount of grey.
3 Beginning of a clear confrontation between black and grey.
4 The black effect is secured against the residual grey effect.
5 The relationship between black and grey begins to be equivocal.
6 Black and grey in equilibrium, but the grey is under pressure
  from the superposed black. The pattern of forces is not clear.

1 à 6 Répartition de deux tons de gris dans un ouvrage monochrome.
1 Impression en un seul ton de gris. Emploi de caractères maig
  effet de noir exclu.
2 Introduction du noir, en trop petite quantité par rapport au gri
3 Début d'une clair opposition noir-gris.
4 Par rapport au gris, l'effet noir est assuré.
5 Début de rapport confus entre le noir et le gris.
6 Position d'équilibre entre le noir et le gris, mais le rapport res
  confus; le gris subit la surcharge du noir.

ausstellung
dänische werkkunst der gegenwart
kunsthalle basel
23. august
bis 4. september 1962
geöffnet
werktags und sonntags
eintritt fr. 1.-
führungen
werden in der presse
bekanntgegeben
bahnbillette
mit ausstellungsstempel
gelten einfach für
retour
militär und schulen zahlen
halbe preise

4

ausstellung
dänische werkkunst der gegenwart
kunsthalle basel
23. august
bis 4. september 1962
geöffnet
werktags und sonntags
eintritt fr. 1.-
führungen
werden in der presse
bekanntgegeben
bahnbillette
mit ausstellungsstempel
gelten einfach für
retour
militär und schulen zahlen
halbe preise

5

ausstellung
dänische werkkunst der gegenwart
kunsthalle basel
23. august
bis 4. september 1962
geöffnet
werktags und sonntags
eintritt fr. 1.-
führungen
werden in der presse
bekanntgegeben
bahnbillette
mit ausstellungsstempel
gelten einfach für
retour
militär und schulen zahlen
halbe preise

6

ausstellung
dänische werkkunst der gegenwart
kunsthalle basel
23. august
bis 4. september 1962
geöffnet
werktags und sonntags
eintritt fr. 1.-
führungen
werden in der presse
bekanntgegeben
bahnbillette
mit ausstellungsstempel
gelten einfach für
retour
militär und schulen zahlen
halbe preise

10

ausstellung
dänische werkkunst der gegenwart
kunsthalle basel
23. august
bis 4. september 1962
geöffnet
werktags und sonntags
eintritt fr. 1.-
führungen
werden in der presse
bekanntgegeben
bahnbillette
mit ausstellungsstempel
gelten einfach für
retour
militär und schulen zahlen
halbe preise

11

ausstellung
dänische werkkunst der gegenwart
kunsthalle basel
23. august
bis 4. september 1962
geöffnet
werktags und sonntags
eintritt fr. 1.-
führungen
werden in der presse
bekanntgegeben
bahnbillette
mit ausstellungsstempel
gelten einfach für
retour
militär und schulen zahlen
halbe preise

12

bis 12 Zuführung von Rot in eine Arbeit mit zwei Grauwerten.
Rot verblaßt durch die magere Schrift zu Rosa. Rotwirkung zu
schwach.
Rotwirkung duch die fette Schrift gesichert, aber in der Menge
zu klein. Zweiklang Rot-Grau, es fehlt Schwarz, um das Rot
leuchtend zu machen.
Rot-, Schwarz- und Grauwirkung gesichert, Rot und Schwarz
aber in zu kleiner Menge.
Rotwirkung in Spannung zu Schwarz und zu Grau. Die Rot-
menge ist etwas zu klein.
Eindeutige Wirkung von Rot, Schwarz und Grau in guten
Proportionen.
Schwarzmenge zur Graumenge beinahe im Gleichgewicht.
Ungeklärte Mengenverhältnisse.

7 to 12 Introduction of red into a work with two tones of grey.
7 The lean typeface causes the red to pale to pink. The red effect
is too weak.
8 The bold typeface assures the effectiveness of the red but the
quantity is too small.
Two-colour system of red and grey. There is no black to give
the brilliance.
9 Red, black and grey effect assured, but the quantities of red and
black are too small.
10 Red effect contrasting with black and grey. The amount of red
is a little too small.
11 Unequivocal effects of red, black and grey in good proportions.
12 The quantities of black and grey are about balanced. The
relationship between the quantities needs clarification.

7 à 12 Adjonction de rouge dans une impression comportant
deux tons de gris.
7 Les caractères maigres font pâlir le rouge qui devient rose. Effet
du rouge affaibli.
8 Les caractères gras assurent l'effet du rouge, malgré sa trop
petite quantité. Duo rouge-gris; le noir manque pour faire luire
le rouge.
9 Effet rouge-noir-gris; le rouge et le noir en quantité cependant
insuffisante.
10 Tension entre le noir et le gris, qui «mangent» le rouge.
11 Effets rouge-noir-gris séparés et s'équilibrant.
12 Equilibre presque atteint entre le noir et le gris, mais le rapport
reste obscur.

**tm
typographische
monatsblätter
sgm
schweizer
graphische
mitteilungen
rsi
revue suisse
de l'imprimerie
nr. 3 1966**

Rechnungsformular Verlag Arthur Niggli AG. Rot in der denkbar kleinsten Menge eingesetzt, in nächster Nähe von Schwarz. Das kleine Rot wird leuchtend und kostbar. Klare Wertverhältnisse zwischen Rot, Schwarz und Grau.
Linke Seite: Zeitschriftenumschlag ‹Typographische Monatsblätter›. Rot flächig und eindeutig dominierend eingesetzt. Die fette Schrift in die Nähe der roten Fläche gestellt, damit der kleine geballte Schwarzwert zur Steigerung der Leuchtkraft des Rot beiträgt. Es empfiehlt sich, die Schriftgruppe abzudecken, um den Qualitätsverlust des Rot festzustellen.

Bill form for Arthur Niggli Ltd., Publishers. The minutest trace of red has been added very close to the black. This touch of red is brilliant and rich in its effect. The relationship between red, black and grey is clear and definite. Left page: Magazine cover "Typographische Monatsblätter". An area of red has been introduced and is quite definitely dominant. Bold type has been placed near the area of red so that the concentrated black values help to bring out the brilliance of the red. Cover up the lettering and see how the red loses its quality.

Formulaire de facture de la maison d'Edition Arthur Niggli S.A. Très voisine du noir, la touche de rouge est valorisée et lumineuse. Rapports clairs entre le rouge, le noir et le gris. Page de gauche: Couverture de périodique ‹Revue suisse de l'imprimerie›. Aplat rouge dominant. Toute proche: inscription en caractères noirs gras pour rehausser la luminosité du rouge. En masquant l'inscription, on jugera de la perte de valeur du rouge.

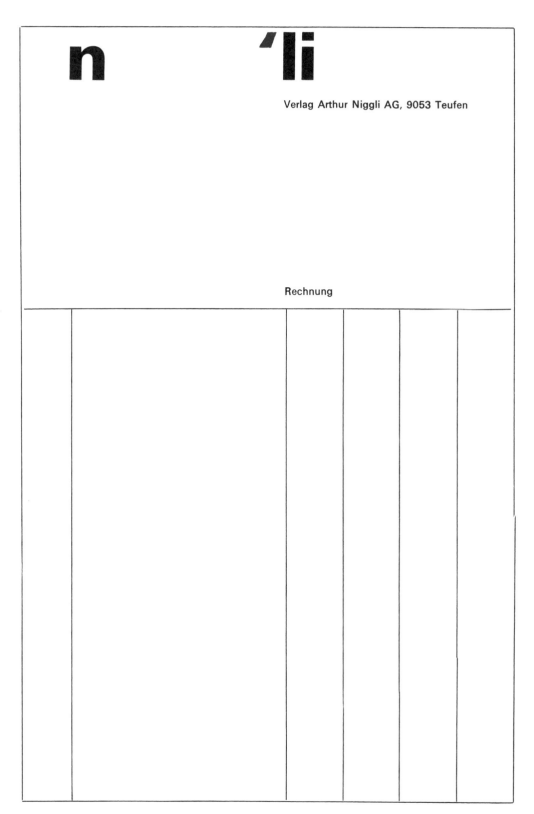

abcdefghiklmnopqrstu

a   e   o   u

Rechte Seite: Ein neuer Farbton kann durch Mischen, durch die materielle Durchdringung zweier Ausgangsfarben entstehen: Gelb und Blau ergeben Grün. Werden gelbe und blaue Farbflecken unverbunden nebeneinander gesetzt oder werden gelbe und blaue Linien überkreuzt, so mischen sich diese Farben auf der Netzhaut des Auges zu einem schwebenden und vibrierenden Grün. Diese optische Mischung ergibt eine aktive Beteiligung des Betrachters am Mischprozess.

Right-hand page: An additional colour may arise by mixing, or by superimposing one primary colour over another, i.e. yellow and blue result in green. Should areas of yellow and blue be placed close together without actually touching, similarly should yellow and blue lines cross each other, then the two colours become mixed on the retino of the eye into a vibrant green. An optical mixing of colours such as this leads to an active part in the process.

Page de droite: Une nouvelle couleur peut-être obtenue par mélange, par interpénétration de deux couleurs complémentaires: jaune et bleu donnent naissance au vert. Lorsque des touches de jaune et de bleu voisinent ou que des traits bleus jaunes se coupent, ces couleurs se transforment sur la rétine l'œil en un vert flottant et dansant. Ce phénomène optique implique une participation active de l'observateur.

Einheit von Text und Form

Unity of text and form

Texte et forme en unité

Weniger die Quantität der Schriften als vielmehr die Qualität einzelner Schriftschnitte ist die Voraussetzung, die dem Typographen die Möglichkeit gibt, den vielfältigen Ansprüchen des Tages gerecht zu werden. Es ist nicht notwendig, daß für jeden Text die seinem Inhalt entsprechende Type zur Verfügung steht, so zum Beispiel für technische Themen Groteskschnitte, für belletristische Gebiete Antiquaschriften und für geschichtliche Themen die historisch wirkenden Frakturschnitte. In der Frühzeit des Buchdrucks wurde sowohl für kirchliche wie für profane Texte nur eine Schrift verwendet, nämlich die Schrift der Epoche. Für das ganze Schrifttum der italienischen Renaissance genügte die humanistische Minuskel.

Die große Menge von Schrifttypen, die heute dem Typographen zur Verfügung stehen, sind nicht etwa ein Ausdruck kultureller Regsamkeit, sondern eher das Zeichen eines unfruchtbaren Leerlaufs durch Mangel an übernationaler Koordination.

Wenn ein Buch aus dem 18. Jahrhundert neu aufgelegt wird, dann gibt es zwei Argumente gegen die Verwendung einer Type aus dem selben Jahrhundert. Erstens ist das neue Buch ein Produkt des 20. Jahrhunderts und soll die Merkmale eines Druckwerks unserer Zeit aufweisen, obschon der Inhalt aus der Vergangenheit stammt. Zweitens ist es nicht Sache des Typographen, Literatur auf seine Weise zu interpretieren. Literatur spricht für sich selber; der Inhalt interessiert den Leser, oder auch nicht. Folglich hat der Typograph lediglich die Aufgabe, dem Leser das Lesen leicht zu machen mit einer Schrift und in einer Form, die diesem Anspruch technisch und funktionell gerecht werden.

Auf dem Gebiete der Werbung hingegen bieten sich dem Typographen fast unbegrenzte Möglichkeiten einer persönlichen Interpretation der Texte. Oft wird eine Werbemitteilung erst durch ihre typographische Gestaltung beachtenswert, denn sie wendet sich nicht an einen speziell interessierten Leserkreis. Die Bedeutung des Werbe-Inhalts eines Wortes, seltener des ganzen Textes, muß mit typographischen Mitteln sichtbar gemacht werden, da eine Werbemitteilung vom Publikum in erster Linie optisch erfaßt und erst in zweiter Linie gelesen wird. Der Typograph muß also eine Übereinstimmung zwischen Wortbedeutung und typographischer Formgebung anstreben. Dazu gibt es viele Möglichkeiten, eine davon wäre zum Beispiel, die Bedeutung des Wortes ‹rot› in der Typographie durch rote Farbe zu kennzeichnen.

Der Typograph hat, neben dem Farbeinsatz, noch andere Mittel zur Verfügung, um einen Text optisch zu interpretieren: Schriftart und Schriftgrad, Kombination verschiedener Grade und Arten, das Sperren von Typen, das Umkehren und Vertauschen von Buchstaben, das Abweichen von der gewohnten Schriftlinie, das Aufdrucken einzelner Typen von Hand, um eine diffuse Wirkung zu erzielen, bewußt fehlerhaftes und indirektes Drucken mit Veränderungen durch chemische Mittel, ungewohnte Anordnung auf dem Papierformat usw. Wenn ein Wort zugunsten der optischen Wirkung so verformt wird, daß es nicht mehr gelesen werden kann, dann sollte dieses Wort im dazu gehörenden Text wiederholt werden.

It is not so much the quantity of type faces as the quality of certain cuttings which enables the typographer to satisfy the great variety of demands made upon his craft today. It is not necessary to have a type face which is suited to the contents of each particular text, e.g. sans-serif for technical material, old face for literary matter, and black letter and fraktur forms for historical work. In the early days of printing only one face was used for both ecclesiastic and secular printing, viz. the type face of the period. All the printing of the Italian Renaissance was done in classical minuscule.

The large number of type faces available to the typographer today is not so much a sign of a high level of cultural activity as rather evidence of a lack of international coordination and the resultant frittering away of effort.

If a new edition of an 18th century book is to appear, there are two arguments against using a type face of that century. First, the new book is a 20th century product and should display the features of a printed work of our day and age, although the contents belong to the past. Second, it is not the typographer's business to interpret literature in his own way. Literature can speak for itself: either the contents are of interest to the reader or they are not. Consequently the typographer's task is reduced simply to making reading easy for the reader with a type face and in a form which is technically and functionally right for the work in question.

In advertising, on the other hand, it is left almost completely open to the typographer to interpret the copy in his own personal way. Often an advertising message becomes worthy of attention only through its typographical design, for it is not directed to a specially interested circle of readers. The importance of the message – of one word or more, rarely of the whole text – must be brought out by typographical means, for it is the visual impact on the public that matters and not so much the legibility. The typographer must therefore strive to achieve harmony between the meaning of a word or words and the typographical form in which he puts them. There are very many possible ways of achieving this; one would be to emphasize the meaning of the word "red" by using red ink in the typography.

Besides colour, the typographer has other means at his disposal for interpreting a text in visual terms: character and size of type face, combination of different characters and sizes, letter spacing, the reversing and interchange of letters, deviations from the usual line of type, hand overprinting of certain characters in order to obtain a diffuse effect, deliberately defective and indirect printing with alterations obtained by chemical means, unusual imposition on the page, etc. If a word is so distorted in the interests of visual impact that it ceases to be legible, an opportunity should be afforded of repeating this word in the relevant text.

C'est moins la quantité de familles de caractères que la qualité de chacun des caractères qui permet au typographe de répond aux exigences qui lui sont quotidiennement imposées. Il n'est pas nécessaire de choisir, pour chaque texte, un type de carac tère qui corresponde au sujet traité, comme par exemple les Grotesques pour une matière technique, les Romains pour un texte littéraire, et la Fraktur pour certains thèmes historiques. Aux premiers temps de l'imprimerie une seule écriture servait aux textes religieux et profanes, l'écriture de l'époque. Toute l Renaissance italienne s'est satisfaite de l'écriture humaniste.

L'énorme quantité de familles de caractères mise à la disposi tion du typographe n'est pas nécessairement l'expression d'un diversité culturelle, mais plutôt le signe d'une stérile dispersio due à un manque de coordination internationale.

Lorsqu'un livre du 18e siècle est réédité, deux arguments parlent en faveur d'un abandon de l'écriture propre à ce siècle premièrement, le nouveau livre sera un produit du 20e siècle, doit renfermer les qualités inhérentes à son temps, indépenda ment du contenu qui appartient au passé; deuxièmement, il n'est pas du ressort du typographe d'interpréter à sa manière le texte littéraire. Celui-ci parle pour lui-même; il intéresse ou non le lecteur. En conséquence, le typographe doit avant tout faciliter la lecture en choisissant des caractères et une mise er page qui répondent à cette exigence technique et fonctionnell

Par contre, dans le domaine de la publicité, des possibilités illimitées s'offrent au typographe de donner au texte une inter prétation personnelle. Une information publicitaire ne prend souvent toute sa valeur que grâce à sa forme typographique c élargit le cercle de ses lecteurs. Le public lisant l'information publicitaire seulement après l'avoir perçue visuellement, la typographie doit bien mettre en valeur l'objet de propagande, un mot, mais rarement tout un texte. Le typographe chercher donc à accorder la signification du mot et la forme donnée. De multiples possibilités lui sont offertes pour réaliser son travail il pourra, par exemple, pour concrétiser le mot ‹rouge›, faire intervenir la couleur rouge dans sa composition.

Mise à part la couleur, il dispose d'autres moyens d'interpréta visuelle d'un texte: style d'écriture et corps de caractères, com naisons de divers styles et divers corps, espacements des car tères, lettres inversées ou interverties, décalage de la ligne du caractère habituelle, impressions à la main, donnant un effet ‹ fus, ou volontairement défectueuses et indirectes, obtenues p procédés chimiques, ordonnances insolites, etc. Il est à noter lorsque, en vue d'un effet d'optique, l'altérnation d'un mot es telle que ce dernier devient illisible, ce mot devrait pouvoir êt produit dans le contexte dans sa forme intégrale.

doppppelt

falch

stotototetetern

auslas　en

laaaaaangweilig

hal ⊢

auffällig

kran ↙

unvollständi

arthur miller
brennpunkt

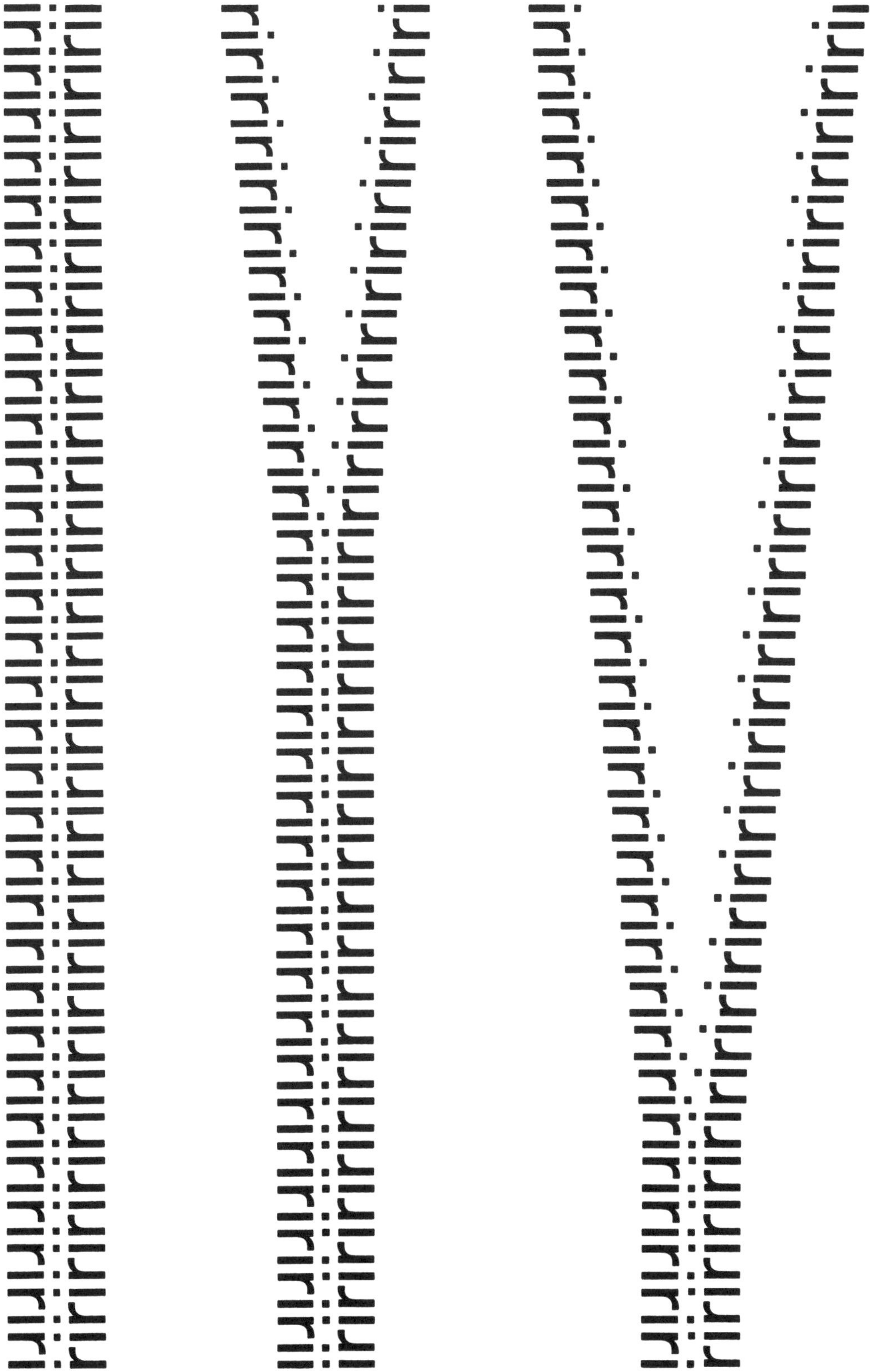

versunkene
kulturen
khmer
etrusker

niedere preise

hohe qualität

MINUS
M**INUS**
MI**NUS**
MIN**US**
MINU**S**
MINUS
ABMAGERN MIT MINUS
MINU**S**
MIN**US**
MI**NUS**
M**INUS**
MINUS
M**INUS**
MI**NUS**
MIN**US**
MINU**S**
MINUS
ABMAGERN MIT MINUS
MINU**S**
MIN**US**
MI**NUS**
M**INUS**
MINUS

c
h
sch
hwim
n
schwi
ens hwimmen
schwimmenschwimmen
schwimmenschwimmen
schwimmenschwimmen
schwimmenschwimmen
schwimmenschwimmen
schwimmenschwimmen
schwimmenschwimmen
schwimmenschwimmen
s
hwimmensc wimmen
me
wimmensc
mm
c

ein Sonntagsvergnügen im Hallenbad

Im Saal des
Restaurant Bären
Grellingen
Schmutziger Donnerstag
20 Uhr

Bar und Weinstube
Eintritt 3.50
Maskierte 2.-
Es ladet ein:
das Orchester
Les diables rouges
der Wirt und
Jahrgang 45

GROSSER

aufstieg und fall der stadt mahagonny

weill

experimente experimente experimente experimente experimente experimente
experimente experimente experimente experimente experimente experimente
experimente experimente experimente experimente experimente experimente
experimente experimente experimente experimente experimente experimente
experimente experimente experimente experimente experimente experimente
experimente experimente experimente experimente experimente experimente
experimente experimente experimente experimente experimente experimente
experimente experimente experimente experimente experimente experimente
experimente experimente experimente experimente experimente experimente
experimente experimente experimente experimente experimente experimente
experimente experimente experimente experimente experimente experimente
experimente experimente experimente experimente experimente experimente
experimente experimente experimente experimente experimente experimente
experimente experimente experimente experimente experimente experimente
experimente experimente experimente experimente experimente experimente
experimente experimente experimente experimente experimente experimente
experimente experimente experimente experimente experimente experimente
experimente experimente experimente experimente experimente experimente
experimente experimente experimente experimente experimente experimente
experimente experimente experimente experimente experimente experimente
experimente experimente experimente experimente experimente experimente
experimente experimente experimente experimente experimente experimente
experimente experimente experimente experimente experimente experimente
experimente experimente experimente experimente experimente experimente
experimente experimente experimente experimente experimente experimente
experimente experimente experimente experimente experimente experimente
experimente experimente experimente experimente experimente experimente
experimente experimente experimente experimente experimente experimente
experimente experimente experimente experimente experimente experimente
experimente experimente experimente experimente experimente experimente
experimente experimente experimente experimente experimente experimente
experimente experimente experimente experimente experimente experimente
experimente experimente experimente experimente experimente experimente
experimente experimente experimente experimente experimente experimente
experimente experimente experimente experimente experimente experimente
experimente experimente experimente experimente experimente experimente
experimente experimente experimente experimente experimente experimente
experimente experimente experimente experimente experimente experimente
experimente experimente experimente experimente experimente experimente
experimente experimente experimente experimente experimente experimente
experimente experimente experimente experimente experimente experimente
experimente experimente experimente experimente experimente experimente
experimente experimente experimente experimente experimente experimente
experimente experimente experimente experimente experimente experimente
experimente experimente experimente experimente experimente experimente
experimente experimente experimente experimente experimente experimente
experimente experimente experimente experimente experimente experimente
experimente experimente experimente experimente experimente experimente
experimente experimente experimente experimente experimente experimente
experimente experimente experimente experimente experimente experimente

einsam

eingekeilt eingekeilt eingekeilt eingekeilt eingekeilt eingekeilt eingekeilt eingekeilt eingekeilt eingekeilt eingekeilt eingekeilt eingekeilt eingekeilt eing
keilt eingekeilt eingekeilt eingekeilt eingekeilt eingekeilt eingekeilt eingekeilt eingekeilt eingekeilt eingekeilt eingekeilt eingekeilt eingekeilt eingekeilt
eingekeilt eingekeilt eingekeilt eingekeilt eingekeilt eingekeilt eingekeilt eingekeilt eingekeilt eingekeilt eingekeilt eingekeilt eingekeilt eingekeilt eing
keilt eingekeilt eingekeilt eingekeilt eingekeilt eingekeilt eingekeilt eingekeilt eingekeilt eingekeilt eingekeilt eingekeilt eingekeilt eingekeilt eingekeilt
eingekeilt eingekeilt eingekeilt eingekeilt eingekeilt eingekeilt eingekeilt eingekeilt eingekeilt eingekeilt eingekeilt eingekeilt eingekeilt eingekeilt eing
keilt eingekeilt eingekeilt eingekeilt eingekeilt eingekeilt eingekeilt eingekeilt eingekeilt eingekeilt eingekeilt eingekeilt eingekeilt eingekeilt eingekeilt
eingekeilt eingekeilt eingekeilt eingekeilt eingekeilt eingekeilt eingekeilt eingekeilt eingekeilt eingekeilt eingekeilt eingekeilt eingekeilt eingekeilt eing
keilt eingekeilt eingekeilt eingekeilt eingekeilt eingekeilt eingekeilt eingekeilt eingekeilt eingekeilt eingekeilt eingekeilt eingekeilt eingekeilt eingekeilt
eingekeilt eingekeilt eingekeilt eingekeilt eingekeilt eingekeilt eingekeilt eingekeilt eingekeilt eingekeilt eingekeilt eingekeilt eingekeilt eingekeilt eing
keilt eingekeilt eingekeilt eingekeilt eingekeilt eingekeilt eingekeilt eingekeilt eingekeilt eingekeilt eingekeilt eingekeilt eingekeilt eingekeilt eingekeilt
eingekeilt eingekeilt eingekeilt eingekeilt eingekeilt eingekeilt eingekeilt eingekeilt eingekeilt eingekeilt eingekeilt eingekeilt eingekeilt eingekeilt eing
keilt eingekeilt eingekeilt eingekeilt eingekeilt eingekeilt eingekeilt eingekeilt eingekeilt eingekeilt eingekeilt eingekeilt eingekeilt eingekeilt eingekeilt
eingekeilt eingekeilt eingekeilt eingekeilt eingekeilt eingekeilt eingekeilt eingekeilt eingekeilt eingekeilt eingekeilt eingekeilt eingekeilt eingekeilt eing
keilt eingekeilt eingekeilt eingekeilt eingekeilt eingekeilt eingekeilt eingekeilt eingekeilt eingekeilt eingekeilt eingekeilt eingekeilt eingekeilt eingekeilt
eingekeilt eingekeilt eingekeilt eingekeilt eingekeilt eingekeilt eingekeilt eingekeilt eingekeilt eingekeilt eingekeilt eingekeilt eingekeilt eingekeilt eing
keilt eingekeilt eingekeilt eingekeilt eingekeilt eingekeilt eingekeilt eingekeilt eingekeilt eingekeilt eingekeilt eingekeilt eingekeilt eingekeilt eingekeilt
eingekeilt eingekeilt eingekeilt eingekeilt eingekeilt eingekeilt eingekeilt eingekeilt eingekeilt eingekeilt eingekeilt eingekeilt eingekeilt eingekeilt eing
keilt eingekeilt eingekeilt eingekeilt eingekeilt eingekeilt eingekeilt eingekeilt eingekeilt eingekeilt eingekeilt eingekeilt eingekeilt eingekeilt eingekeilt
eingekeilt eingekeilt eingekeilt eingekeilt eingekeilt eingekeilt eingekeilt eingekeilt eingekeilt eingekeilt eingekeilt eingekeilt eingekeilt eingekeilt eing
keilt eingekeilt eingekeilt eingekeilt eingekeilt eingekeilt eingekeilt eingekeilt eingekeilt eingekeilt eingekeilt eingekeilt eingekeilt eingekeilt eingekeilt
eingekeilt eingekeilt eingekeilt eingekeilt eingekeilt eingekeilt eingekeilt eingekeilt eingekeilt eingekeilt eingekeilt eingekeilt eingekeilt eingekeilt eing
keilt eingekeilt eingekeilt eingekeilt eingekeilt eingekeilt eingekeilt eingekeilt eingekeilt eingekeilt eingekeilt eingekeilt eingekeilt eingekeilt eingekeilt
eingekeilt eingekeilt eingekeilt eingekeilt eingekeilt eingekeilt eingekeilt eingekeilt eingekeilt eingekeilt eingekeilt eingekeilt eingekeilt eingekeilt eing
keilt eingekeilt eingekeilt eingekeilt eingekeilt eingekeilt eingekeilt eingekeilt eingekeilt eingekeilt eingekeilt eingekeilt eingekeilt eingekeilt eingekeilt
eingekeilt eingekeilt eingekeilt eingekeilt eingekeilt eingekeilt eingekeilt eingekeilt eingekeilt eingekeilt eingekeilt eingekeilt eingekeilt eingekeilt eing
keilt eingekeilt eingekeilt eingekeilt eingekeilt eingekeilt eingekeilt eingekeilt eingekeilt eingekeilt eingekeilt eingekeilt eingekeilt eingekeilt eingekeilt
eingekeilt eingekeilt eingekeilt eingekeilt eingekeilt eingekeilt eingekeilt eingekeilt eingekeilt eingekeilt eingekeilt eingekeilt eingekeilt eingekeilt eing
keilt eingekeilt eingekeilt eingekeilt eingekeilt eingekeilt eingekeilt eingekeilt eingekeilt eingekeilt eingekeilt eingekeilt eingekeilt eingekeilt eingekeilt
eingekeilt eingekeilt eingekeilt eingekeilt eingekeilt eingekeilt eingekeilt eingekeilt eingekeilt eingekeilt eingekeilt eingekeilt eingekeilt eingekeilt eing
keilt eingekeilt eingekeilt eingekeilt eingekeilt eingekeilt eingekeilt eingekeilt eingekeilt eingekeilt eingekeilt eingekeilt eingekeilt eingekeilt eingekeilt
eingekeilt eingekeilt eingekeilt eingekeilt eingekeilt eingekeilt eingekeilt eingekeilt eingekeilt eingekeilt eingekeilt eingekeilt eingekeilt eingekeilt eing
keilt eingekeilt eingekeilt eingekeilt eingekeilt eingekeilt eingekeilt eingekeilt eingekeilt eingekeilt eingekeilt eingekeilt eingekeilt eingekeilt eingekeilt
eingekeilt eingekeilt eingekeilt eingekeilt eingekeilt eingekeilt eingekeilt eingekeilt eingekeilt eingekeilt eingekeilt eingekeilt eingekeilt eingekeilt eing
keilt eingekeilt eingekeilt eingekeilt eingekeilt eingekeilt eingekeilt eingekeilt eingekeilt eingekeilt eingekeilt eingekeilt eingekeilt eingekeilt eingekeilt
eingekeilt eingekeilt eingekeilt eingekeilt eingekeilt eingekeilt eingekeilt eingekeilt eingekeilt eingekeilt eingekeilt eingekeilt eingekeilt eingekeilt eing
keilt eingekeilt eingekeilt eingekeilt eingekeilt eingekeilt eingekeilt eingekeilt eingekeilt eingekeilt eingekeilt eingekeilt eingekeilt eingekeilt eingekeilt
eingekeilt eingekeilt eingekeilt eingekeilt eingekeilt eingekeilt eingekeilt eingekeilt eingekeilt eingekeilt eingekeilt eingekeilt eingekeilt eingekeilt eing
keilt eingekeilt eingekeilt eingekeilt eingekeilt eingekeilt eingekeilt eingekeilt eingekeilt eingekeilt eingekeilt eingekeilt eingekeilt eingekeilt eingekeilt
eingekeilt eingekeilt eingekeilt eingekeilt eingekeilt eingekeilt eingekeilt eingekeilt eingekeilt eingekeilt eingekeilt eingekeilt eingekeilt eingekeilt eing
keilt eingekeilt eingekeilt eingekeilt eingekeilt eingekeilt eingekeilt eingekeilt eingekeilt eingekeilt eingekeilt eingekeilt eingekeilt eingekeilt eingekeilt
eingekeilt eingekeilt eingekeilt eingekeilt eingekeilt eingekeilt eingekeilt eingekeilt eingekeilt eingekeilt eingekeilt eingekeilt eingekeilt eingekeilt eing
keilt eingekeilt eingekeilt eingekeilt eingekeilt eingekeilt eingekeilt eingekeilt eingekeilt eingekeilt eingekeilt eingekeilt eingekeilt eingekeilt eingekeilt
eingekeilt eingekeilt eingekeilt eingekeilt eingekeilt eingekeilt eingekeilt eingekeilt eingekeilt eingekeilt eingekeilt eingekeilt eingekeilt eingekeilt eing
keilt eingekeilt eingekeilt eingekeilt eingekeilt eingekeilt eingekeilt eingekeilt eingekeilt eingekeilt eingekeilt eingekeilt eingekeilt eingekeilt eingekeilt
eingekeilt eingekeilt eingekeilt eingekeilt eingekeilt eingekeilt eingekeilt eingekeilt eingekeilt eingekeilt eingekeilt eingekeilt eingekeilt eingekeilt eing
keilt eingekeilt eingekeilt eingekeilt eingekeilt eingekeilt eingekeilt eingekeilt eingekeilt eingekeilt eingekeilt eingekeilt eingekeilt eingekeilt eingekeilt
eingekeilt eingekeilt eingekeilt eingekeilt eingekeilt eingekeilt eingekeilt eingekeilt eingekeilt eingekeilt eingekeilt eingekeilt eingekeilt eingekeilt eing
keilt eingekeilt eingekeilt eingekeilt eingekeilt eingekeilt eingekeilt eingekeilt eingekeilt eingekeilt eingekeilt eingekeilt eingekeilt eingekeilt eingekeilt
eingekeilt eingekeilt eingekeilt eingekeilt eingekeilt eingekeilt eingekeilt eingekeilt eingekeilt eingekeilt eingekeilt eingekeilt eingekeilt eingekeilt eing
keilt eingekeilt eingekeilt eingekeilt eingekeilt eingekeilt eingekeilt eingekeilt eingekeilt eingekeilt eingekeilt eingekeilt eingekeilt eingekeilt eingekeilt
eingekeilt eingekeilt eingekeilt eingekeilt eingekeilt eingekeilt eingekeilt eingekeilt eingekeilt eingekeilt eingekeilt eingekeilt eingekeilt eingekeilt eing
keilt eingekeilt eingekeilt eingekeilt eingekeilt eingekeilt eingekeilt eingekeilt eingekeilt eingekeilt eingekeilt eingekeilt eingekeilt eingekeilt eingekeilt
eingekeilt eingekeilt eingekeilt eingekeilt eingekeilt eingekeilt eingekeilt eingekeilt eingekeilt eingekeilt eingekeilt eingekeilt eingekeilt eingekeilt eing
keilt eingekeilt eingekeilt eingekeilt eingekeilt eingekeilt eingekeilt eingekeilt eingekeilt eingekeilt eingekeilt eingekeilt eingekeilt eingekeilt eingekeilt
eingekeilt eingekeilt eingekeilt eingekeilt eingekeilt eingekeilt eingekeilt eingekeilt eingekeilt eingekeilt eingekeilt eingekeilt eingekeilt eingekeilt eing
keilt eingekeilt eingekeilt eingekeilt eingekeilt eingekeilt eingekeilt eingekeilt eingekeilt eingekeilt eingekeilt eingekeilt eingekeilt eingekeilt eingekeilt
eingekeilt eingekeilt eingekeilt eingekeilt eingekeilt eingekeilt eingekeilt eingekeilt eingekeilt eingekeilt eingekeilt eingekeilt eingekeilt eingekeilt eing
keilt eingekeilt eingekeilt eingekeilt eingekeilt eingekeilt eingekeilt eingekeilt eingekeilt eingekeilt eingekeilt eingekeilt eingekeilt eingekeilt eingekeilt
eingekeilt eingekeilt eingekeilt eingekeilt eingekeilt eingekeilt eingekeilt eingekeilt eingekeilt eingekeilt eingekeilt eingekeilt eingekeilt eingekeilt eing
keilt eingekeilt eingekeilt eingekeilt eingekeilt eingekeilt eingekeilt eingekeilt eingekeilt eingekeilt eingekeilt eingekeilt eingekeilt eingekeilt eingekeilt
eingekeilt eingekeilt eingekeilt eingekeilt eingekeilt eingekeilt eingekeilt eingekeilt eingekeilt eingekeilt eingekeilt eingekeilt eingekeilt eingekeilt eing
keilt eingekeilt eingekeilt eingekeilt eingekeilt eingekeilt eingekeilt eingekeilt eingekeilt eingekeilt eingekeilt eingekeilt eingekeilt eingekeilt eingekeilt

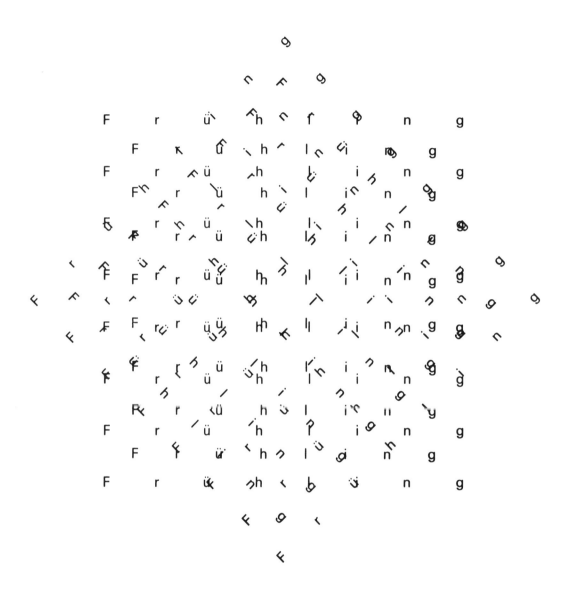

	April						Mai						Juni						Feiertage
So		7	14	21	28		So		5	12	19	26		So		2	9	16	23	30	12. 14. April
Mo	1	8	15	22	29		Mo		6	13	20	27		Mo		3	10	17	24		Karfreitag
Di	2	9	16	23	30		Di		7	14	21	28		Di		4	11	18	25		Ostern
Mi	3	10	17	24			Mi	1	8	15	22	29		Mi		5	12	19	26		23. Mai
Do	4	11	18	25			Do	2	9	16	23	30		Do		6	13	20	27		Auffahrt
Fr	5	12	19	26			Fr	3	10	17	24	31		Fr		7	14	21	28		2. Juni
Sa	6	13	20	27			Sa	4	11	18	25			Sa	1	8	15	22	29		Pfingsten

Rhythmus   Rhythm   Rythme

Die Typographie untersteht vielen ausgesprochen technischen Vorgängen: Der Schriftguß erfolgt nach einem ausgeklügelten technischen Verfahren, gesetzt wird mit Maschinen kompliziertester Systeme und gedruckt wird ebenfalls mit Maschinen aller Größen und Arten. Die Maschine prägt das Wesen der Typographie. Die Maschine funktioniert nach einem gleichförmigen Takt, ihr ist der lebendige, individuelle Rhythmus fremd. In jeder noch so bescheidenen Handarbeit kommt die pulsierende, rhythmische Bewegung, im Gegensatz zur Maschinenarbeit, zum Ausdruck. Dieser grundlegende Unterschied läßt sich zum Beispiel im handgeknüpften Teppich, gegenüber dem Maschinenteppich, feststellen.

Die geschriebene Schrift ist voll von rhythmischen Werten; Wirkung und Gegenwirkung formen das Schriftbild: Gerade-rund, senkrecht-waagrecht, schräg-gegenschräg, rund-gegenrund, Druck-Gegendruck, Zug-Gegenzug, Aufstrich-Abstrich usw. In einer guten Buchdruckschrift ist die geschriebene Schrift als Grundlage zu erkennen. Das Prozedere des Schriftgusses (Zeichnung, Schnitt, Prägung oder Abformung, Guß) schwächt wohl das Rhythmische der geschriebenen Schrift, gänzlich verwischt aber sollte die geschriebene Urform des Buchstabens nicht werden. Eine Buchdruckschrift, in der die geschriebene Urform nicht mehr zum Ausdruck kommt, wird mit Recht als degeneriert bezeichnet. Die Wechselwirkung zwischen dickem und dünnem Strich beim Schreiben mit der Breitfeder muß in jeder Buchdruckschrift zwischen fett und mager enthalten sein, auch in der Grotesk, so daß auch die Buchdruckschrift als rhythmisches Gebilde gewertet werden kann.

Das Aneinanderreihen der Buchstaben zum Wort, zur Zeile, zum Satz bietet weitere Möglichkeiten der Rhythmisierung. Diese rhythmischen Werte, die der Typograph wahrnehmen und erkennen sollte sind, je nach Wort und Sprache, verschieden. Ein Wortbild von besonderem rhythmischem Reiz sollte herausgehoben und zum dominierenden Wert einer Arbeit gemacht werden. Der Wortzwischenraum ist die Grundlage für die rhythmische Spannung zwischen verschieden langen und gewichtigen Worten, wobei der enge Zwischenraum die Spannung schwächt, der gleichbleibende Zwischenraum sie nahezu verhindert und die Verschiedenartigkeit der Zwischenräume eine erhöhte Spannung gewährleistet.

Eine Satzmenge kann rhythmisiert werden durch ungleichen Durchschuß, durch verschiedene Zeilenlängen, durch das Weiß unbedruckter Stellen bei Ausgangszeilen und durch Gradabstufung der Schrift. Das dominierende Schwarz eines größeren Schriftgrades kann als bereicherndes, in vielen Fällen als gliederndes und teilendes Element wirken, das die Satzarbeit in rhythmisch ungleiche Werte zerlegt. Der größere Grad soll sich aber klar von der Umgebung abheben, damit er seine rhythmisierende Aufgabe erfüllen kann.

Breite und Höhe des Papierformates sind Teil des rhythmischen Ganzen, und der Typograph kann Wort, Zeile und Satzmenge als übereinstimmende oder kontrastierende Rhythmus-Elemente auf dem Papierformat verteilen. In eine hoch- oder querformatige Papierfläche kann ein quadratisches Satzgebilde so gestellt werden, daß der zweitaktige Rhythmus des Papierformates mit dem Gleichmaß des Satzes kontrastiert. Dieses Gegeneinander der rhythmischen Bewegungen bietet unbegrenzte Möglichkeiten, nur sollte sich der Satzgestalter in jeder Phase seiner Arbeit über die rhythmischen Gegebenheiten klar sein.

Auf der rechten Seite wird ein gleichförmiges Gebilde durch Herauslösen einzelner Elemente rhythmisiert.

Typography involves a number of processes of a very technical character. Type is cast by a highly ingenious technical process, set by machines of complex design, and printed with machines of every kind and size. The machine determines the very nature of typography. The machine functions at its own even tempo; vital and individual rhythms are alien to it. Unlike machine work, manual work, however modest, gives expression to a pulsing, rhythmic movement. The basic difference is well exemplified by a hand-woven and a machine-woven carpet.

Handwriting is full of rhythms: its appearance is determined by effect and countereffect: straight-round, vertical-horizontal, slope-counterslope, curve-countercurve, weight-counterweight, pull-counterpull, upstroke-downstroke, etc. Handwriting can be seen to underlie any good typeface. The process of type-casting (drawing, cutting, punching or moulding, casting) no doubt weakens the rhythm of handwriting but the original written form of the letter should not be completely effaced. A typeface in which something of the original written form cannot be discerned may be rightly called degenerate. The changing pattern of thick and thin strokes in writing with a broad-nibbed pen must be retained in the thick and thin strokes of every typeface, even in sans-serif, so that letterpress can also be enjoyed as a rhythmic pattern.

Lining up letters to form a word, a line, a type area, affords further opportunities for introducing rhythm. These rhythmic values, which the typographer should recognize and appreciate, vary according to word and language. A word with a particular rhythmic charm about its appearance should be made to stand out and become the dominant value of a work. The interword space is the basic means of imparting rhythm to words of different length and weight; narrow interword spacing slackens tension, uniform spacing virtually precludes it, and variety of spacing enhances it.

A mass of type can be rhythmized by unequal leading, by variety in the length of the lines, by the white of blank spaces in break lines, and by grading the size of the type. The dominant black of a large size of type may be enriching in its effect and in many cases acts as a dividing and patterning element which breaks up the type into rhythmically unequal values. Large type, however, should be clearly set off from its surroundings so that it can perform its rhythmizing function.

The width and height of the paper are part of the overall rhythmic pattern and the typographer can position word, line and type mass so as to be in or out of rhythm with the format. With an upright or broadside format a square area of type matter can be imposed in such a way that the two-beat rhythm contrasts with the even measure of the type area. Such contrasts of rhythmic movement afford innumerable possibilities; but the typographer must know in each phase of his work just what rhythms are inherent in it.

One the right-hand page there is a structure of uniform proportions which is rhythmizied by picking out various elements.

La typographie comprend maints procédés bien caractérisés: la fonte des caractères, qui résulte d'une technique subtil, la composition, à l'aide de machines extrêmement complexes, l'impression, obtenue avec des machines de toutes grandeurs et toutes sortes, tout aussi surprenantes. La machine imprègn donc de son sceau toute la typographie. Elle fonctionne, imperturbable, à une cadence parfaitement régulière, ignorante rythme terrestre vivant, alors que dans le plus modeste ouvra manuel affleure le rythme d'une pulsation humaine. Cette différence fondamentale, nous la retrouvons entre le tapis noué patiemment à la main et celui fait à la machine.

L'écriture manuelle est empreinte de rythme; action et réactio forment l'œil du caractère: lignes droite et courbe, verticale e horizontale, oblique et coupant cette oblique, accentuation et allégement, plein et délié, rond, trait et leurs opposés. On doi pouvoir retrouver dans un bon caractère d'imprimerie la form manuelle qui lui a servi de base. Le processus de la fonte des caractères (dessin, gravure, empreinte ou moulage, fonte) affaiblit inévitablement le mouvement de l'écriture à la main, mais la forme primitive des caractères ne devrait cependant p être anéantie complètement. Une écriture d'imprimerie qui a perdu son caractère original est une écriture dégénérée. L'effe d'alternance entre traits gras et maigres que donne la plume doit être conservé dans chaque élément d'impression, même dans les Antiques, afin que le caractère imprimé prenne, lui aussi, la valeur d'image rythmique.

Un rythme visuel peut de même être obtenu dans l'assembla des lettres en mots, en lignes, en phrases. Ces valeurs rythmiques, qui ne doivent pas échapper au typographe, différent selon les mots et les phrases. L'interlettrage est la base de la tension rythmique entre mots plus ou moins longs et importants; un espacement serré affaiblit cette tension, qui est presque entravée par des mots espacés trop régulièrement, mais prend toute sa force si les espacements sont variés avec justesse.

La composition peut en outre être rythmée par un interlignag irrégulier, par des longueurs de lignes diverses, par les surfaces blanches non imprimées, par les fins d'alinéas et les divers corps de caractères. Le noir insistant de certains gran corps peut servir d'élément enrichissant, et même structurel dans bien des cas, et diviser ainsi la composition en valeurs rythmiques inégales. Mais, pour bien remplir son rôle rythmi un grand corps doit se détacher clairement de son entourage

Largeur et hauteur du format du papier adopté participent à c langage rythmique, et le typographe peut changer le visage d sa composition en lui donnant un mouvement fait d'éléments en accord ou contrastants. Un texte de forme carrée peut être placé sur une surface de papier en hauteur ou oblongue, de t façon que le rythme à deux temps du format du papier soit e opposition tranchée avec la symétrie de la composition. Les contrastes entre mouvements rythmiques sont riches de possibilités d'arrangements, et le compositeur typographe devra connaître et appliquer ces données rythmiques dans chaque phase de son travail.

Sur la page de droite: une composition symétrique rythmée dégagement d'éléments particuliers.

1

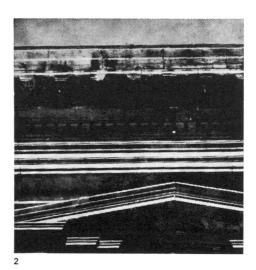

2

3

In allen Epochen hat der Mensch Werke von ausgeprägt rhythmischer Bedeutung geschaffen, auch in der Architektur, in der das Bauen nach einem berechneten Raster vielleicht naheliegend wäre.

1 Ostschweizer Riegelbau. Die Balken sind keiner geometrischen Ordnung unterstellt. In der Struktur der Balken, in welche die Fenster mit einbezogen sind, liegt der besondere rhythmische Reiz.
2 Die Gesimse des Kapitols in Rom (Michelangelo) sind nicht nach starren Gesetzen, sondern intuitiv gestaltet.
3 Le Corbusier, Unité d'habitation, Marseille. Die Moderne lehnt das starre Schema ab und ist sich der Kraft des Rhythmischen neu bewußt.
4 Paul Cézanne, Gehöft des Jas-de Bouffan. Rhythmisch ist die Silhouette der Architektur in den Horizont gezeichnet.
5 Piet Mondrian, Boogie-woogie. Das nach einem Tanz benannte Bild ist in den Proportionen nicht meßbar; alles ist hier Gefühl, Sensibilität und Rhythmus.
6 bis 8 Rhythmisierung eines starren Schemas (6). Unter Bei-behaltung des Rasters Rhythmisierung mit Weiß, Grau und Schwarz (7). In Paul Klees ‹Rhythmisches› pulsiert der Rhythmus frei (8).

Seiten 190/191 und 192/193:
Rhythmisierung von starren typographischen Gebilden.

At all times man has created works with a pronounced rhythmic significance and architecture is no exception, although building according to a grid plan of set dimensions might have seemed to be a logical procedure.

1 East Swiss half-timbered house. The beams are not arranged according to a geometrical plan. It is the pattern of the beams which also takes in the windows that gives the building its particular charm.
2 The cornices of the Capitol in Rome (Michaelangelo) are designed intuitively and not in obedience to rigid laws.
3 Le Corbusier, Unité d'habitation, Marseilles. The modern age does not favour rigid plans and is alive to the power of rhythm.
4 Paul Cézanne, farm of Jas-de-Bouffan. The outline of the architecture is fitted rhythmically into the horizon.
5 Piet Mondrian, Boogie-woogie. A dance full of passion, sensitivity and rhythm.
6 - 8 Imparting rhythm to a rigid pattern (6). The grid is retained but rhythm is introduced with white, grey and black (7). Rhythm has free play in Paul Klee's "Rhythmic" (8).

Page 190/191 and 192/193:
Rhythmical variations of rigid typographical compositions.

De tout temps l'homme a cherché a imprimer ses œvres de mouvement, et c'est peut-être dans l'architecture qu'il y parvient le mieux.

1 Construction à colombage en Suisse orientale. Les pans de b ne sont pas ordonnés géométriquement. Leur structure qui cerne la fenêtre donne une impression de mobilité attrayant
2 Les corniches du Capitole à Rome (Michel-Ange) sont conçu intuitivement et non selon des lois rigides.
3 Le Corbusier, Unité d'habitation, Marseille. Les conceptions modernes s'écartent du schéma rigide, prennent conscience de la force du rhythme et l'utilisent.
4 Paul Cézanne, Mas de Jas-de-Bouffan. Rythme de la silhouet architecturale qui se profile à l'horizon.
5 Piet de Mondrian, Boogie-woogie. Passion, sensibilité, rythme animent cette danse.
6 à 8 Schéma rigide rythmé (6). Blanc, gris et noir animés par la trame (7). Libération du mouvement illustrée dans ‹Rythm de Paul Klee (8).

Page 190/191 et 192/193:
Allégement de compositions rigides par effets rythmiques.

4

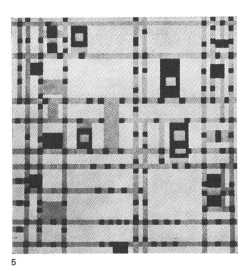

5

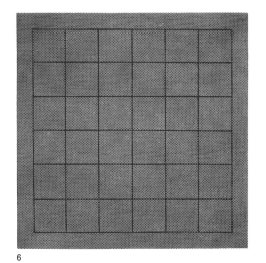

6

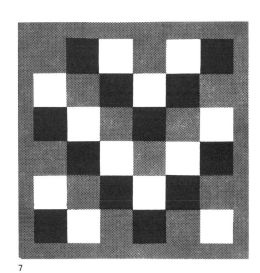

7

8

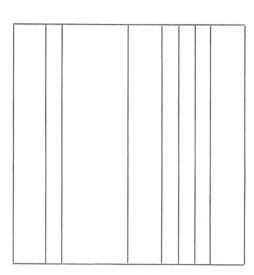

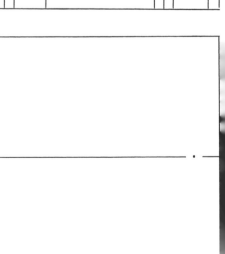

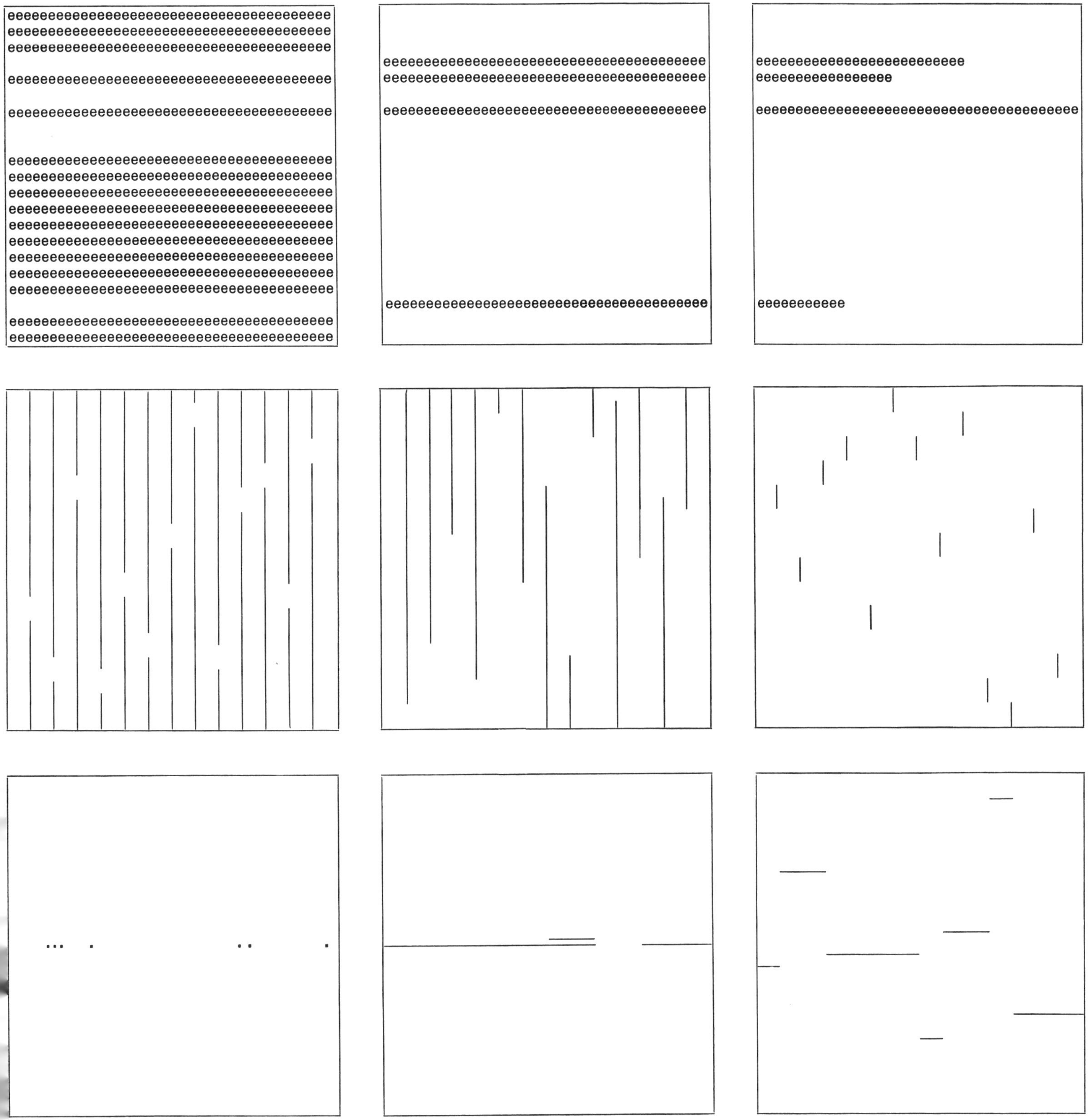

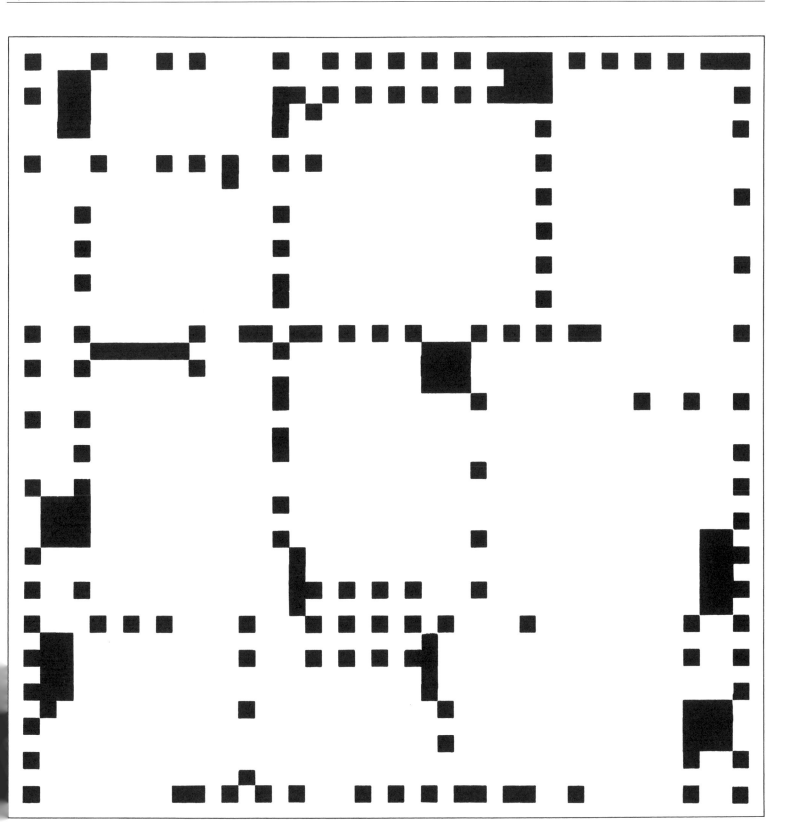

Untersuchung einer Textgruppe auf rhythmische Werte.

1 Wortabstände, welche Zeile und Satz in Worte ungleicher
Länge gliedern, sind schwarz markiert. Die Wortzwischenräume vermitteln ein rhythmisches Spiel von ungleichen Intervallen und unterschiedlich gewichteten Werten.
2 Wie 1, mit üblichen weißen Wortabständen.
3 Zu enge Wortzwischenräume schwächen das Spiel der ungleichen Intervalle; die Zeile wird monoton.
4 Zu weite Wortzwischenräume verstärken den Rhythmus, ver-
mindern aber die Lesbarkeit. Das Legato der Zeile weicht dem
Stakkato der einzelnen Wörter.
5 Der gleiche Text ohne die für den Rhythmus wichtigen Rundungen. Das Satzbild wird stachelig und aufgeregt.
6 Der gleiche Text ohne das rhythmisch wichtige Auf-und-Ab
der Ober- und Unterlängen. Das Satzbild wird monoton.

Studying a piece of text for rhythmic values.

1 Interword spaces dividing line and type matter into words of
unequal length are marked in black. The interword spaces set
up a rhythmic interplay of unequal intervals and values of
varying weight.
2 As 1, but with usual white interword spaces.
3 If the interword spaces are too narrow, the effect of the unequal
intervals is weakened; the line becomes monotonous.
4 If the interword spaces are too wide, the rhythm is enhanced but
legibility is diminished.
5 The same text without the curves important for rhythm. The
composition becomes jagged and excited.
6 The same text without ascenders and descenders important for
rhythm. The appearance of the composition is monotonous.

Analyse d'un texte selon ses valeurs rythmiques.

1 Les espacements qui divisent la composition en mots de
diverses longueurs et séparent les lignes sont marqués en noir.
Ils ponctuent le jeu rythmé des inervalles irréguliers et des
différentes valeurs.
2 Figure semblable à la précédente mais avec espacements
usuels.
3 Espacements trop resserrés qui affaiblissent le jeu des intervalles
inégaux; monotonie.
4 Espacements trop larges qui renforcent le mouvement, mais
diminuent la lisibilité. Le lié des lignes cède devant le saccadé
des mots.
5 Le même texte sans les arrondis nécessaires à l'expression de
rythme. Composition piquante et nerveuse.
6 Le même texte sans l'essentielle cadence rythmique. Composition monotone.

schöpferisch sein ist das wesen des kün
stlers, wo es aber keine schöpfung gibt,
gibt es keine kunst. aber man würde sic
täuschen, wenn man diese schöpferisch
kraft einer angeborenen begabung zusc
hreiben wollte. im bereiche der kunst is
der echte schöpfer nicht nur ein begabt
er mensch, der ein ganzes bündel von b
etätigungen, deren ergebnis das kunstw
erk ist, auf dieses endziel hinausrichten
kann. deshalb beginnt für den künstlers
die schöpfung mit der vision. sehen ists
in sich schon eine schöpferische tat, die
eine anstrengung verlangt. alles, was w

1

schöpferisch sein ist das wesen des kün
stlers, wo es aber keine schöpfung gibt,
gibt es keine kunst. aber man würde sic
täuschen, wenn man diese schöpferisch
kraft einer angeborenen begabung zusc
hreiben wollte. im bereiche der kunst is
der echte schöpfer nicht nur ein begabt
er mensch, der ein ganzes bündel von b
etätigungen, deren ergebnis das kunstw
erk ist, auf dieses endziel hinausrichten
kann. deshalb beginnt für den künstlern
die schöpfung mit der vision. sehen iste
in sich schon eine schöpferische tat, die
eine anstrengung verlangt. alles, was w

2

schöpferisch sein, ist das wesen des küns
tlers, wo es aber keine schöpfung gibt, gi
bt es keine kunst. aber man würde sich tä
uschen, wenn man diese schöpferische k
raft einer angeborenen begabung zuschr
eiben wollte. im bereiche der kunst ist de
echte schöpfer nicht nur ein begabter me
nsch, der ein ganzes bündel von bestätig
ungen, deren ergebnis das kunstwerk ist
auf dieses endziel hinausrichten kann. de
shalb beginnt für den künstler die schöpf
ung mit der vision. sehen ist in sich einen
schöpferische tat, die eine anstrengung v
erlangt. alles, was wir im täglichen leben

3

schöpferisch sein, ist das wesen des
künstlers, wo es aber keine schöpfu
ng gibt, gibt es keine kunst. aber m
an würde sich täuschen, wenn man
diese schöpferische kraft einer angeb
orenen begabung zuschreiben wollte.
im bereiche der kunst ist der echte
schöpfer nicht nur ein begabter men
sch, der ein ganzes bündel von best
ätigungen, deren ergebnis das kunst
werk ist, auf dieses endziel hinausric
hten kann. deshalb beginnt für denn
künstler die schöpfung mit der vision
sehen ist in sich eine schöpferische

4

frih in, it wn küntlr, w kin hfun it kin kt.
r mn wür ih tuhn, wnn n i hfri krft inr nr
nrnn un zurin wllt. im rih r kunt it r htm
rih r kunt it r ht hfr niht nur in tr mnh, r
in nz ünl vn ttiun, rn rni kuntwrk it, uf ir
nzil hinurihtn knn. hl innt für n küntlr in
hfun mit r viin. hn it in ih hn in hfrih tit,
i in ntrnun vrlnt. ll, w wir im tlihn ln hn,
wir mhr r wnir urh unr rwrn wnhitn nttl
lt, un i tth it in inr zit wi r unrin in inr nr
in inr nrn wi ürr, wir vm film, r rklm unh
illutrirtn zithriftn mit inr flut vrfrizirtr ilri
ürhwmmt wrn, i ih hinihtlih r viin unfhrt
vrhltn wi in vrurtil zu inr rknntni. i zur fr

5

scöersc sen, s as wesen es nsers, wo es
aer ene scun es ene uns. aer man wreo
c uscen, wenn man ese scersce ra ener
aneorenen eaun zuscreen woe. m erece
er uns s er ece scer nc nur en eaer men
er en anzes ne von eunen, eren erenis a
unswer s, au ieses enze nausrcen annu.
esa enn en nser e scun m er son. seem
s n sc scon ene scerisce a, e ene ansren
un veran. aes, was wr m cen een een, n
mer oer wener urc unsere erworenen e
ewoneen ene, un ese asace s n ener we
er unsren n ener esoneren wese srar ae
vom m, er reame n en usren zescren m

6

Verschieden breite Zeilen im Ablauf (Zeilenfall) sind in den meisten Fällen durch den Text gegeben. Der Wechsel von kurzen und langen Zeilen ist ein rhythmischer Ablauf; er kann verhalten, durchschnittlich oder heftig sein.

Durchschnittlicher Zeilenfall, rechts die weiße Gegenbewegung der Zeilen in Schwarz.
Schwacher Zeilenfall, rechts die weiße Gegenbewegung der Zeilen in Schwarz. Rhythmisch schwächeres Gebilde.
Starker Zeilenfall, rechts die weiße Gegenbewegung der Zeilen in Schwarz. Die großen Längenunterschiede ergeben eine heftige rhythmische Bewegung, welche die Lesbarkeit beeinträchtigen kann.

The pattern produced by lines of varying width is usually determined by the text itself. The alternation of short and long lines creates a rhythmic pattern; it can be restrained, average, or violent.

Average pattern of line endings; right, the white countermotion of the lines in black.
Weak pattern of line endings; right, the white countermotion of the lines in black. Weak rhythmic effect.
Emphatic pattern of line endings; right, the white countermotion of the lines in black. The marked differences in the length of the lines produces a violent rhythm which may impair legibility.

Des lignes de longueurs différentes sont le plus souvent exigées par le texte. L'alternance de lignes plus ou moins longues crée un mouvement qui peut être retenu, modéré ou violent.

Tombé de ligne modéré, à droite le contre-mouvement blanc des lignes indiqué en noir.
Tombé de ligne faible, à droite le contre-mouvement blanc des lignes indiqué en noir. Rythme affaibli.
Tombé de ligne fort, à droite le contre-mouvement blanc des lignes indiqué en noir. Les grandes différences de longueurs ponctuent le violent mouvement rythmique qui peut entraver la lisibilité.

Erneuerung und Takt

Vom Sinn der Erscheinungen

Anmerkungen

Bewusstsein und Erlebnis

Gehalt des Taktes

Stete Wiederholung

Zeitlichkeit des Rhythmus

Anmerkungen

1

Erneuerung und Takt

Sinn der Erscheinungen

Vorläufiges zum Takt

Bewusstseins-Erlebnis

Gehalt des Taktgefühls

Stete Wiederholung

Zeitlichkeit des Rhythmus

Erste Anmerkungen

2

Vorwort

Vom Sinn der Erscheinungen

Anmerkungen

Bewusstsein und Erlebnis

Takte

Wiederholung

Raumzeitlichkeit des Rhythmus

Ausblick

3

eine
schöne
weihnacht
und
ein
frohes
eine   neues
schöne   jahr
weihnacht wünsche
und   ich
ein   dir
frohes   ich   eine
eine   neues   wünsche   schöne
schöne   jahr   dir   weihnacht
weihnacht wünsche eine   und
und   ich   schöne   ich   ein
ein   dir   weihnacht wünsche   frohes
frohes   und   dir   neues
neues   eine   ein   eine   jahr
jahr   schöne   frohes   schöne   ich   wünsche
wünsche weihnacht neues   weihnacht wünsche dir
ich   und   jahr   und   dir
dir   ein   ein   eine
               frohes   frohes   schöne
               neues   neues   weihnacht
               jahr   jahr   und
               wünsche   ein
ich   ich   frohes
wünsche dir   neues
dir   jahr
eine
schöne
weihnacht
und
ein
ich   ein
wünsche frohes
dir   neues
eine   jahr
schöne
weihnacht
und
ein
frohes
neues
jahr

Zwei Druckwerke von ausgeprägt rhythmischer Wirkung.
Links: Neujahrsglückwunsch. Der Rhythmus entsteht durch
die Anordung der Textgruppen auf der Fläche und zusätzlich
durch den Wechsel von gerade und schräg.

Rechts: Schallplattenhülle. Vom Wort ‹zeitmasse›, in der
ersten Zeile regelmäßig gesperrt, werden nach unten einzelne
Buchstaben gerafft; dieses Raffen ergibt kompaktes Schwarz
und als Gegenerscheinung ausgespartes Weiß. Es entstehen
graue, schwarze und weiße Werte, rhythmisch verteilt.

Two printed works with a pronounced rhythmic effect.
Left: New Year wishes. The rhythm is created by the arrangement of the text groups on the surface and also by the alternating pattern of upright and oblique.

Right: Record sleeve. The letters of the word "zeitmasse" in
the first line are regularly spaced but further down some letter
are set closely together. This produces a pattern of compact
black patches and blank white spaces. Grey, black and white
values are created and rhythmically distributed.

Deux ouvrages typographique empreints de rythme.
A gauche: Vœux de Nouvel-An. Le mouvement est suscité par
l'ordonnance du texte sur la surface et l'alternance des droites
des obliques.

A droite: Fourre de disque. Le mot ‹zeitmasse› est régulièrement interlettré dans les premières lignes; en bas, il perd
quelques lettres; ce biffage donne un noir compact et en contr
partie une diminution du blanc. Il en résulte une répartition
rythmique des valeurs grise, noire et blanche.

z	e	i	t	m	a	s	s	e
zeit				ma		s	s	e
z	e	i	t	masse				
z	ei		t	m	a	s	s	e
zeitmasse								
z	e	i	t	m	a	ss		e
z	e	i	t					masse
zei			t	m	a	s	s	e
z	eit			m	a	s	s	e
z	e	i	t	ma		s	s	e

Spontaneität und Zufall

Spontaneity and fortuity

Spontanéité et le hasard

Spontane und zufällige Ergebnisse stehen eigentlich im Widerspruch zum Wesen der Typographie, denn der Aufbau des typographischen Systems beruht auf Klarheit und auf präzisen Maßverhältnissen. Der gegossene Buchstabe und die heutigen Druckmaschinen gewährleisten einen Druck, der die Unzulänglichkeiten und Zufälligkeiten früherer Drucke überwunden hat. Technische, gestalterische und organisatorische Belange des gesamten Druckgewerbes sind berechnet und geplant, um Überraschungen womöglich auszuschalten.

Dennoch gibt es immer wieder Druckwerke, die in ihrer formalen Anspruchslosigkeit und samt ihren technischen Mängeln reizvoll sind. Es gibt eine Schönheit von Drucksachen, die darin besteht, daß diese Drucksachen, ohne gestalterische und technische Ambitionen, schlicht ihren Zweck erfüllen. Ihre meist unbekannten Hersteller haben unbewußt echte Zeitdokumente geschaffen, deren Reiz in ihrer Zeitverbundenheit zu suchen ist.

Das bedeutet nun nicht, daß man sich in der Typographie unserer Zeit nach rückwärts orientieren, die formalen Erkenntnisse vergessen und die technischen Errungenschaften ignorieren soll.

Die neuesten technischen Entwicklungen in der Typographie eröffnen dem Spontanen und Zufälligen neue Möglichkeiten. Die Filmsatzverfahren, die nicht mehr an die Technik des Bleimaterials gebunden sind, erlauben eine freie Handhabung des Materials, die bis zur Verformung der Typen reicht. Wenn eine solche Freiheit auch ihre Nachteile hat, da sie jede Formulierung zuläßt, so kann sie vom Typographen doch in einem guten Sinne genutzt werden. Trotz allem werden auch in Zukunft Disziplin, Kühlheit und Sachlichkeit die Merkmale der Typographie sein, da ihr Wesen weitgehend von ihrer technischen und funktionellen Abhängigkeit geprägt ist.

Spontaneous and fortuitous results are foreign to the nature of typography, for the typographical system is based on clarity and precise proportions. The cast printing type and the modern printing machine have made the inadequacies and chance elements of earlier printed works a thing of the past. Throughout the printing trade everything to do with technique, design and organization is calculated and planned so as to eliminate surprises.

Time and again, however, we find printed works which make no claim to formal beauty and yet have a distinctive charm for all their technical shortcomings. There are printed works which are beautiful solely because they set aside all ambition as regards technique and design and simply fulfil their function. Their usually nameless authors have unwittingly created true documents of their age whose charm lies precisely in their being a reflection of the times that produced them.

This does not mean that the typography of today should align itself on the past, forget knowledge of form, or disregard technical achievements.

The latest technical developments in typography open up new possibilities for spontaneity and random effects. Film-setting is a process which dispenses with lead type and allows the material to be freely manipulated and even the type faces to be pulled out of shape. Although such freedom has its disadvantages since it makes any formulation possible, the typographer can nevertheless turn it to good account. All the same, discipline, coolness and objectivity will continue to be the cardinal features of typography in the future since its nature is largely decided by its dependence on technique and function.

Des résultats positifs issus de la spontanéité et du hasard contredisent en fait l'essence de la typographie, qui repose su la clarté et la précision des rapports de mesures. La lettre fond et les machines à imprimer actuelles garantissent une impression ignorant les insuffisances et les imprévus des premiers ouvrages imprimés. Tout le système technique, créateur, organisateur, sur lequel s'appuie la typographie est calculé, schématisé, à seule fin de prévenir, dans la mesure du possible, toute surprise.

Et cependant surgit toujours, de temps à autre, un ouvrage qu malgré ses défauts techniques et son absence de prétention formelle, enchante par son charme. La beauté de certains ouvrages imprimés, sans ambition technique ni formelle, résid dans la simplicité avec laquelle ils atteignent leur but. Ils sont l'œuvre de créateurs souvent inconnus, qui ont donné à trave eux un véritable reflet de leur époque, et tout leur attrait résid dans leur actualité.

Cela ne signifie pas quìl faille faire marche arrière, oublier les connaissances formelles et ignorer les acquisitions technique

Le développement technique récent de la typographie ouvre d nouvelles voies à la spontanéité et au hasard. La photocomposition, qui n'est plus liée au matériel en plomb, permet un libre maniement du matériel, qui va même jusqu'à une transformation des caractères. Si une telle liberté a aussi ses désavantages, car elle tolère toutes les formules, le typographe peut cependant en tirer grand profit. Mais en définitive, discipline, et objectivité resteront les caractéristiques de la typographie dont la dépendance technique et formelle consti malgré tout l'essence même du caractère.

a	b	c	d	e	f
o	h	i	k	l	m
n	o	p	q	r	s
t	u	v	x	y	z
1	2	3	4	5	6
7	8	9	0	ä	ö

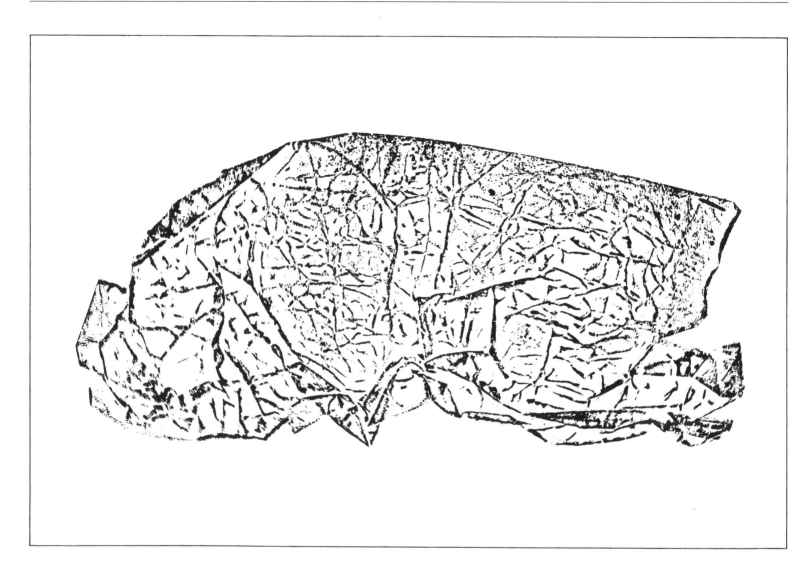

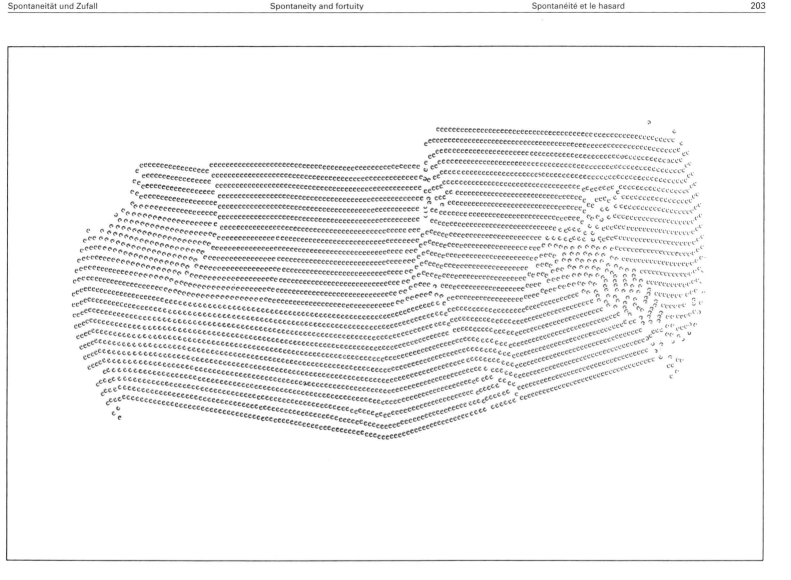

So wie im Zerknüllten, achtlos Weggeworfenen, kann in einem verschobenen Schriftsatz zufällige Schönheit entdeckt werden. Der exakt nach präzisen Maßen geordnete Typensatz fällt auseinander, das heißt er fällt aus dem rechten Winkel, wodurch jedes Satzgebilde aus Blei unbrauchbar wird. Aus dem Nützlichen ist etwas Unbrauchbares geworden, versehen aber mit all jenen Reizen, die so vielen nutzlosen Dingen anhaften.

The chance beauty sometimes seen in a crumpled piece of heedlessly discarded paper can also be found in distorted or displaced type matter. The precise organization of the printing is broken up, i.e. it no longer conforms to a rectangular pattern, and consequently lead type composition can no longer be used. What was useful has become unusable but nevertheless displays all those charms inherent in so many useless things.

Comme elle peut surgir de débris chiffonnés, jet és sans égards, une beauté fortuite peut émaner d'une composition déplacée. La forme de la composition ordonnée selon des mesures précises se désagrège, sort de l'angle droit qui la figeait, et chaque élément qui la constituait devient inutile. C'est ainsi que d'une forme utilitaire naît un désordre, paré pourtant de cet attrait dont sont souvent empreintes les choses inutiles.

Wir vermählen uns an Ostern 1965 Susi Salathé Ludwig Dörr
Wir vermählen uns an Ostern 1965 Susi Salathé Ludwig Dörr

Urs wurde uns am 7. Mai 1966 geboren Susi und Ludwig Dörr
Urs wurde uns am 7. Mai 1966 geboren Susi und Ludwig Dörr
Urs wurde uns am 7. Mai 1966 geboren Susi und Ludwig Dörr

Oben: Vermählungs- und Geburtsanzeigen. Durch das Übereinanderdrucken von Typen entstehen unkontrollierbare Zufälligkeiten, hier im Drehpunkt der sich überkreuzenden zwei und drei Zeilen.

Rechte Seite: Geigy-Propaganda von Fridolin Müller. Der schlicht aufgereihte Satz erhält durch mehrfaches Überdrucken viele Verdichtungen in Rot.

Seiten 206/207:
Das Auftupfen der Buchstaben von Hand bedeutet eine Befreiung von den satztechnischen Gebundenheiten, vor allem von den Gesetzen des Satzaufbaues. Der Aufdruck erfolgt mit geringerer Kraft als beim Maschinendruck, so daß die Fläche nicht voll ausgedruckt wird. Beide Mittel, die freie Anordnung und der schwächere Druck, ergeben Resultate mit Zufallsreizen. In unserem Beispiel ‹Menschen im Krieg› ist der Begriff ‹Krieg› durch Auflösung der Komposition und durch Unreinheit des Auftragens interpretiert worden.

Above: Cards announcing weddings and births. Printing one lot of type over another gives rise to chance effects beyond the compositor's control as exemplified here by the pivot at which two and three lines intersect.

Right: Geigy publicity by Fridolin Müller. Repeated overprinting has resulted in the simply arranged matter acquiring additional red effects.

Pages 206/207:
Overprinting by hand frees the compositor from some of the limitations of normal type setting and enables him more especially to construct his composition in defiance of the normal rules. Less pressure is exerted in overprinting than in mechanical printing with the result that the surface is not so heavily inked. Both the free arrangement and the weaker impression yield results with all the charm of the unpremeditated. In our example "Menschen im Krieg" (People at war) the idea "Krieg" (war) is expressed by the disruption of the composition and the smudgy inking.

En haut: Annonces de mariage et de naissance. Hasard heureux résultant de deux ou trois lignes se coupant et pivotant autour de leur centre de rotation, effet obtenu par surimpressions des caractères.

Page de droite: Publicité Geigy de Fridolin Müller. Mots alignés simplement qui prennent, par plusieurs surimpressions une certaine consistance rouge.

Pages 206/207:
Tamponner les lettres à la main, c'est se libérer des liens techniques, avant tout des lois régissant la composition. L'impression est moins forte qu'à l'impression mécanique, et les surfaces légèrement estompées. Les deux moyens, la libre ordonnance et une impression affaiblie, offrent des résultats qui, tout en étant hasardeux, peuvent être d'une attrayante originalité. Dans l'exemple ‹Menschen im Krieg› (Humanité en guerre), les sens du mot ‹guerre› est rendu par la dissolution la composition et l'imprécision de l'impression.

I n fl a m matioflaInfla▓▓▓▓▓▓▓▓▓▓tication
I n fl a m matioflaInfla▓▓▓▓▓▓▓▓▓▓tication
I n fl a m matioflaInfla▓▓▓▓▓▓▓▓▓▓tication
I n fl a m matioflaInfla▓▓▓▓▓▓▓▓▓▓tication
I n fl a m matioflaInfla▓▓▓▓▓▓▓▓▓▓tication
I n fl a m matioflaInfla▓▓▓▓▓▓▓▓▓▓tication
I n fl a m matioflaInfla▓▓▓▓▓▓▓▓▓▓tication
I n fl a m matioflaInfla▓▓▓▓▓▓▓▓▓▓tication
I n fl a m matioflaInfla▓▓▓▓▓▓▓▓▓▓tication
I n fl a m matioflaInfla▓▓▓▓▓▓▓▓▓▓tication
I n fl a m matioflaInfla▓▓▓▓▓▓▓▓▓▓tication
I n fl a m matioflaInfla▓▓▓▓▓▓▓▓▓▓tication
I n fl a m matioflaInfla▓▓▓▓▓▓▓▓▓▓tication
I n fl a m matioflaInfla▓▓▓▓▓▓▓▓▓▓tication
I n fl a m matioflaInfla▓▓▓▓▓▓▓▓▓▓tication
I n fl a m matioflaInfla▓▓▓▓▓▓▓▓▓▓tication
I n fl a m matioflaInfla▓▓▓▓▓▓▓▓▓▓tication
I n fl a m matioflaInfla▓▓▓▓▓▓▓▓▓▓tication
I n fl a m matioflaInfla▓▓▓▓▓▓▓▓▓▓tication
I n fl a m matioflaInfla▓▓▓▓▓▓▓▓▓▓tication
I n fl a m matioflaInfla▓▓▓▓▓▓▓▓▓▓tication
I n fl a m matioflaInfla▓▓▓▓▓▓▓▓▓▓tication
I n fl a m matioflaInfla▓▓▓▓▓▓▓▓▓▓tication

Ausstellung
Gewerbemuseum Basel

Menschen im

Photos von Robert Capa

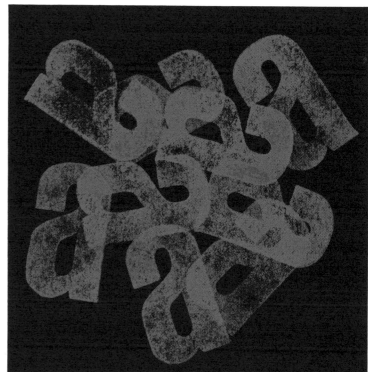

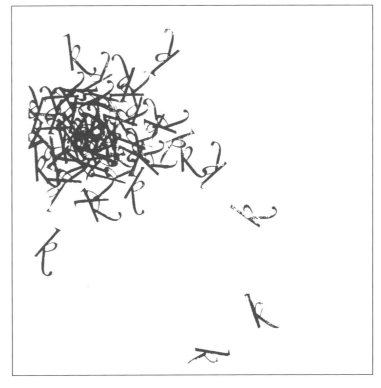

3

к

к

K   3   Spiel   3   K   3   K   3

к   3   3   к

3

3   к

3

3   3

к Zufall   3   K   K   3   K   Zufall   K   3   K   K   3

к   3   к   K

3   к

3   3   к

к   3   3   Zufall   3   к

3   3

K Zufall und Spiel 3 Spiel   Zufall   K   3 Zufall und Spiel Zufall   K   3   K   K Spiel und   K 3

K Zufall und Spiel   K   K Spiel   3 Spiel   Zufall   K   Zufall und Spiel   K Spiel   K Zufall

к   Spiel   3   к

к   Spiel   3   3   к

к   к

к

K

K Zufall und Spiel   Spiel   Zufall und Spiel 3 Spiel   Zufall und Spiel   Zufall und Spiel K Zufall und Spiel   Zufall

Das nie druckende typographische Füllmaterial hat sich hier verselbständigt und wird sichtbar. Es überschreitet seine untergeordnete und dienende Rolle und wird zu einer Form ohne Zweck, der eine eigene Schönheit nicht abzusprechen ist.

Typographical furniture, which does not normally produce an impression, has here relinquished its subordinate and auxiliary role and become visible, producing a purposeless form which cannot, however, be denied a beauty of its own.

Le matériel de remplissage typographique qui jamais ne s'imprime, se rend ici indépendant et devient visible. Il sort de son rôle utilitaire et subordonné, et devient une forme en soi privée de sens, mais non dépourvue d'une certaine beauté.

Durchgestaltung   Integral design   Création intégrale

Heute kann eine Drucksache immer seltener als Einzelsache an sich, sondern muß viel eher als Teil eines größeren Ganzen gestaltet werden. Prospekte und Inserate zum Beispiel als Teile der Werbung einer bestimmten Firma, Bücher oft als Teile der Serie oder des Fachgebietes eines bestimmten Verlages. Solche Bestrebungen verlangen vom Gestalter vor allem ein konsequentes Denken in Zusammenhängen, wobei er unter Umständen im Interesse der Einheit des Ganzen auf gewisse individuelle Züge beim einzelnen Druckwerk verzichten muß.

Die möglichst enge Verflechtung aller Teile eines einzelnen, mehrseitigen Druckwerkes ist in der zeitgemäßen Typographie selbstverständlich. Ein Buch wird in allen Teilen, samt Titelbogen und, wenn möglich, Außentitel, konsequent durchgestaltet. Von der Titelseite ausgehend werden alle übrigen Seiten in die einheitliche Gestaltung mit einbezogen, und zwar in bezug auf Schriftart, Schriftgrad, Durchschuß, Einzüge, Satzspiegel, Vorschlaghöhen usw. Im bebilderten Teil werden die Abbildungen in Größe und Anordnung einem verbindlichen Plan unterstellt, von dem nur selten abgewichen wird. Das mit einem Minimum an Gestaltungsmitteln konzipierte Buch ist nicht nur durch den Textablauf zu einer Einheit zusammengefaßt, sondern ebenso durch die Gleichartigkeit der eingesetzten typographischen Mittel.

Je umfänglicher die Produktion eines Verlages, desto eher sieht sich der Verleger veranlaßt, seine Bücher, nach speziellen Gebieten geordnet, als Reihen zu kennzeichnen. DieseTendenz ist vor allem beim Taschenbuch-Verlag gegeben. Hier erwächst dem Typographen die Aufgabe, die verschiedenen Bücher einer Reihe typographisch so zu interpretieren, daß sie alle als Bestandteil einer bestimmten Reihe sofort erkennbar sind, und zwar in einer Form, die sie von andern Reihen klar unterscheidet.

Die Durchgestaltung von Geschäftsdrucksachen ist eine weitere Forderung unserer Zeit. Vom Briefbogen ausgehend wird das typographisch einheitliche Bild einer Firma angestrebt und konsequent auf sämtliche Drucksachen und Werbemittel der Firma übertragen. Zur Wahrung dieses einheitlichen Firmenbildes sollen folgende typographischen Elemente so unverändert wie nur möglich angewandt werden: Signet, Schriftzug, Farbe, Komposition.

Die Aufgaben der Durchgestaltung können vom Gestalter nur gemeistert werden, wenn er die ganze Struktur eines Auftrages überblicken und aus diesem Überblick heraus disponieren kann. Das Improvisieren von Fall zu Fall hingegen verwehrt den Blick auf das Ganze und erschwert die einheitliche Durchgestaltung.

Nowadays it is becoming increasingly rare for a printing job to be designed in isolation as a single entity; usually it forms part of a greater whole. Brochures and advertisements, for example, form part of a particular firm's advertising; books are often one of a series or an item in the special list of a particular publisher. Under these circumstances the designer must think of his work as a whole and may have to forego certain features in the individual work in the interests of unity.

In contemporary typography it has become an accepted practice to link all the pages of a single multipage work as closely together as possible. A book must be consistently designed throughout, including the title-page and, if possible, the cover title. The title-page is taken as a model for all the others so that type face, type size, leading, indents, type area, blank spaces, etc. fit into the overall pattern. In the illustrated section, there should be a plan determining the setting out and size of the illustrations, and this should be deviated from only in exceptional circumstances. A book which is designed with the minimum of material acquires unity not merely through the arrangement of the text but also through the homogeneity of the typographical means employed.

The greater the output of a publisher, the more he feels he has to identify his books as a series according to the special fields to which they belong. This tendency is particularly marked in paper-back publishing. Here the typographer is faced with the task of interpreting the various books in a series in such a way that they are immediately recognizable and also stand out from other series.

Consistency of design in business printing is another modern requirement. The firm should present a typographically uniform picture, starting with the notepaper and ranging through all the firm's printed matter and advertising. To maintain this uniformity of appearance the following typographical elements should be used with as few changes as possible: symbol, logotype, colour, composition.

To achieve this consistency, the typographer must consider the job in all its component parts before he starts work on his design. Improvising from case to case militates against an overall view and makes it difficult to attain consistency throughout.

Il est rare que de nos jours un ouvrage imprimé puisse être considéré comme une chose unique en soi; il doit toujours pl fréquemment se rallier à un tout. Ainsi des prospectus et des annonces sont conçus en fonction de la publicité générale d'une certaine firme, ou des livres, comme faisant partie d'un série ou d'un domaine spécialisé d'une certaine maison d'édition. Ces tendances exigent que le créateur adapte sa façon de penser et d'œuvrer aux nouvelles circonstances et qu'il renonce à donner à chaque ouvrage une expression qui soit propre pour lui conférer le caractère de l'ensemble dont il fait partie.

Que les différentes parties d'un ouvrage de plusieurs pages soient étroitement liées entre elles est un fait admis en typographie moderne. Un livre est construit d'une manière intégra chaque partie, y compris grand titre et si possible titre de couverture, est élaborée en fonction du tout. Dès les feuilles titres, toutes les pages sont conçues dans cette unité de création qui touche à la fois le style, le corps de caractères, l'interlignage, les renfoncements, la surface de texte, l'axe de construction, etc. Dans la partie illustrée, les images sont réparties selon une maquette préétablie prévoyant leurs grandeurs et leur ordonnance. Dans le livre conçu avec un minimum de moyens de création, il n'est pas que le texte qui soit homogène, mais les moyens typographiques employés doivent également offrir une analogie entre eux.

Plus sa production sera étendue, plus une maison d'édition sera obligée de classer les ouvrages selon des domaines déterminés, d'établir des séries se distinguant les unes des autres un signe de reconnaissance. Le livre de poche donne un exemple typique de cette tendance générale, où le typograph doit donner à une série de volumes un style unique, reconnaissable, spontanément, qui la distinguera des autres séries.

Les travaux de ville et publicitaires ont pris une place considérable dans notre vie moderne. Du plus modeste prospectu à l'enveloppe, tous les imprimés d'une même maison portent le style adopté par celle-ci et inspiré de son activité. Certains éléments typographiques, tels sigle, logotype, couleur, forme d'arrangement, servent de signe de reconnaissance et ne ser si possible jamais modifiés d'une utilisation à une autre.

Le créateur ne pourra se rendre maître de ces exigences et concevoir une interprétation du tout homogène et originale c s'il peut avoir une vue globale de l'activité ou des intentions l'annonceur, et ne pas être soumis à une improvisation fortu de cas en cas, sans regard sur l'ensemble.

nD

nD

nD

nD

nD

nD

nD

nD

nD

nD

nD

Fritz Grüninger

Ludwig van Beethoven
Ein Lebensbild

Schweizer Volks-Buchgemeinde Luzern

Fritz Grüninger

**Ludwig van Beethoven
Ein Lebensbild**

Schweizer Volks-Buchgemeinde Luzern

Eigenwerk der SVB Nr. 124
Lizenzausgabe der Schweizer
Volks-Buchgemeinde Luzern 1951
Copyright by Ferdinand Schöningh,
Paderborn
Druck: A. Röthlin & Co., Sins
Einband: Verlagsbuchbinderei an der
Reuß AG., Luzern

Inhalt

9

Vorwort

Unzählige Stunden hat mich Beethoven erhoben und in mir immer wieder jene Ahnung des Erhabenen wachgerufen, die nur große, echte, wahre Kunst zu wecken vermag. Seine unsterblichen Werke sind Offenbarungen eines Geistes, der in heißem Kampfe aus Nacht zum Licht sich emporringt, uns mitreißt und stark macht.

Den biographischen Grundlagen bin ich in der Darstellung treu geblieben, aber es kam mir in diesem Buche nicht darauf an, jede Einzelheit aus dem vielgestaltigen Leben und Schaffen des Meisters zu zeigen, sondern die großen, wesentlichen Grundzüge sollen ins Licht treten. Dieser Absicht dient die Ausgestaltung einzelner Szenen.

Weinheim an der Bergstraße, 26. März 1951, am Todestag Beethovens.

Dr. Fritz Grüninger.

7

Durch das einzige Fenster des kleinen, schiefwandigen Zimmers ergossen sich freundliche Sonnenstrahlen und umspielten die stille Gruppe in der Ecke des engen Raumes, die schlafende Mutter und ihren zehn Tage alten Sohn. Die junge Frau van Beethoven lag matt und blaß im Bett. Daneben stand die Wiege des kleinen Ludwig. War es der Sonnenschein, der, die ärmliche Stube vergoldend, auch ihre so gramdurchfurchten, ernsten Züge heiterer, ja fast lächelnd erscheinen ließ? Oder trug sie ein beglückender Traum über die bleierne Schwere der Sorgen hinweg? Das feine, ovale Gesicht der erst Dreiundzwanzigjährigen verriet unverkennbare Spuren eines ihrem Alter seltenen Ernstes, eines still getragenen Leides.

Ganz leise wurde die Türe geöffnet. Der Großvater schob sich langsam über die Schwelle, vorsichtig, um Mutter und Kind nicht zu stören. Aber der Schlaf der Wöchnerin war leicht genug, um auch durch das geringste Geräusch unterbrochen zu werden. Schwer atmend wachte sie auf und schaute, noch im Halbschlaf, verwundert um sich. Dann lag sie wieder reglos, und

13

Durchgestaltungsschema eines Buches mit Außentitel, Innentitel, Copyright-Vermerk, Inhaltsverzeichnis, Vorwort und Textseite in verkleinertem Maßstab. Von der Textseite ausgehend werden alle dort abgeklärten Proportionen so konsequent wie möglich auf das ganze Buch übertragen: Größe der Typen, Anordnung innerhalb des Formates, Einzüge, Vorschläge usw. In dem gut gestalteten Buch weicht keine Seite in ihren Proportionen von der Gesamtgestaltung ab. Von innen nach außen gestaltet nehmen alle Buchseiten an der Gesamtkonzeption teil.

Overall design for a book with cover, title, copyright, list of contents, preface and text page on a reduced scale. The proportions of the text page are taken as basic and transferred as consistently as possible to the whole book: type sizes, arrangement within the format, indents, blank spaces, etc. If the book is well designed no single page will stand out from the others because of its different proportions. Since they are designed "from the inside out" all the pages of the book reflect the overall conception.

Maquette d'interprétation en réduction d'un livre avec grand titre, faux titre, copyright, table des matières, avant-propos et départ du texte. La suite de la composition conservera autant que possible les mêmes proportions et le même style: corps des caractères, ordonnance à l'intérieur d'un format donné, débuts de chapitres. Un livre bien composé et mis en pages doit présenter, à l'extérieur comme à l'intérieur, une unité de style, une harmonie et un équilibre qui en feront une œuvre de goût.

Die konsequente Durchgestaltung mehrerer Buchaußentitel kann zum Merkmal einer Buchreihe werden. Alle Außentitel der selben Reihe müssen einer verbindlichen Gestaltung unterstellt werden. Das Verbindende kann sein: Farbe, Signet, Schrift, Komposition. Für den Verlag mit großer Produktion entsteht die dringende Forderung, gleichgeartete Publikationen in Buchreihen zusammenzufassen, und die Typographie eignet sich zur Signalisierung solcher Reihen ganz vorzüglich.

Covers presented in consistent typographical style are one way of making series readily recognizable. All the cover titles of the same series must comply with an overall design. The linking element may be colour, publisher's imprint, type face, or composition. If the publisher introduces a large number of books, he will do well to arrange publications of a similar character in series, and typography provides a very suitable means of making these easy to identify.

Une même interprétation donnée à plusieurs titres de livres peut devenir la marque distinctive d'une collection. Ce caractère d'unité peut s'exprimer par la couleur, un emblème, le style d'écriture, la composition générale. La maison d'édition à gros tirages est tenue de réunir les publications de même présentation en collections que la typographie saura très avantageusement signaler d'une marque de reconnaissance.

Rombach & Co. GmbH
Verlag und Buchdruckerei
Rosastraße 9
Telefon 315 55-57

Geschäftspapiere, Privat-
drucksachen, Prospekte
Kataloge, Zeitschriften

Riegeler Bier
immer bevorzugt

Bollerer
Ihr Kleiderberater
Kaiser-Joseph-Straße
202-206
Eisenbahnstraße 1

festliche, modische,
elegante Kleidung

Pelz Hog
Bertoldstraße 48-50
am Theater
Parkplatz hinter dem Hause

anspruchsvolle Eleganz
schätzt immer Pelzwaren
von Pelz Hog

Badische Kommunale Landesbank Girozentrale
Öffentliche Bank und
Pfandbriefanstalt
Zweiganstalt
Freiburg im Breisgau
Fahnenbergplatz 1
Erledigung aller Bank-
geschäfte

Fernruf-Sammel-Nr. 3 18 11
Fernschreiber 0772 867

Foto Dietzgen	Kaiser-Joseph-Straße 232 Ruf 4 70 62 Foto-Handlung Foto-Atelier Agfa-Color-Labor Großes Kameralager
Tannenhof	Krönung eines festlichen Abends
Tapetenhaus Krausche	Talstraße 1a, Ruf 3 2768 Tapeten, Stoffe, Teppiche, Linoleum, Stragula
Ruef-Kaffee	jetzt noch besser!
Kleiderhaus Müller	Freiburg—Emmendingen Schöne Stunden im festlichen Glanz — natürlich in gepflegter Kleidung von Kleiderhaus Müller
SSG Peter J. Hauser	Kaiser-Joseph-Straße 261 Telefon 3 21 46 Papier- und Schreibwaren in großer Auswahl

Photo-Stober	Das große Photo-Kino- Fachgeschäft Voigtländer Perkeo 5 x 5 der formschöne, halb- automatische Dia-Projektor einschl. Kasette DM 132.—
Gasser & Hammer	Badens größtes Spezial- haus für Damenbekleidung wünscht Ihnen einige Stunden erholsamer Freude und Erbauung
Kaiser	Freiburg im Breisgau Herrenstraße 50-52 und Kaiser-Joseph-Str. 172-174 Wo man von guter Kleidung spricht, fallt stets der Name Kaiser
F. Scherer	Einrichtungshaus GmbH Freiburg im Breisgau Möbel, Orient-Teppiche Deutsche Teppiche Dekorationen Innenausbau
Ganter Bier	ausgezeichnet . . . Im Ausschank, Gaststätte Greif gegenüber dem Theater
E. Klingenfuß Nachfolger	Holzmarkt 10, Tel. 3 28 96 Ihr Spezialhaus für Krankenpflegeartikel Höhensonnen „Hanau" Alleinverkauf der Nieren- binde nach Dr. Gibaud

Programmheft der Städtischen Bühnen Freiburg im Breisgau. Nicht nur Umschlag und Textinhalt, sondern auch die Inserate werden von der einheitlichen Gestaltung mit erfaßt. Die Inserate sind hier nicht mehr ein notwendiges Übel, mit dem man sich abfinden muß, nämlich individuelle Gestaltung mit unterschiedlichen Schriften, je nach Laune des Auftraggebers, sondern die Inserate sind in die Gesamtgestaltung integriert.

Programme brochure of the municipal theatres of Freiburg in Breisgau. Not only the jacket and text but also the advertisements form part of an overall design. Advertisements cease to be individual designs set in a variety of types at the whim of the advertiser – a necessary evil to which one must become reconciled – and may instead be integrated with the overall conception.

Cahier de programme des scènes municipales de la ville de Fribourg-en-Brisgau. Couverture, texte intérieur et annonces présentent la même unité de conception. Les annonces ne sont pas là un mal inévitable, dont il faut s'accommoder – entre autres dessins et signatures individuelles disparates – mais sont intégrées dans la composition générale.

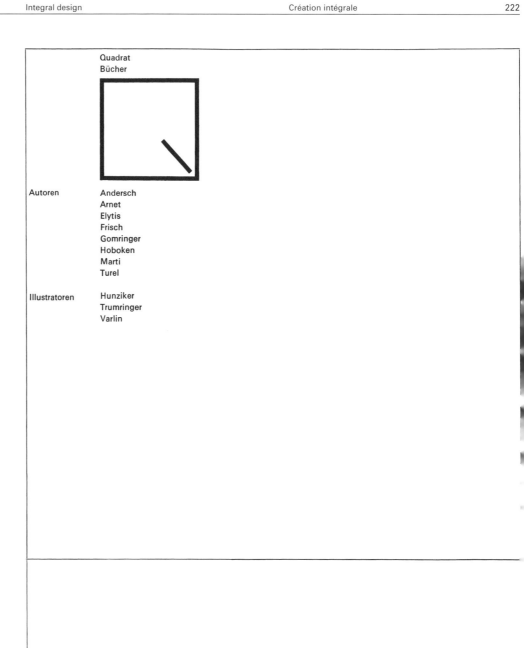

Quadrat
Bücher

Autoren

Andersch
Arnet
Elytis
Frisch
Gomringer
Hoboken
Marti
Turel

Illustratoren

Hunziker
Trumringer
Varlin

Quadrat
Bücher

Geschäftspapiere bedürfen heute dringend einer Durchgestaltung. Alle Drucksachen einer Firma sollen in der Flut des Gedruckten durch ein verbindliches Element gekennzeichnet werden, durch ein Signet, durch eine ‹Hausfarbe›, durch eine Schrift oder duch eine charakteristische, gleichbleibende Komposition. Das Verbindliche soll gleichbleibend auf sämtlichen Drucksachen erscheinen (auf Visiten- und Geschäftskarten, Briefbogen, Offertformularen, Rechnungsformularen und auf den verschiedenen Briefumschlägen).

Today business stationery is in particular need of overall design. A firm's printed matter should stand out from the flood of paper by virtue of some common element such as a symbol, a "house colour", a type face or a characteristic form of composition. Whatever the common element is, it should figure unchanged on visiting and business cards, notepaper, estimate forms, invoices, and on all the various envelopes the firm uses.

Il est urgent de nos jours que les documents commerciaux soient soumis à une interprétation. Les imprimés édités par une entreprise doivent se différencier de l'afflux des autres imprimés venant de l'extérieur par un signe distinctif, par un emblème ou une ‹couleur maison›, par une similitude de style ou un type de composition immuable. Cet élément d'unité doit apparaître dans tous les imprimé, cartes de visite ou commerciales, en-têtes de lettres, diverses enveloppes, formulaires de devis, de factures, etc.

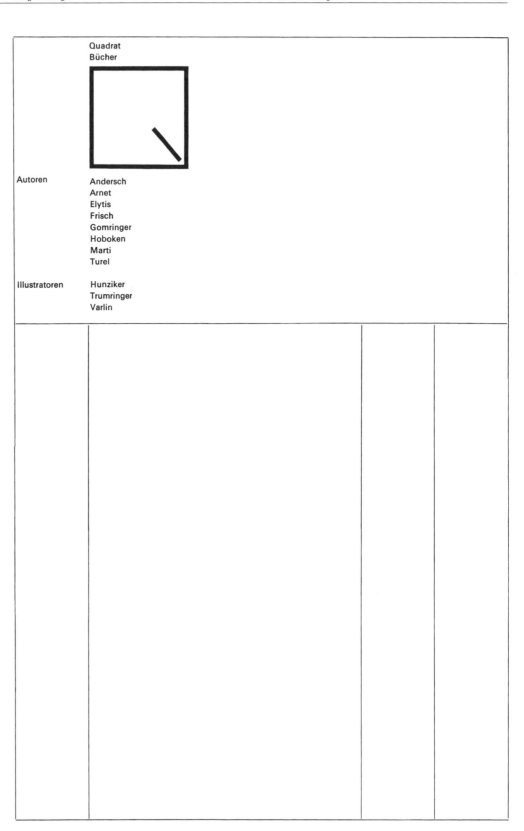

Eine Durchgestaltung kann dadurch erreicht werden, daß für eine Arbeit ein Rastersystem ausgearbeitet wird, dem sich alle Elemente unterordnen. Im Bauplan der Klosteranlage St.Gallen aus dem frühen 9.Jahrhundert ist es das Quadrat, von dem der Aufbau des ganzen Grundrisses ausgeht. Damit wird jeder Bauteil mit dem andern in eine feste Beziehung und in eine wirkliche Verbindung gebracht; die Anlage vermittelt einen Ausdruck der Planung und der einheitlichen Gesinnung.

Consistency of design can also be achieved by devising an underlying grid pattern to which all the elements must comply. The Abbey of St.Gall was built in the early 9th century on a plan based on the square. In this way every part of the building acquired a fixed relation to the others and was assigned a proper place in the whole; the lay-out thus conveys an impression of planning and uniform purpose.

Dans l'interpétation d'une œuvre, on peut avoir recours à une trame comme élément d'unité, à laquelle tous les autres éléments seront alors assujettis. Les bâtiments du cloître de St-Gall, qui datent du 9e siècle, ont été érigés selon un plan de construction prenant comme élément de base fondamentale le carré. Les diverses parties de la construction se trouvent donc dans un étroit rapport les uns avec les autres et de l'ensemble se dégage une expression d'homogénéité et d'unité spirituelle.

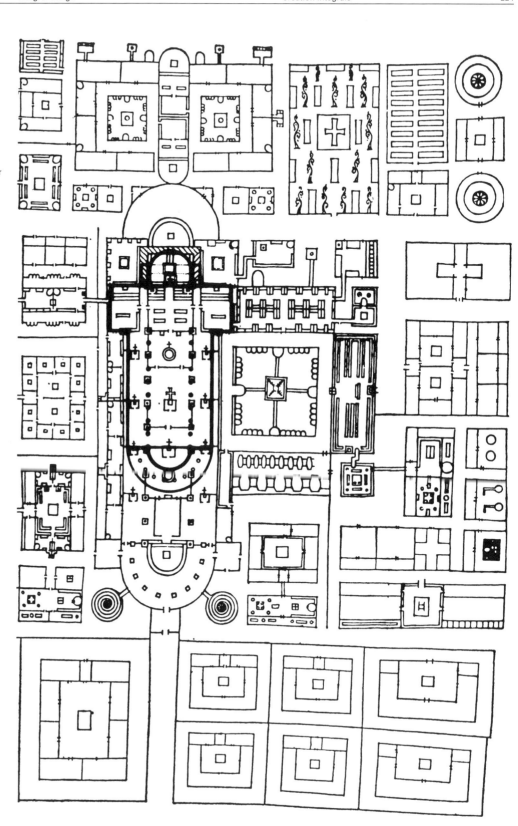

Eine Rastereinheit von 9 Quadraten bildet die Grundlage für verschiedene Bildgrößen, welche hier fett umrahmt sind. Es ergeben sich 24 Möglichkeiten verschiedener Stellungen und Größen, und jede Bildgröße ist in Stellung und Größe im Plan des Ganzen verankert.

A grid unit of 9 squares forms the basis for various picture sizes, here shown in bold frames. There are 24 possible positions and sizes, all different, and each picture size is firmly established in the overall plan as regards position and size.

Une unité de trame de 9 carrés forme la base de divers formats d'images qui sont ici fortement cadrées. Il en résulte 24 possibilités de positions et de grandeurs, et chaque image est en relation avec le tout par sa position et son format.

In den ersten heiteren Vorfrühlingstagen kommt mit der Regelmäßigkeit eines Naturgeschehens im Jahresablauf das Spiel mit den «Gluggern», andernorts Marmeln genannt, auf die Straßen und Plätze unserer Stadt, um nach einigen Wochen wieder ebenso naturhaft zu verschwinden. Niemand macht dafür Propaganda, niemand trifft irgendwelche Anordnungen. Eines Tages ist das Spiel einfach da und wird von den Kindern mit ganzer Hingabe gespielt, wo es auch sei, wenn nur dazu ein kleines Loch vorhanden ist oder im Boden herausgegrübelt werden kann. Oder es wird in einer andern Art mit «botschenn» fast wie ein verkleinertes Boccia- oder Boulespiel betrieben. Im «Gluggern» ist alles enthalten, was das Spiel charakterisiert: das Spontane, das freiwillige Mitmachen wann und solange es einem gefällt, der Wettstreit und das Risiko, der Spielraum und die strengen Spielregeln, die große Ernsthaftigkeit und schließlich die Möglichkeit, jederzeit aus dem Zauberkreis des Spiels hinauszutreten ins «normale Leben».

Seiten 226/227/228
Ein Bild- und Textbuch, auf der Grundlage eines Rasters von 9 Quadraten aufgebaut. Der Raster ist hier das Mittel, das die unterschiedlichen Textmengen, unterschiedlichen Bildgrößen und Bildformate zu einer formalen Einheit zusammenfaßt. Im Endergebnis soll der Raster nicht auffallen, er soll von der Verschiedenheit der Werte und Bildthemen übertönt werden.

Pages 226/227/228
A book containing pictures and text based on a grid pattern of nine squares. This pattern is the means of establishing a formal unity between the different amounts of text and different sizes and shapes of picture. The pattern should not be conspicuous in the final result but rather be concealed by the diversity of pictorial subjects and typographical values.

Pages 226/227/228
Un livre illustré construit sur la base d'une trame de 9 carrés. La trame est ici l'élément d'unité reliant entre eux les divers textes et formats d'images. Dans le résultat définitif, la trame ne doit pas être trop frappante, mais seulement perceptible à travers la diversité des valeurs et des sujets d'illustration.

Ein großer Anreiz zum Spiel liegt in allen technischen Dingen, die man aus sich selbst heraus zur Aktion bringen kann. Gewährt schon ihre Herstellung allerlei Schöpferfreuden, so fühlt man sich im Spiel mit den kleinen Wunderdingen der Technik in einer andern Welt, sei es, daß man an den Schaltknöpfen einer Modelleisenbahn für Stunden zum Lokomotivführer, Bahnhofvorstand und Fahrplanchef in einem wird, sei es, daß man den Schleier um das Geheimnis des Fliegens ein wenig lüften kann. Hat das Spiel sich die Technik erobert oder die Technik den spielenden Menschen? Wahrscheinlich sind beide im Bereich des Spieles wie sonst im Leben wechselweise Sieger und Besiegte.

60   61

Ein Spiel der Natur mit Licht und Schatten, mit Formen und Farben bei den mit ihrem hellen Grün in der Sonne leuchtenden Sumpfzypressen (Taxodium distichum) an den Weihern in den «Langen Erlen».

Es ist etwas Eigenartiges um die Menschen im Park. Sie kommen oft zu vielen Hunderten, sitzen mit sichtlichem Behagen wenn's frisch ist in der Sonne, wenn's recht heiß ist im Schatten, einzeln, zu zweien, im Familien- oder Freundeskreis zusammen in der wohligen Atmosphäre, die von den vielen ähnlich gestimmten Menschen ausgeht. Aber es ist bis jetzt aus den Vielen noch nie eine Masse geworden, kaum jemand gibt sich selbst auf. Ihr Abstand untereinander ist ein Spannungszustand zwischen den Polen des Individuums und der Gesellschaft, zwischen Alleinsein und Zusammensein, den hier jeder genau nach seinem Bedürfnis und nach seiner Lust einregulieren kann. Dadurch wird der Park, sofern er nicht zu geschäftlicher und politischer Reklame mißbraucht wird, was bei uns glücklicherweise nicht der Fall ist, zu einem Faktor geistiger und seelischer Gesundheit der Stadtbevölkerung.

104   105

Nirgends tritt die unbewußte Paradiesessehnsucht des Menschen stärker in Erscheinung als im Gartenbad. Er bewegt sich beinahe im Adamskostüm, läßt seine Haut an der Sonne rösten, um nicht mehr nackt, sondern gleichsam von der Natur angezogen zu scheinen, und fühlt sich ihr beim Sonnenbaden, Springen, Tauchen und Schwimmen näher als bei irgend einer andern Tätig- oder besser Untätigkeit; denn im Paradies gibt's keine Arbeit. Aber wie er sich das erste Paradies verdarb, so verdirbt er sich alle folgenden. Unsere Ströme, Flüsse, Bäche und Seen sind bald alle verschmutzt und ihre Ufer mit irgendetwas von irgendwem verbaut. Die vor wenigen Jahrzehnten noch vorhandenen natürlichen Badeparadiese werden immer seltener und auf ihren Rasenteppichen liegt, sich zur Qual, sozusagen Mensch an Mensch. So geht er hin und baut sich im Schweiße seines Angesichts neue Paradiese und filtriert sein Schmutzwasser, damit er wieder baden, springen, an der Sonne liegen und vielleicht gelegentlich auch darüber sinnen kann, warum die Stunden solch beinah paradiesischer Glückseligkeit mit immer größeren Aufwendungen erkauft werden müssen.

90   91

28   207

Variationen   Variations   Variations

Variation ist Abwechslung, ist lebendige Veränderung, im Gegensatz zur Konstante, zum unveränderlich Feststehenden. In der Musik bedeutet Variation die Veränderung einer musikalischen Idee, die Abwandlung eines Themas oder eines Mittelwertes. Variation bedingt das Herausheben eines Mittelwertes und die Fähigkeit, diesen mittleren Wert so oft wie möglich abzuwandeln.

Auf der gegenüberliegenden Seite wurde das Thema ‹Punkt und Linie› abgewandelt. Die entstandenen 36 Variationen sind nur ein Bruchteil der beinahe unbegrenzten Möglichkeiten. In einer immer gleichbleibenden, quadratischen Fläche können weitere Themen variiert werden: 2 Punkte und 1 Linie, 1 Punkt und 2 Linien, 3 gleich fette Linien, 3 Punkte gleicher Größe, 3 Punkte verschiedener Größe, 1 runde Fläche und 1 Punkt, 1 runde Fläche und 1 Linie, 3 verschieden fette Linien, 3 verschieden große und verschieden fette Buchstaben usw. Ziel ist das Herausarbeiten Hunderter von Lösungen unter strikter Beschränkung auf das jeweilige Thema, und es empfiehlt sich, diese mannigfaltigen Lösungen skizzenhaft in vorgedruckte Quadrate einzutragen. Diese elementaren Übungen schulen die Beweglichkeit und die Fähigkeit des Typographen, ein bestimmtes Thema immer wieder neu zu sehen und von einer anderen Seite her anzugehen.

Das Druckwerk unserer Zeit verlangt nach Variationen. Der unverändert sich wiederholende Text eines Zeitungsinserates zum Beispiel kann in vielfältige Kompositionen abgewandelt werden; der Leser liest wiederholt den gleichen Text, die immer wieder neue Form aber ist ein neuer Anreiz zur Beachtung. Möglichkeiten zur Variation eines unveränderten Grundthemas bieten auch Prospekt- und Zeitschriftenumschläge, Plakate, Packungen, Geschäftspapiere, Umschläge für Buchreihen usw.

Der Typograph kennt drei Möglichkeiten der Variation: Abwandlung von Komposition, Schriftart oder Farbe bei unverändertem Text. Variation des Textes bei gleichbleibender Komposition, Schriftart und Farbe. Abwandlung aller Elemente, Text, Komposition, Schriftart und Farbe, wobei darauf zu achten ist, daß das Grundthema immer erkennbar bleibt.

Variation involves change – the vitality of transformation, in contrast to constancy – the fixity of the invariable. In music variation means the mutation of a musical idea, the transformation of a theme or a mean value. Variation involves singling out a mean value and calls for the ability to put this mean value through as many transformations as possible.

On the opposite page we can see variations on the theme "dot and line". The 36 variations shown are only a fraction of the almost unlimited possibilities. Variations can be composed round other themes within an unchanging square: 2 dots and 1 line, 1 dot and 2 lines, 3 lines of equal thickness, 3 dots of equal size, 3 dots of different size, 1 round surface and 1 dot, 1 round surface and 1 line, 3 lines of different thicknesses, 3 letters of different sizes and different degrees of boldness, etc. The aim is to devise hundreds of arrangements while adhering strictly to the theme in question, and it is a good plan to sketch out these various ideas in preprinted squares. Elementary exercises like these help the typographer to develop versatility and the ability to see a given theme in a multitude of different ways and to tackle it from different angles.

Printing today calls for variation. Take a newspaper advertisement for instance. The same text appears time and again, but if a variety of typographical compositions are used, the reader will read the same text but at the same time his attention will be sharpened by the constantly changing form. Similar opportunities for variations on a fixed theme are afforded by covers for brochures and journals, posters, packages, business stationery, jackets for books in series, etc.

There are three possibilities of variation at the typographer's disposal: Variation of the composition, typeface or colour in an unchanged text. Variation of the text while composition, typeface and colour remain unchanged. Variation of all elements, i.e. text, composition, typeface and colour, care being taken that the basic theme still remains recognizable.

La variation est changement, transformation vivante, à l'encontre de l'immuabilité, de la constance. En musique, une variation est la transformation d'une idée musicale, la métamorphose d'un thème ou d'une valeur centrale. Une variation comprend le dégagement d'un thème principal et sa transformation en le plus grand nombre de figures possibles.

Sur la page ci-contre, nous assistons à la métamorphose du sujet ‹Point et ligne›. Les 36 variations obtenues ne sont qu'un épisode de cette transformation presque sans limite. Dans une surface carrée, immuable, d'autres thèmes peuvent subir des variations: 2 points et 1 ligne, 1 point et 2 lignes, 3 lignes d'égal épaisseur, 3 points d'égale grandeur, 3 points de grandeurs différentes, une surface ronde et 1 point, une surface ronde et 1 ligne, 3 lignes d'épaisseurs différentes, 3 lettres de grandeur et d'épaisseur différentes, etc. Nous voyons que le but est de dégager des centaines de solutions sans altérer le thème principal, et il est conseillé d'esquisser ces multiples solutions dans des carrés imprimés.

Ces exercices élémentaires enseignent au typographe à aborder un thème de divers côtés et développent chez lui la mobilité et la faculté de donner à ce thème un aspect toujours différent. Les ouvrages imprimés de notre époque sont friands de variations. Le texte permanent d'une annonce de presse qui se répète peut être modifié de mille manières. Le lecteur a toujours affaire au même sujet mais sous une forme qui a l'attrait de la nouveauté. Nous trouvons quantité d'autres possibilités de variations d'un thème central dans les couvertures de prospectus et de revues, dans les affiches, les emballages, les papiers commerciaux, les jaquettes de livres, etc.

Le typographe connaît trois possibilités de variations: modifier la composition, les caractères ou la couleur autour du texte qui reste inchangé; modifier le texte en conservant les mêmes composition, caractères et couleur, ou transformer tous les éléments: texte, composition, caractères et couleur, auquel cas il faut prendre garde que le thème principal soit toujours bien visible.

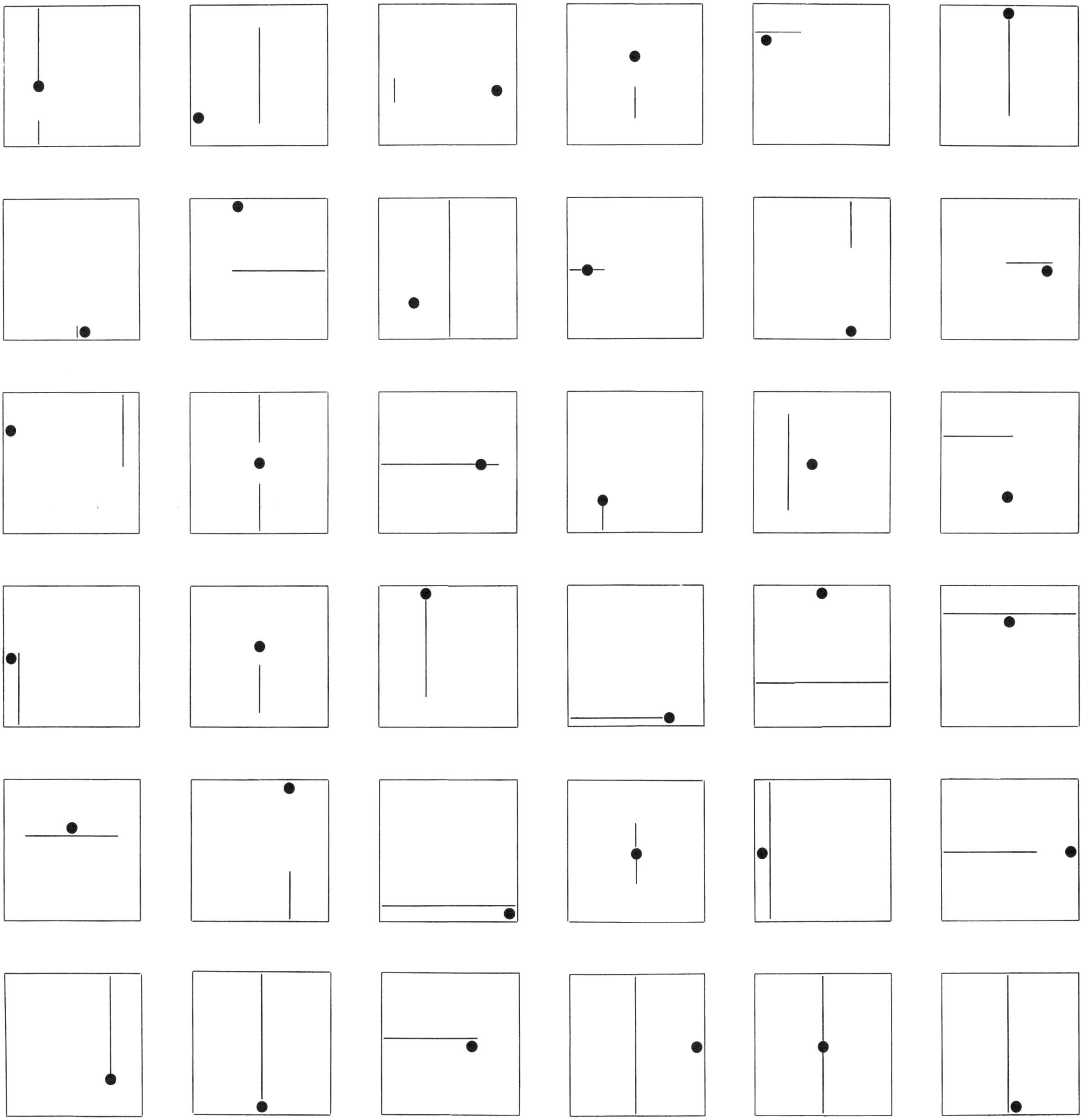

Verwenden
Sie das
Qualitätspapier
Hard-Mill
Feldmann, Dutli & Co. Zürich

Verwenden
Sie das
Qualitätspapier   Hard-Mill

Feldmann

Dutli & Co.

Zürich

Hard

Mill   Verwenden Sie
              das
              Qualitätspapier
              Hard-Mill
              Feldmann
              Dutli & Co. Zürich

Verwenden Sie das

Qualitätspapier

Feldmann,
Dutli & Co.
Zürich   Hard-Mill

Verwenden Sie

das Qualitätspapier Hard-Mill
              Feldmann
              Dutli & Co.
              Zürich

Feldmann
Dutli & Co. Zürich

Verwenden

Sie

das   Qualitätspapier
             Hard-Mill

Verwenden Sie
das
Qualitätspapier

Hard-Mill

Feldmann
Dutli & Co. Zürich

Verwenden Sie
das Qualitätspapier Hard-Mill
              Feldmann,
              Dutli & Co.
              Zürich

Verwenden Sie
das
Qualitätspapier
Hard-Mill
Feldmann
Dutli & Co. Zürich

Verwenden Sie
das Qualitätspapier Hard-Mill

Feldmann Dutli & Co. Zürich

Verwenden Sie
das Qualitätspapier Hard-Mill

Feldmann,

Dutli & Co.

Zürich

Verwenden

Sie das

Qualitätspapier

Hard-Mill

Feldmann Dutli & Co.

Zürich

Verwenden   Feldmann
Sie das   Dutli & Co.
Qualitätspapier Zürich
Hard-Mill

Verwenden

Sie das

Qualitätspapier

Hard-Mill   Feldmann,
                Dutli & Co.
                Zürich

Verwenden Sie
das Qualitätspapier Hard-Mill

Feldmann Dutli & Co. Zürich

Verwenden Sie
das Qualitätspapier Hard-Mill
Feldmann, Dutli & Co. Zürich

Verwenden Sie

das
Qualitätspapier
Hard-Mill

Feldmann
Dutli & Co.
Zürich

Verwenden   Sie
             das
             Qualitätspapier
             Hard-Mill

             Feldmann
             Dutli & Co.
             Zürich

```
FEHLER    FHELRE    FLEEHR    FELERH    FREELH    HFELRE
FHELER    FHRELE    FLERHE    FEHLRE    FREHLE    HFRELE
FLEHER    FHREEL    FLREHE    FEHREL    FRLEHE    HFREEL
FEEHLR    FHLREE    FLHREE    FEHELR    FRHELE    HFLREE
FRELEH    FHEELR    FLREEH    FEHRLE    FRHEEL    HFEELR

FEELHR    EFLERH    EEHFLR    ERELFH    EELRHF    REEFLH
FEELRH    EFHLRE    EEHFRL    EREHLF    EEFLHR    REEFHL
FELERH    EFHREL    LEEFRH    EREHFL    REEHLF    EREFLH
FEEHRL    EFHELR    LEEFHR    EEHRFL    REELFH    EREFHL
FEERLH    EFHRLE    HEELFR    EEHLFR    REELHF    ERELHF

ERHLFE    EHRLFE    EEFHLR    EELFHR    EHFLRE    EFLEHR
LREHFE    RHELEF    EEFLRH    EELHRF    RHFELE    EFLRHE
RELHFE    HEELFR    EEFRLH    EELFRH    RHFEEL    RFLEHE
ELREFH    REEHFL    EEFRHL    EELHFR    LHFREE    HFLREE
RLHEFE    EEHRFL    EEFHRL    EELRFH    EHFELR    RFLEEH

EFRELH    LEFERH    HLERFE    HLEEFR    EHLERF    RHLEFE
EFRHLE    HEFLRF    LEREFH    ELHEFR    HELERF    HRLEFE
LFRHEE    HEFREL    ERFEHL    EHELFR    LEHERF    HRELFE
HFRLEE    HEFELR    RFEHLE    ELEHFR    EEHLRF    LRHEFE
HRFEEL    HEFRLE    LERHEF    LEEHFR    RELEHF    HLREFE

HLEERF    ERLEFH    RHEEFL    HRELFE    HRELEF    RFEELH
ELHERF    ELERFH    EHREFL    ERLHFE    ERLHEF    RFEHLE
EHELRF    LEERFH    EHERFL    LERHFE    LERHEF    RFLEHE
ELEHRF    EERLFH    EERHFL    RLEHFE    RLEHEF    RFHELE
LEEHRF    RLEEFH    HEERFL    ELRHFE    ELRHEF    RFHEEL

LFEEHR    EFELHR    EFLEHR    LEFERH    EFRELH    EHFLRE
LFERHE    EFELRH    EFLRHE    HEFLRE    EFRHLE    RHFELE
LFREHE    EFLERH    RFLEHE    HEFREL    LFRHEE    RHFEEL
LFHREE    EFEHRL    HFLREE    HEFELR    HFRLEE    LHFREE
LFREEH    EFERLH    RFLEEH    HEFRLE    HRFEEL    EHFELR
```

Linke Seite:
Das Wort FEHLER ist 180mal abgewandelt. So oft können die sechs Buchstaben umgestellt werden, ohne daß eine Wiederholung entsteht. Dieses Beispiel zeigt, wie vielfältig bewegliche Werte abgewandelt werden können.

Rechte Seite:
Die Zeile ‹schwager› ist im ersten Beispiel regelmäßig gesperrt, in den weiteren Beispielen variiert die Sperrung. Die Zeile ist für eine Handsetzerei bestimmt, und das Vorgehen versinnbildlicht die Beweglichkeit des Handsatzes.

Left-hand page:
The word FEHLER is the subject for 180 variations. This is the number of times the six letters can be re-arranged without repetition. This example shows the large number of variations of which variable elements are capable.

Right-hand page:
In the first example the word "schwager" has regular letter-spacing whereas in the other examples the spacing is varied. The line forms a device for a typesetting establishment and the procedure shows how versatile this form of composition can be.

Page de gauche:
Le mot ‹FEHLER› est modifié 180 fois. Ces six lettres peuvent en effet être interverties autant de fois sans qu'une même disposition se répète. Exemple montrant les multiples possibili-tés d'assembler un petit nombre de formes mobiles.

Page de droite:
Dans le premier exemple, la ligne ‹schwager› est régulièrement espacée. Dans les exemples suivants, les espacements varient. Ceci figure la mobilité de la composition manuelle.

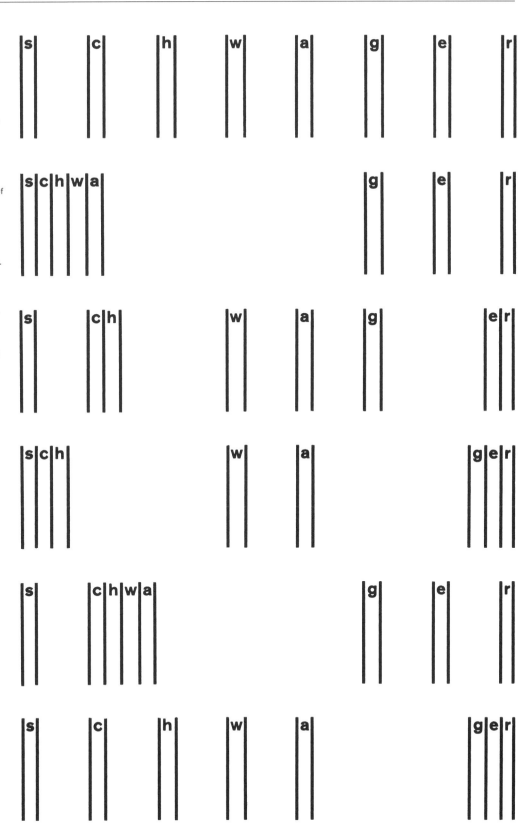

typographischemonatsblätter
typographischemonatsblätter
typographischemonatsblätter
typographischemonatsblätter
typographische monatsblätter
typographische monatsblätter
typographische monatsblätter
typographische monatsblätter
typographische monatsblätter
typographische monatsblätter
typographische monatsblätter
typographische monatsblätter
typographische monatsblätter
typographische monatsblätter
typographischemonatsblätter
typographischemonatsblätter

typographische   monatsblätter
typographische   monatsblätter
typographische   monatsblätter
typographische   monatsblätter
typographische   monatsblätter
typographische   monatsblätter
typographische   monatsblätter

typographischemonatsblätter
typographische   monatsblätter
typographische   monatsblätter
typographische   monatsblätter
typographische   monatsblätter
typographische   monatsblätter
typographische   monatsblätter
typographische   monatsblätter
typographische   monatsblätter
typographische   monatsblätter
typographische   monatsblätter

typographischemonatsblätter
typographische   monatsblätter
typographische   monatsblätter
typographische   monatsblätter
typographische   monatsblätter
typographische   monatsblätter
typographische   monatsblätter

revue suisse de l'imprimerie
revue suisse de l'imprimerie
revue suisse de l'imprimerie
revue suisse de l'imprimerie
revue suisse de l'imprimerie
revue suisse de l'imprimerie
revue suisse de l'imprimerie
revue suisse de l'imprimerie
revue suisse de l'imprimerie
revue suisse de l'imprimerie
revue suisse de l'imprimerie
revue suisse de l'imprimerie
revue suisse de l'imprimerie
revue suisse de l'imprimerie
revue suisse de l'imprimerie
revue suisse de l'imprimerie
revue suisse de l'imprimerie
revue suisse de l'imprimerie
revue suisse de l'imprimerie
revue suisse de l'imprimerie
revue suisse de l'imprimerie
revue suisse de l'imprimerie

Für die Umschlagseiten einer typografischen Zeitschrift ist das gegebene Thema in Schriftart und Stellung der Gruppen abgewandelt. Die Variationen lassen das Grundthema intakt.

For the covers of a typographical magazine variations have been made on a given theme in respect of type face and group positioning. The variations leave the basic theme intact.

Pour les couvertures d'une revue typographique, le sujet donné est transposé dans les caractères et la position des groupes. Les variations laissent le sujet de base intact.

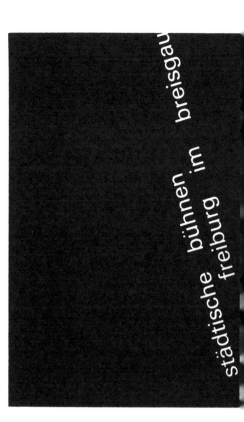

Die Titelseiten eines Programmheftes für die Städtischen Bühnen Freiburg sind in der gleichen Schriftart und in gleichbleibender Größe gesetzt. Die Arbeiten variieren nur durch die Anordnung der Zeilen. Die Schrägstellung ist durch die ganze Serie hindurch unverändert.

The title-pages of programmes for the Freiburg municipal theatres are set in the same typeface and size. Only the disposition of the lines is different. The oblique arrangement remains the same throughout the whole series.

Les feuilles de titre s'un cahier de programmes des cènes mi cipales de la ville de Freiburg sont toutes imprimées avec la même grandeur et famille de caractères. La variété réside uniquement dans l'ordonnance des lignes. La disposition oblique reste inchangée.

Die Zeile ‹TEXTIL› wird unverändert zu immer neuen Struk-
turen aneinandergereiht. Von insgesamt 50 Lösungen sind hier
10 gezeigt. Die Übungen sollen die Fähigkeit schulen, einen
gegebenen Wert immer wieder in neue Zusammenhänge zu
stellen.

The line TEXTIL is used unchanged in conjunction with ever
new patterns. Ten designs out of 50 are shown here. The purpose of the exercise is to afford practice in using a given item in
patterns of continually changing character.

La même ligne ‹TEXTIL› est apposée à diverses structures. [
quelque 50 solutions, 10 sont sélectionnées ici. Les essais so
destinés à exercer la faculté d'établir des rapports typographiques nouveaux avec une valeur donnée et immuable.

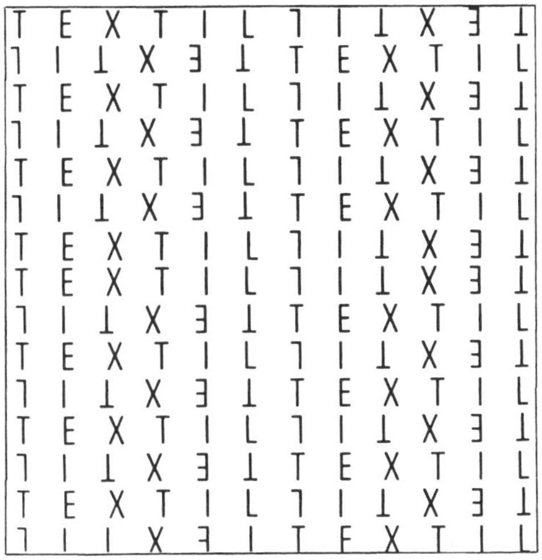

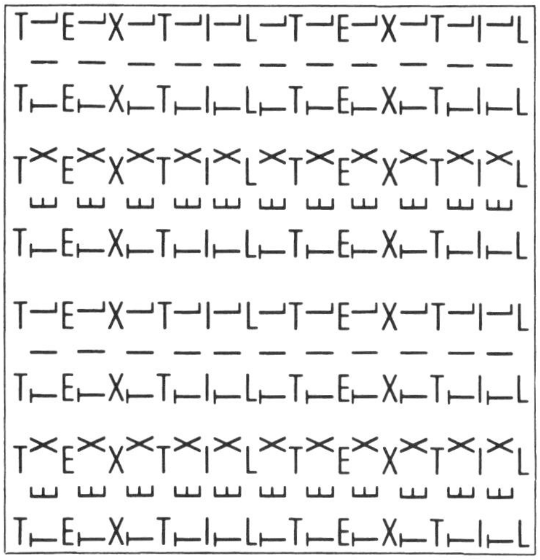

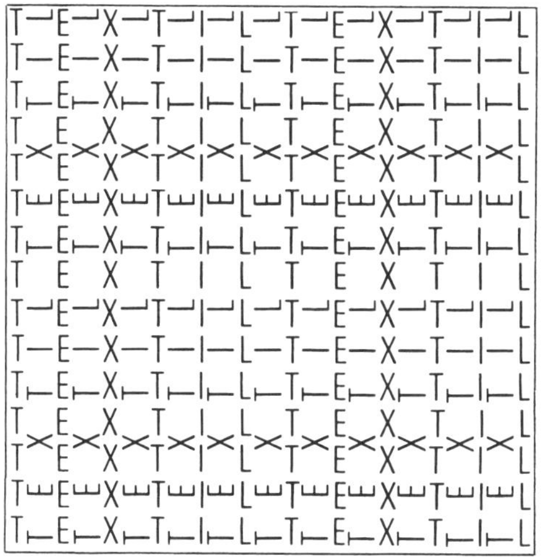

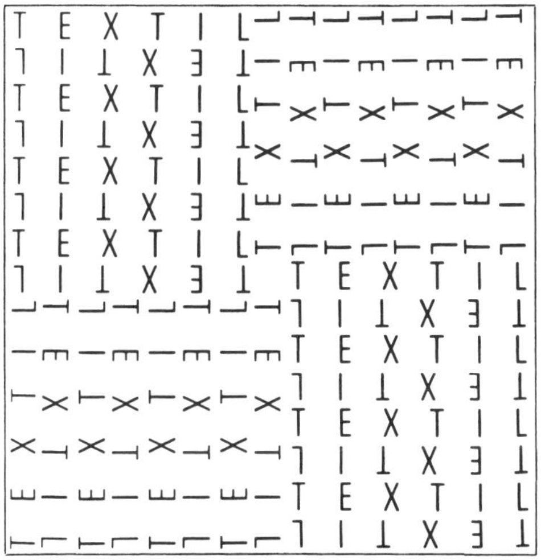

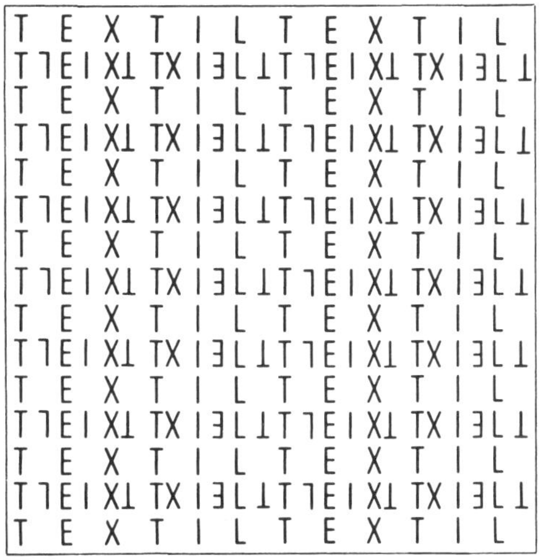

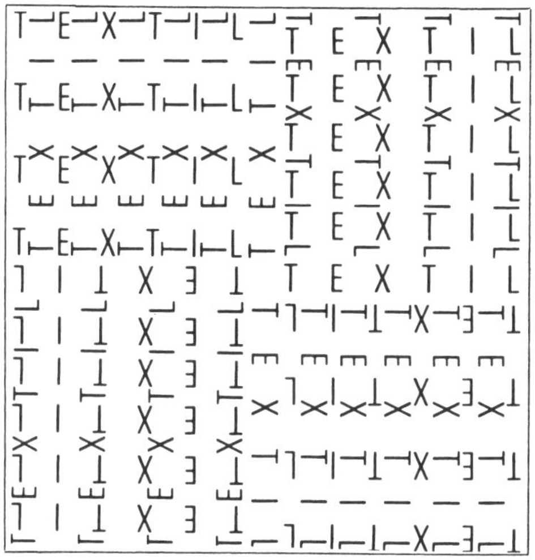

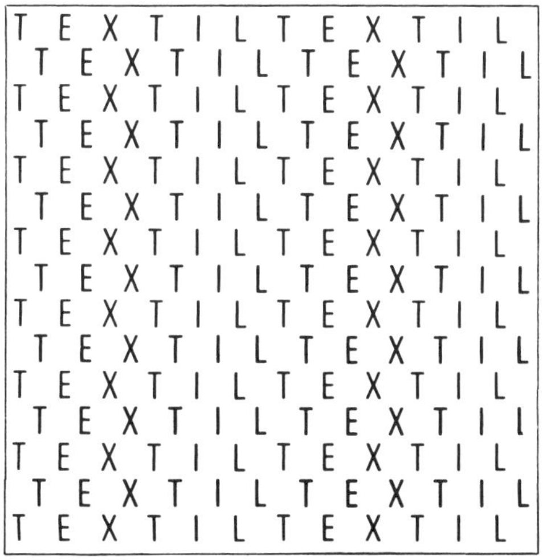

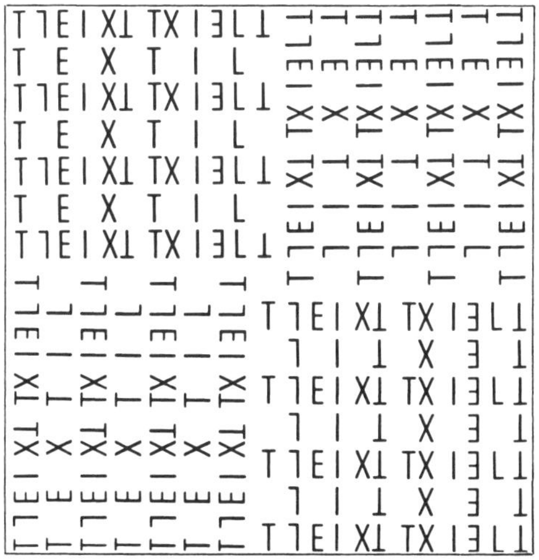

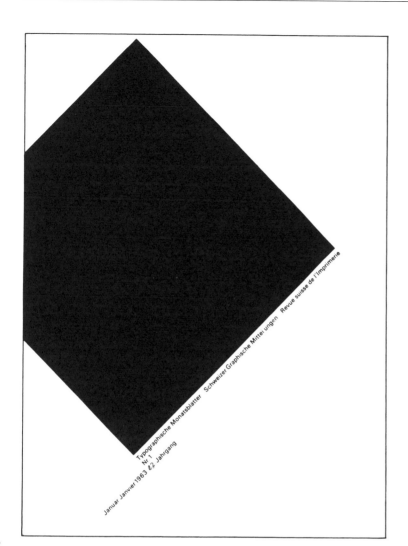

Typographische Monatsblätter Schweizer Graphische Mitteilungen Revue suisse de l'Imprimerie
Nr 1
Januar Janvier 1963 82 Jahrgang

Typographische Monatsblätter Schweizer Graphische Mitteilungen · Revue suisse de l'Imprimerie
Nr 2
Februar Février 1963 82 Jahrgang

Typographische Monatsblätter Schweizer Graphische Mitteilungen Revue suisse de l'Imprimerie
Nr 3
März Mars 1963 82. Jahrgang

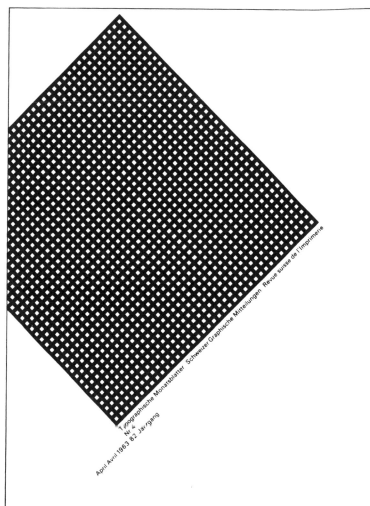

Typographische Monatsblätter Schweizer Graphische Mitteilungen Revue suisse de l'Imprimerie
Nr 4
April Avril 1963 82. Jahrgang

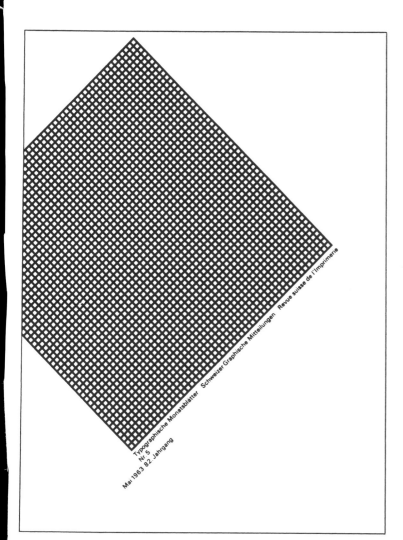

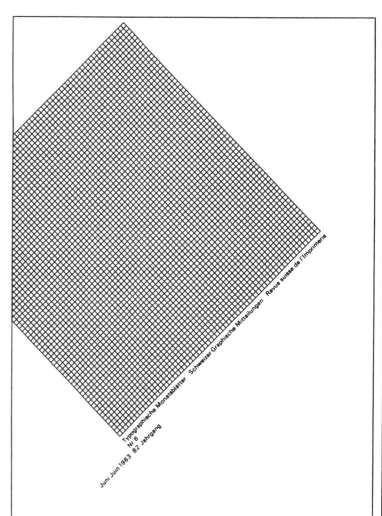

Umschläge für eine typographische Zeitschrift. Flächenaufteilung und Typographie von Umschlag 1 werden unverändert beibehalten. Durch Überkreuzen von verschieden fetten typographischen Linien wird die schwarze Fläche durch gleich große weiße Quadrate aufgerastert bis zum hellen Grau von Umschlag 6.

Covers for a typographical magazine. The typography and area arrangement of cover 1 remains unchanged. By crossing typographical rules of different degrees of boldness the black surface is made into a pattern of white squares of constant size until the light grey tone of cover 6 is attained.

Couverture pour une revue typographique. Répartition des surfaces et typographie de la couverture 1 sont maintenues égaux obtenue per le croisement régulier de filets de inchangées. Mais la surface devient une trame de carrés blancs diverses épaisseurs. Un effet de gris en résulte qui va jusqu'au gris clair de la couverture 6.

Kinetik

Kinetics

Cinétique

Paul Klees Forderung ‹Wir wollen nicht Form, sondern Funktion› ist in der Typographie erfüllt. In den Einzelbuchstaben kennen wir wohl noch einige statische Gebilde ohne Bewegung wie A, H, M, O, T, aber die Mehrzahl der Buchdrucktypen ist auf Bewegung, auf der Bewegung von links nach rechts aufgebaut: B, C, D, E, F, K, L usw. Beim Zusammenfügen zu Wort und Zeile werden auch die statischen Buchstaben von der Leserichtung mit erfaßt, zuerst einmal von links nach rechts in der Zurückführung zum Lesebeginn von rechts nach links und in der Anhäufung von Zeilen von oben nach unten. Mit der Typographie ist immer ein Lesevorgang verknüpft, und deshalb kann es keine statische Typographie geben.

Paul Klee vergleicht in ‹Schöpferische Konfession› die Einstellung des Menschen der Antike und diejenige des modernen Menschen zur Bewegung: ‹Ein Mensch des Altertums als Schiffer im Boot, so recht genießend und die sinnreiche Bequemlichkeit der Einrichtung würdigend. Dementsprechend die Darstellung der Alten. Und nun: Was ein moderner Mensch, über das Deck eines Dampfers schreitend, erlebt: 1. die eigene Bewegung, 2. die Fahrt des Schiffes, welche entgegengesetzt sein kann, 3. die Bewegungsrichtung und Geschwindigkeit des Stromes, 4. die Rotation der Erde, 5. ihre Bahn, 6. die Bahnen von Monden und Gestirnen drum herum.›

Die Typographie entspricht diesem Empfinden des Zeitgenossen schon in ihrer einfachsten Form. Darüber hinaus gibt es unerfaßbar viele Möglichkeiten, Bewegungsphasen mit typographischem Material und Typen einzeln darzustellen. Bewegungsabläufe sind nach folgenden Themen möglich: Wertzunahme und Wertabbau oder Zu- und Abnahme in der Größe, Auflösung von kompakten Elementen und Sammlung von verstreuten Werten zu kompakten, exzentrische und konzentrische Bewegungen, Bewegungen von oben nach unten und von unten nach oben verlaufend, Bewegungen von links nach rechts und von rechts nach links, Bewegungen von innen nach außen und umgekehrt, Bewegungen in der Diagonale oder um einen Winkel usw. Die einzelnen Phasen können gesamthaft überblickt, einzeln aufgeblättert oder auch zeitlich gestaffelt werden. Von diesen Übungen führt eine gerade Linie zum typographischen Film, indem die Phasen gekoppelt und mit entsprechender Geschwindigkeit projiziert werden.

Diese Arbeiten brauchen nicht im Experimentier- und Übungsstadium stecken zu bleiben. Sie werden überall dort eingesetzt, wo vom Thema her Bewegung erwünscht ist: Verkehr, Film, Tagungsprogramme, Kalender mit Ablauf der Tage, Wochen und Monate, Inseratenserien, gleichzeitig oder periodisch hintereinander erscheinend.

Es empfiehlt sich, mit einfachen Linienübungen zu beginnen, wie auf der rechten Seite gezeigt wird. Erst später sollen geometrische Grundformen und Buchdrucktypen in das Spiel einbezogen werden. Das Denken in Bewegungsphasen schult das Empfinden der Bewegung auf der Fläche wie im Raum und ist für die schöpferische Arbeit unserer Zeit wichtig.

Paul Klee's demand "We do not want form but function" is satisfied in typography. True, a few of the individual letters are static forms devoid of movement like A, H, M, O and T, but most type faces are built up round movement, and movement from left to right: B, C, D, E, F, K, L, etc. When composed into words and lines, even the static letters are carried along in the direction of reading, first from left to right, then from right to left as the eye travels back to the start, and then from top to bottom as line is added to line. There is always a reading process involved in typography, and hence there can never be a static typography.

In his "Schöpferische Konfession" Klee compares the attitude of ancient and modern man to movement: "A man of the ancient world sailing in a boat, taking proper enjoyment in it and appreciating the ingenious comfort of the device. And that was how the ancient world portrayed things. And now consider what a modern man experiences walking over the deck of a steamer: 1st his own movement, 2nd the movement of the ship which may be in the opposite direction, 3rd the direction and speed of the river's movement, 4th the rotation of the earth, 5th its orbit, 6th the orbits of moons and stars round about."

Typography reflects this contemporary awareness even in its simplest form. But then there is an almost infinite scope for representing phases of movement with typographical material and letters. Runs of movement can embody the following themes: increase and decrease of value or increase and decrease of size; loosening up of compact elements and gathering together of scattered values into a compact form; eccentric and concentric movements; movements running from top to bottom and from bottom to top; movements from left to right and from right to left; movements from inside out and vice versa; movements along a diagonal or through an angle, etc. The individual phases can be seized by the eye as a whole, opened singly as on the pages of a book, or spaced out in time. From exercises like these it is but a step to the typographical chain in which the phases are linked together and projected at an appropriate speed.

Works like these need not remain in the experimental and exercise stage. They are used everywhere where the theme requires movement: traffic, films, convention programmes, calendars showing the passage of days, weeks and months, and series of advertisements appearing simultaneously or periodically in a series.

It is best to start with simple line exercises as shown on the right. Basic geometrical figures and type faces should not be introduced until later. Thinking in movement phases trains our sense of movement on flat surfaces and in space and is indispensable for the creative work of our time.

L'exhortation de Paul Klee: ‹Nous ne voulons pas la forme, mais la fonction› est réalisée dans la typographie. Certaines lettres, telles A, H, M, O, T, nous donnent une image statique sans mouvement; mais la plupart des caractères d'impression B, C, D, E, F, K, L, etc. sont conçus dans un mouvement allant de gauche à droite. Dans leur assemblage pour former les mots et les lignes, les lettres statiques sont entraînées avec les autres dans le sens de la lecture, d'abord de gauche à droite, puis dans le retour au début de la ligne, de droite à gauche, et dans la succession des lignes, de haut en bas. En typographie, tout est lié sans cesse à la lecture. Il ne peut donc s'agir de typographie statique.

Dans son ‹Aveu de création›, Paul Klee compare en ces termes l'attitude de l'homme antique avec celle de l'homme moderne face au phénomène cinétique: ‹Un homme de l'antiquité, marin sur son bateau, jouissait simplement, appréciait l'ingénieuse commodité de son installation. Représentation des anciens. De nos jours, voici ce qu'expérimente un homme arpentant le pont de son navire: 1° son propre mouvement, 2° le mouvement du bateau, qui peut être contraire au sien, 3° la direction du courant et sa vitesse, 4° la rotation terrestre 5° son parcours, 6° le cours des astres et des galaxies.›

Cette perception consciente et analytique du mouvement qui appartient en propre à l'homme moderne se manifeste dans les fonctions élémentaires de la typographie. Dans ses fonctions plus complexes, cet art nous montre, à l'aide du matériel et des caractères dont il dispose, les innombrables possibilités de figurer les différentes phases du mouvement. Le phénomène cinétique est exprimé par exemple dans les exercices sur les thèmes suivants: intensification et affaiblissement des valeurs surfaces allant grandissant ou décroissant, dissolution d'éléments compacts et réunion d'éléments dispersés, mouvements centrifuges et centripètes, mouvements ascendants et descendants, mouvements latéraux de gauche à droite et vice versa, mouvements se dirigeant vers l'extérieur ou vers l'intérieur, en diagonale, ou vers un angle, etc. Les diverses phases du mouvement peuvent être considérées dans leur ensemble, ou décomposées ou échelonnées dans le temps. À partir de ces exercices, en connectant les différentes phases et en les projetant à une vitesse conforme, on obtient un film typographique.

Point n'est besoin que ces travaux restent au stade d'exercices ou de tentatives. Ils sont utilisés chaque fois que l'expression de mouvement est requise par le thème: trafic, film, programmes de sessions, calendriers avec la succession des jours, des semaines et des mois, séries d'annonces paraissant simultanément ou périodiquement.

Il est indiqué de commencer par des exercices linéaires simples, comme nous montre la page de droite. Plus tard seulement, on pourra faire appel à des formes géométriques à des caractères typographiques. Cette analyse des phases du mouvement forme le sens du mouvement das l'espace et sur une surface, et est indispensable, de nos jours, à la création d'une œuvre originale.

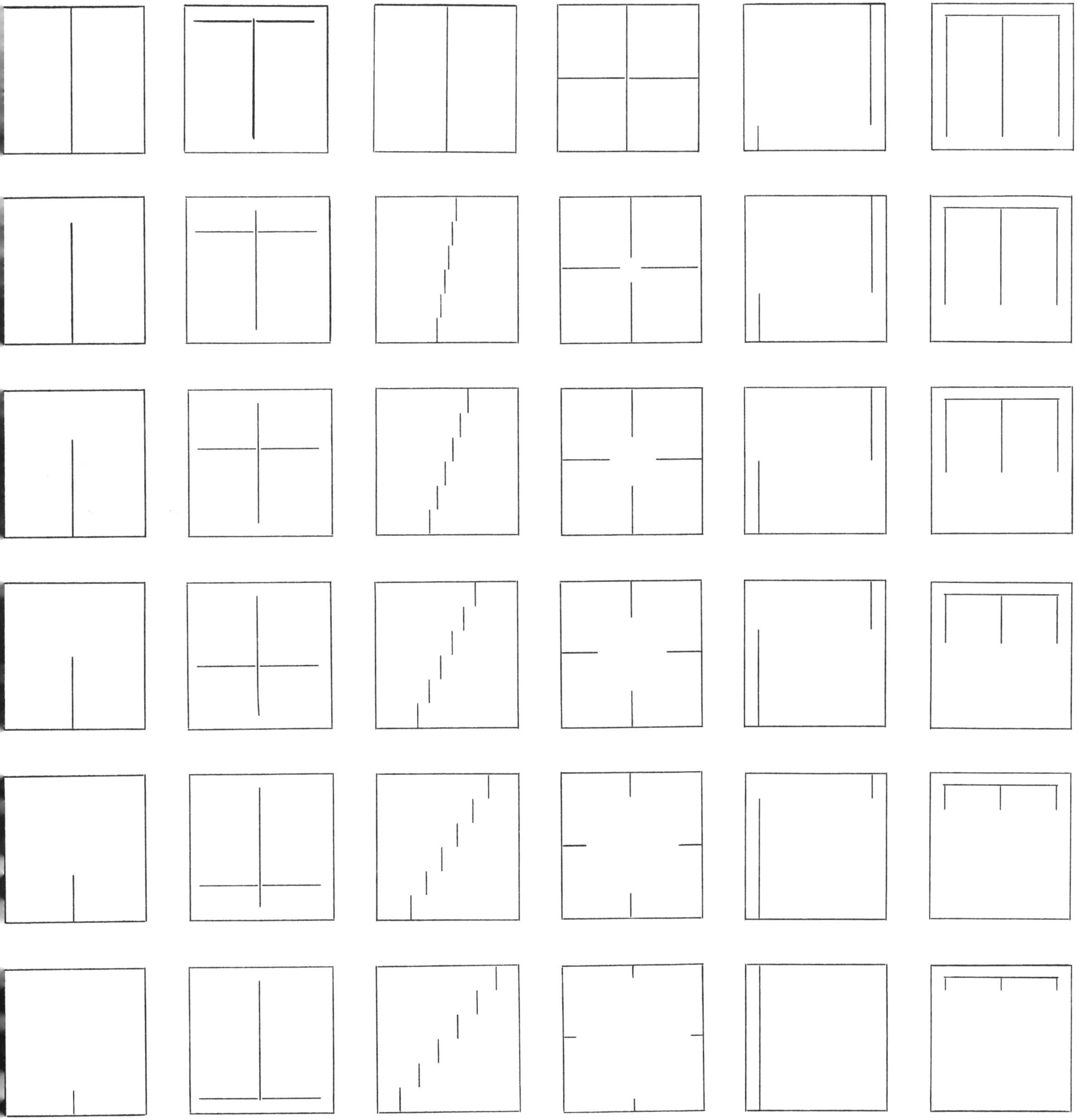

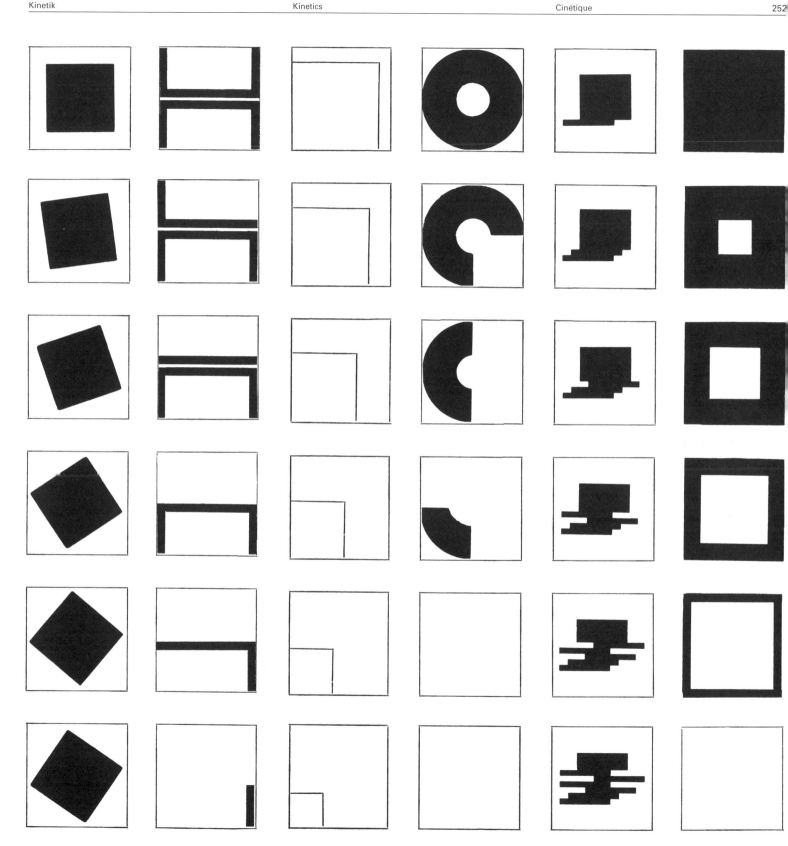

biegen	progrès		fallen	globus	
biegen	progrè s	A	fallen	globu	
biegen	progr ès	A	fallen	glob	
biegen	prog rès	A	fallen	glo	
biegen	pro grès	A	fallen	gl	
biegen	pr ogrès		fallen	g	

Plakat. Eine einfache Textfolge genügt schon, um einen Bewegungsablauf in Gang zu bringen. Dieses Plakat wird von links nach rechts und von oben nach unten gelesen, wobei mit der untersten Textgruppe die Bewegung an den Beginn (nach links) zurückgeführt wird. Die Anordnung des Textes ist nicht statisch, sondern auf Bewegung ausgerichtet.

Poster. A simple text is enough to start a run of movement. This poster is read from left to right and from top to bottom, with the lowest portion of text bringing the movement back to its starting point (left). The arrangement of text is not static but designed for movement.

Affiche. Un simple texte suffit pour susciter l'impression de mouvement. Cette affiche sera lue de gauche à droite, puis de haut en bas, si bien que, de l'inscription inférieure, le mouvement sera ramené au début du texte à gauche. Nullement statique, la présente ordonnance du texte est au contraire animée de mouvement.

**sektion
basel
der gesellschaft
schweizer
maler
bildhauer
und
architekten
kunsthalle basel
8.mai bis
l3.juni**

JAZZ
JAZZ
JAZZ
JAZZ
JAZZ
JAZZ
JAZZ
JAZZ
JAZZ
JAZZ
JAZZ
JAZZ
JAZZ
JAZZ
JAZZ
JAZZ
JAZZ
JAZZ
JAZZ
JAZZ
JAZZ
JAZZ
JAZZ
JAZZ
JAZZ
JAZZ
JAZZ
JAZZ
JAZZ
JAZZ
JAZZ
JAZZ

JAZZ
JAZZ
JAZZ
JAZZ
JAZZ
JAZZ
JAZZ
JAZZ
JAZZ
JAZZ
JAZZ
JAZZ
JAZZ
JAZZ
JAZZ
JAZZ
JAZZ
JAZZ
JAZZ
JAZZ
JAZZ
JAZZ
JAZZ
JAZZ
JAZZ
JAZZ
JAZZ

JAZZ
JAZZ
JAZZ
JAZZ
JAZZ
JAZZ
JAZZ
JAZZ
JAZZ
JAZZ
JAZZ
JAZZ
JAZZ
JAZZ
JAZZ
JAZZ
JAZZ
JAZZ
JAZZ
JAZZ
JAZZ
JAZZ
JAZZ
JAZZ
JAZZ
JAZZ
JAZZ
JAZZ
JAZZ
JAZZ

Seite 257
Programm einer Studienreise. Die Textspalten führen den Blick
von oben nach unten, und das kräftige Signet rollt von links
nach rechts ab. Die beiden Bewegungen Senkrecht und
Waagrecht überkreuzen sich; die waagrechte Bewegung
dominiert, damit die Erfüllung des Programmes sichtbar wird.

Page 257
Itinerary for a study tour. The columns of text guide the eye
from top to bottom, and the boldly conceived device deploys
from left to right. The vertical and horizontal movements cross;
the horizontal movement dominates so that it is apparent that
the programme is carried out to the end.

Page 257
Programme d'un voyage d'étude. Les colonnes de texte dirigent
le regard de haut en bas, et la marque très frappante se déroule
de gauche à droite. Les deux mouvements, l'un vertical, l'autre
horizontal, s'entrecroisent. Le mouvement horizontal domine,
afin que la réalisation du programme soit bien visible.

Freitag, 1. Juli

22 Uhr: Besammlung der
Teilnehmer im Wartsaal
2. Klasse Basel SBB.
Pass- und Zollkontrolle.
23.15 Uhr: Abfahrt Basel
über Boulogne-Folkestone-
London.

Samstag, 2. Juli

ca. 15 Uhr: Ankunft im
Victoriabahnhof London.
U-Bahn-Station Victoria,
grüne Linie Charing-Cross,
umsteigen in die Linie
nach Euston-Station.
Bezug der Quartiere,
1, Tavistock Square, London.

Abends Piccadilly Circus.
Besichtigung und Erleben
des Verkehrs.
Nachtessen im Chinese
Restaurant, eventuell in der
Meer Maid.

Sonntag, 3. Juli

Fahrt mit Untergrundbahn
nach Westminster.
Westminster Bridge,
Westminster Abbey.
Residenz des Premiers
in Downing Street Nr. 10
Fahrt auf der Themse.
Abfahrt der Boote
am Westminster Pier.
Flussaufwärts nach
Kew Gardens und nach
Hampton Court.
Flussabwärts nach
Greenwich (Observatorium)
und Tower (Festung).
Tower Bridge und Hafen
Rückweg zu Fuss nach
Buckingham Palace und
Hyde Park, öffentliche
Redner. Baden.
Besichtigung
der St. Paul's Cathedral.

Montag, 4. Juli

Besuch des British Museum,
Untergrundbahn
Station Russell Square.

Dienstag, 5. Juli

Besuch bei der Monotype
Corporation in Salfords.
Abends Besichtigung der
Times für Tagesschüler.

Mittwoch, 6. Juli

Besichtigung der Ipex
im Olympia.

Donnerstag, 7. Juli

Besuch der Grossdruckerei
The Sun Printers Work.
Besuch der National Gallery,
Untergrund Trafalgar.

Freitag, 8. Juli

Ipex oder Besuch der
Farbenfabrik Winston.
Abends Besichtigung der
Times durch die übrigen
Teilnehmer.

Samstag, 9. Juli

Besichtigung des Big Ben,
des Parlamentsgebäudes
und der St. Paul's Cathedral.
14 Uhr: Abfahrt Victoria
Station.

Sonntag, 10. Juli

7.25 Uhr: Ankunft Basel.

Oben: Typo-Signet für eine Buchdruckerei. Anordung der Zeilen in einer Drehbewegung.

Rechts: Schallplattenhülle. Der Text zieht sich in einer konzentrischen Drehbewegung nach innen. Tiefenwirkung durch die progressive Verkleinerung der Typen.

Above: Printer's device. The lines are arranged in a rotary pattern.

Right: Record sleeve. The text spirals inwards. Impression of depth due to gradual diminution in type size.

En haut: Emblème typographique pour une imprimerie. Les lignes sont ordonnées dans un mouvement circulaire.

A droite: Enveloppe de disque. Le texte se développe vers l'intérieur dans un mouvement circulaire concentrique. Rapetissement progressif des caractères donnant une impression de relief.

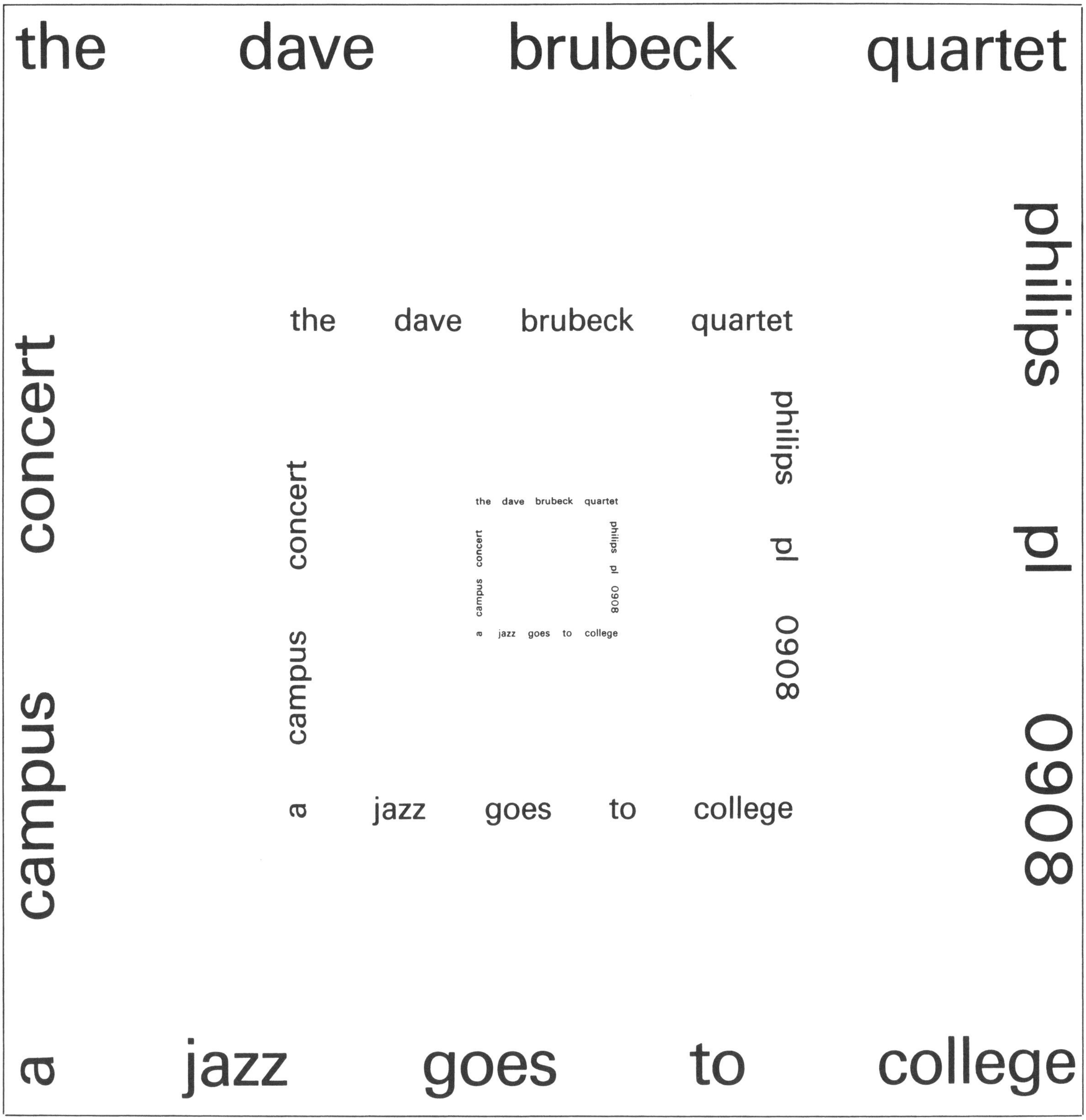

the dave brubeck quartet

philips

concert

the dave brubeck quartet

pl

philips

concert

the dave brubeck quartet

8060

pl

philips concert

campus concert

8060

a campus concert

a jazz goes to college

campus

a jazz goes to college

8908

a jazz goes to college

Schrift und Bild   Lettering and illustration   Caractères et illustration

In der ostasiatischen Kunst fügen sich Schrift und Bild zu einer Einheit zusammen, denn Schrift ist Bild und Bild ist Schrift. Die Pinseltechnik in der freien Kunst und die Anwendung des Holzstichels in der reproduzierenden Graphik sind für Schrift und Bild formbestimmend. Der westliche Kulturkreis kennt diese Einheit nicht, und ein harmonischer Zusammenklang ist nur schwer zu erreichen. In den mittelalterlichen Bildwerken ist noch die einigende Kraft der Feder oder des Holzstichels wirksam, aber mit der zunehmenden Technisierung sind für Schrift und Bild zwei verschiedene technische Verfahren notwendig geworden. Die in Stahl geschnittene und in Blei gegossene Buchdrucktype kann nur unter großen Schwierigkeiten in eine einheitliche Beziehung zum Bild gebracht werden. Da aber das Bild immer häufiger in einem Zusammenhang mit der Typographie verwendet wird, sollte der Beziehung zwischen Schrift und Bild größere Beachtung geschenkt werden.

Ein Zusammenklang von Buchdrucktype und Bild kann nach zwei verschiedenen Überlegungen erreicht werden: Zwischen Type und Bild wird eine möglichst enge formale Verbindung angestrebt, oder die beiden Elemente werden nach den Gesetzen des Kontrastes in einen Gegensatz zueinander gestellt. Man vermeide eine Vermischung der beiden Möglichkeiten. Die erste Spalte auf der gegenüberliegenden Seite zeigt die Möglichkeiten der formalen Verbindung, die zweite Spalte zeigt Zusammenstellungen nach den Gesetzen des Kontrastes.

Erste Spalte:
1, 2, 3 Übereinstimmung von Strichstärken im Bild und in der Type. Das Bild kann für eine bestimmte Type angefertigt werden, oder die Type wird in Grad und Schnitt auf eine bestehende Zeichnung abgestimmt.
4 Die Bildstruktur und die Struktur des Schriftsatzes werden einander so gut wie möglich angeglichen.
5 Die Typographie nimmt Kontakt mit dem Bildinhalt. Die helle Waagrechte im Bild findet ihre Entsprechung in der Anordnung der Typographie.

Zweite Spalte:
6 Die energische Bildsprache steht im Kontrast zur zarten Buchdrucktype.
7 Die helle Zeichnung steht im Kontrast zur großen und fetten Type.
8 Das unbestimmte, diffuse Bild steht im Gegensatz zur Präzision der Buchdrucktype. Beide Elemente gewinnen durch die Kontrastwirkung.

In the art of Eastern Asia script and picture make a single entity, for writing is drawing and drawing is writing. Brush technique in fine art and the wood graver in reproductive graphic art determine the form of script and picture. This unity is alien to western civilization and harmony is difficult to obtain. In the pictorial work of the Middle Ages the pen or the graver still had the power to unify; but as technology advanced, two different technical processes were needed for script and picture. Printing types, which are cut in steel and cast in lead, are very difficult to combine agreeably with the picture. But as pictures are being used more and more in conjunction with typography, this is a problem which demands greater attention.

There are two different approaches to the problem of achieving harmony between printing type and picture. One way is to seek the closest possible formal combination between text and picture, and the other is to seek a contrast between them. A mixture of the two should be avoided. The first column on the opposite page shows some possible formal combinations, and the second shows some compositions based on the laws of contrast.

First column:
1, 2, 3 The lines in the picture and type agree in thickness. The picture can be drawn with a certain type in mind or the type can be matched in size and cut to an existing drawing.
4 The pattern of the picture and the pattern of the composition are assimilated as closely as possible.
5 Contact between typography and picture. The light horizontals in the picture are reflected in the arrangement of the typography.

Second column:
6 The vigorous pictorial language contrasts with the delicate type.
7 The light drawing contrasts with the large and bold type.
8 The vague and diffuse picture contrasts with the precision of the type. Both elements gain through this opposition.

L'art asiatique oriental parvient à une grande unité entre l'écriture et le dessin, car l'écriture est elle-même dessin, et le dessin, écriture. L'utilisation technique du pinceau dans l'art en général et du burin de bois dans les reproductions graphiques détermine le caractère de l'écriture et du dessin. La culture occidentale ignore cette parenté et parvient plus difficilement à un accord de ces deux éléments. Le pouvoir de plume et du burin se fait encore sentir dans les ouvrages du Moyen-Age, mais le développement technique aidant, écriture et dessin se sont rapidement distancés et soumis à des procédés techniques différents. Le caractère d'imprimerie gravé dans le métal et coulé dans le plomb se met avec peine en accord avec l'image. Pourtant, la présence de cette dernière étant toujours plus sollicitée par la typographie, une grande attention devra être accordée aux rapports unissant les éléments du texte et l'illustration.

La recherche faite dans ce sens offre deux solutions: l'une d'harmonie d'analogies, où texte et image tentent de se fondre en une unité formelle, l'autre d'harmonie de contrastes, où les deux éléments sont mis en opposition l'un à l'autre selon certaines lois esthétiques. Mais avoir recours aux deux possibilités dans un même ouvrage est une erreur à éviter. La première sélection faite sur la page ci-contre nous montre des exemples d'harmonie formelle; la deuxième colonne, des assemblages réalisés selon les lois des contrastes.

Première colonne
1 à 3 Harmonie entre la force des traits appartenant aux caractères et au dessin. L'image peut s'adapter à un certain caractère, ou c'est ce dernier qui accorde sa force de corps à une image déterminée.
4 Structure du dessin et structure de la composition s'assimilent plus possible.
5 La typographie prend contact avec le contenu de l'illustration. Le ton clair de l'horizontale de l'image trouve sa correspondance dans l'ordonnance typographique.

Seconde colonne
6 L'expression énergique de l'image s'oppose à la délicatesse du caractère d'imprimerie.
7 Le dessin clair fait contraste avec le grand caractère gras.
8 L'image imprecise et diffuse est en opposition avec la précision du caractère. Les deux éléments tirent profit de cet effet de contraste.

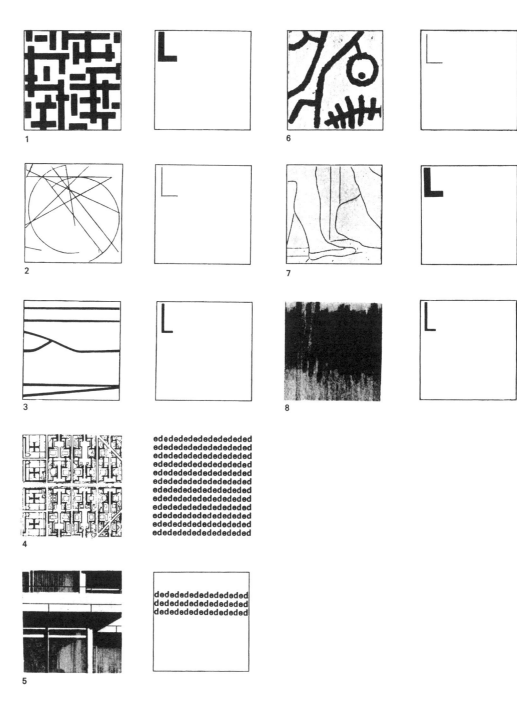

ededededededededed
ededededededededed
ededededededededed
ededededededededed
ededededededededed
ededededededededed
ededededededededed
ededededededededed
ededededededededed
ededededededededed
ededededededededed
ededededededededed

dedededededededed
dedededededededed
dedededededededed

1

2

3

4

5

Übereinstimmung von Schrift und Bild in verschiedenen Epochen und Kulturkreisen. Die Verbindung wird erreicht durch formale Angleichung von Schrift und Bild und durch gleiche technische Mittel (Holzschnitt, Elfenbeinschnitzerei, Steinbearbeitung, Applikation auf Leinen, Lithographie).

Blockbuchausgabe der Apokalypse St. Johannis, 15. Jahrhundert.
Runentäfelchen, Elfenbein, etwa 700.
Maya-Relief, Yaxchilan, Guatemala, 681.
Bildteppiche von Bayeux, 12. Jahrhundert.
Pierre Bonnard: La revue blanche, Plakat 1894.

Harmony of lettering and picture in different ages and cultures. The two are brought together through the formal assimilation of lettering and picture and through the use of the same technical means (woodcut, ivory-carving, stone-working, application to linen, lithography).

1 Block book edition of the Apocalypse of St. John, 15th century.
2 Runic tablet, ivory, c. 700.
3 Maya relief, Yaxchilan, Guatemala, 681.
4 Bayeux tapestry, 12th century.
5 Pierre Bonnard: La revue blanche, poster 1894.

Accord réalisé entre écriture et image dans divers centres culturels de plusieurs époques. Harmonie obtenue par similitude de forme des caractères et de l'illustration à l'aide du même moyen technique (bois gravé, ivoire ciselé et pierre taillée, lin imprimé, lithographie).

1 Impression tabellaire de l'Apocalypse selon saint Jean, 15e siècle.
2 Tablette runique, ivoire, environ 700.
3 Relief maya, Yaxchilan, Guatemala, 681.
4 Tapis de Bayeux, 12e siècle.
5 La Revue Blanche, Pierre Bonnard, Affiche 1894.

Der Künstler gestaltet Text und Bild zu einer größtmöglichen
Einheit. Text und Randzeichnungen stammen aus einer Feder
mit Lithographietusche.
Pablo Picasso: Lithographie zu den ‹Vingt poèmes de
Gongora›, Paris 1948.

The artist designs his text and picture so as to achieve the
greatest possible harmony. Text and marginal drawings have
been done by the same hand in litho ink.
Pablo Picasso: lithograph for the ‹Vingt poèmes de Gongora›,
Paris 1948.

L'artiste recherche l'unité la plus parfaite entre le texte et
l'image. Texte et illustrations en marge dessinés à la plume
avec encre autographique.
Pablo Picasso: Lithographie pour les ‹Vingt poèmes de Gongora›, Paris 1948.

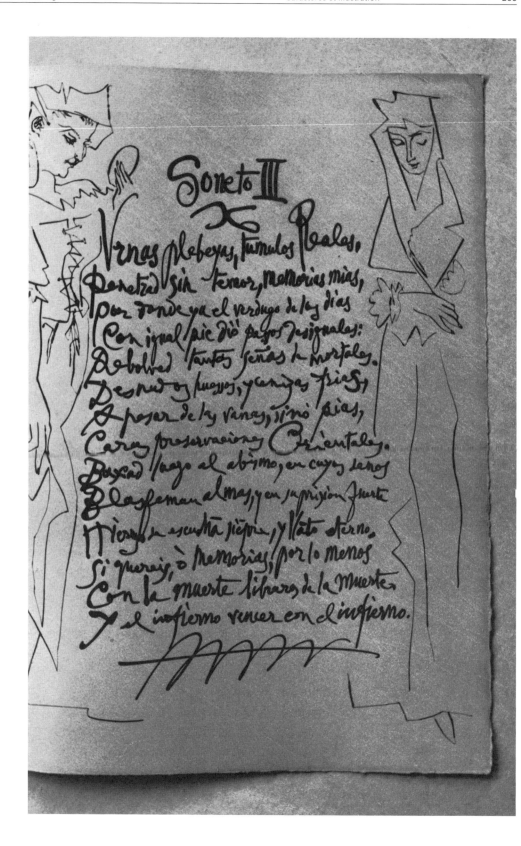

Die Bildzeichen stehen in bewußtem Gegensatz zu den Drucktypen des Textes. Vielfältige Kontrastwirkungen: Dunkle
Zeichen, helle Typographie. Spontane Niederschrift der
Zeichen, technische Präzision der geschnittenen und gegos-
senen Typen. Mystische Urtümlichkeit, zivilisierte Verfeinerung.
Joan Mirò: Lithographie zu ‹Tristan Tzara, Parler seul›. Paris
1950.

A deliberate contrast has been contrived between the picture
symbols and the printing types. This has been done in a variety
of ways: dark symbols, light typography; symbols drawn with
spontaneity, type faces cut and cast with technical precision;
mystical originality, civilized refinement.
Joan Mirò: lithograph for ‹Tristan Tzara, Parler seul›. Paris
1950.

Les illustrations s'opposent volontairement aux caractères du
texte. Multiples effets de contrastes: dessins foncés et typographie claire; spontanéité du dessin et précision technique
des caractères gravés et fondus; mysticisme primitif et raffine-
ment civilisé.
Juan Mirò: Lithographie pour ‹Parler seul, de Tristan Tzara›,
Paris 1950.

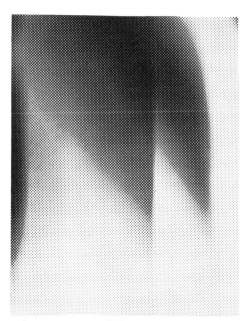

photographie

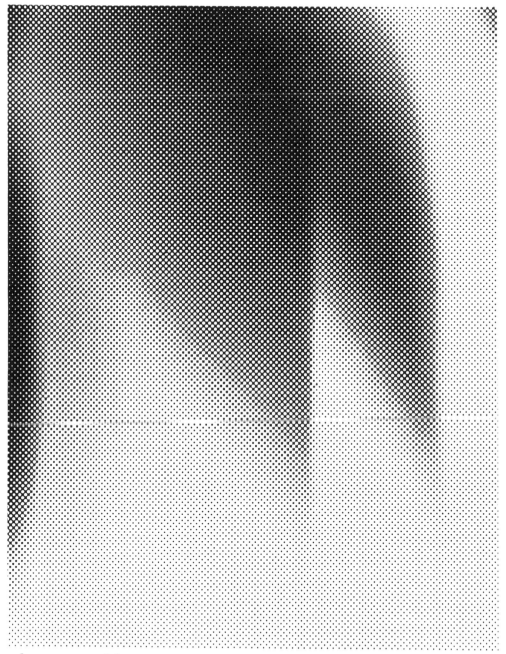

photographie

Beziehungen der Drucktype zur aufgerasterten Fläche (Photographie in Autotypiewiedergabe). Der fein aufgerasterte Halbton kann zur fetten (flächigen) Drucktype in einem Gegensatz stehen: Kompakte Fläche zu aufgelöster Fläche. Der Grobraster hingegen kann mit der Type formal verbunden werden.

Im ersten Beispiel ist die Kontrastwirkung erkennbar, im zweiten abgeschwächt, und im dritten Beispiel (Seite rechts) nimmt die Typographie mit den Rasterpunkten Kontakt auf.

Printing type related to the screened surface (half-tone reproduction of photograph). The delicate half-tone screen forms a contrast with the bold (surface-like) printing type: compact surface opposed to a diffuse surface. A coarse screen, on the other hand, can be formally combined with the type.

In the first example the effect of contrast is marked, in the second attenuated, and in the third (right) the typography joins with the dots of the screen.

Rapports entre caractères et surface tramée (photographie reproduite en autotypie). De la finesse du demi-ton tramé opposée aux caractères gras résulte le contraste entre compacité et dissolution d'une surface. Une trame grossière peut au contre s'harmoniser aux caractères.

L'effet de contraste est évident dans le premier exemple, affaibli dans le deuxième. Dans le troisième exemple (page de droite), la typographie prend contact avec le réseau de la trame.

photographie

Plakat. Kontrast zwischen Schriftzeichen und aufgerasterter Photographie. Es gibt kein Gleichgewicht der Größenverhältnisse, denn das große Zeichen herrscht vor, und das Bild unterzieht sich dieser Dominante. Das Plakat ist auf dem Gegensatz zwischen kompakt (Z) und aufgelöst (Bild) aufgebaut.

Poster. Contrast between the letter and the screen of the photograph. The relative sizes are unbalanced; the letter looms large and the picture is overpowered by this dominant element. The poster is built up on the contrast of a compact (Z) and broken surface (picture).

Affiche. Contraste entre caractères et photographie tramée. Absence d'équilibre entre les rapports de grandeur. Les grands caractères dominent et l'image se soumet. La construction s'appuie sur l'effet de contraste entre compacité (caractères) et dissolution (image).

die Zeitung
Gewerbemuseum Basel
13. März bis 6. Mai 1960
Täglich 10-20 und 14-18

Brägleti und Läberli

Wie jede Bruefsma, wo e schwär's Tageswärgg vollbringe mueß, miehn au d'Lyt vom Spiel e währschafts z'Morge-n-ässe ha, drmit si dä sträng, lang Dag guet iberstehn und aß si vor allem e «guete Bode» hänn.

Wenn's au geschter z'Nacht fascht Morge worde isch, bis die Manne d'Bettwärmi gfunde hänn, well si d'Goschtym, d'Fahne und dr ganz ibrig Zauber fir dr Glaibasler-Ehredag hänn miesse richte, so hänn si am Morge vom Vogel-Gryff-Dag erscht räächt kai Zyt zem ebbe lige z'bhaltete, im Gegedail!

Scho zwische halber achti und achti träffe sich die zwanzig Ma vom Spiel im verplätzte, dunggle Wachtlokal vom baufällige «Kaffi-Spitz» und wäxle ihri feschtlige dunggle Glaider, wo si erscht z'Obe wieder aleege, mit ihr'ne zuegwiesene Goschtym, wo scheen – fascht in militärischer Ordnig – am Kleiderräche hänge. Dr alt, schwarz Yse-Oofe in dr Egge speyt Gluete, aß me's in der näggschte Neechi unmeeglig ushalte ka, drfir zaige d'Grälleliwasser-Fläsche dusse uff dr Fänschtersimse obe-n-uff e dinni Ysflächi; e Zaiche, aß-es dusse grimmig kalt isch.

Inzwische hett d'Mamme Stamm, wo syt iber zwanzig Johr ushilfswys am Gryffemähli serviere duet, dr Tisch fir's Spiel wyß deggt und d'Täller samt Bschtegg uffg'leggt und drzue e gueti Batterie vo Fläsche mit «Wyßem» und «Rotem» ufftrait. Und wenn die gueti Frau gseht, aß dr Letscht syni Herkules-Hoseträger yknepft hett, drno waiblet si in d'Spitz-Kuchi und kunnt gly druff-abe mit zwai dampfende, guetgfillte Platte z'rugg, woby si ihre traditionelle Schlachtruef «Achtig haiß!» verkindet.

Und drno sitze die goschtymierte Manne, nämlig die vier Ueli, dr Lai, dr Wild-Ma, dr Vogel Gryff, die drey Drummler und Bannerherre, die zwai Kanonier, dr Spielchef, wo in fyrligem Schwarz erschynt, mit e paar spezielle Gäscht an dr grooße Tafele und asse richtig z'Morge: Brägleti und Läberli! Die fättige, bräglete Härdepfel und die ebbis suure Läberli gänn e zimpftige Bode und biege in medizinischer Hisicht fir dä sträng Dag mit däne zahlryche Yladige und verschiednschte Menus im allerbeschte Sinn vor. Drzue stooßt me mit eme Glas «Wyße» oder «Rote» a und winscht sich gegesytig e luschtige, troggene und baimige Vogel Gryff!

's Wort «Läberli» hett aber bym Spiel vo de Drey Ehrezaiche vor wenige Johr no e bsunderi Bidyttig griegt und die glai Episode gheert halt in Gott'snamme au in das Kapitel!

Mir hänn im Spiel e Kolleg ka, wo aifach vo Giburt uff e bitzeli e Gytz-gnäbber gsi isch, – was er im Spiel fir e Rolle ka hett, isch do ganz näbesächlig! Nit aß är ebbe us-ere arme Familie gsi wär, jä nai, im Gegedail! Är hett e ganz e gueti Partie gmacht und uff d'Hochzyt vo sym Schwiegervatter e nätt's Aifamiliehysli gschänggt bikoh. Vermuetlig hett dr Storch vor rund ebbe vierzig Johr säll Buschi mitsamt em Gytz in d'Zaine gleggt, denn wär en kennt hett, hett gwißt, wie sehr dä Ma dr Santim spalte duet.

Seite links: Buchseite mit Illustration. Die Struktur des Bildes harmoniert mit der Struktur der Typographie. Der feine Strich der Zeichnung entspricht den Strichverhältnissen der Typen.

Beispiel rechts: Katalogumschlag. Zu dem Ausschnitt aus einem Frühdruck (Aldus Manutius) nimmt die Typographie in der Anordnung Kontakt auf. Die Betonung der Mittelachse in Signet und Text ist von den beiden Zeilen oben und unten übernommen worden.

Left: illustrated page of a book. The pattern of the picture harmonizes with the pattern of the typography. The fine line of drawing reflects the lines of the typeface.

Example right: catalogue jacket. The typography is in equilibrium with the excerpt from an early print (Aldus Manutius). The accent on the central axis in the device and text is repeated in two lines at the top and bottom.

Page de gauche: Page de livre illustrée. La forme de l'image concorde avec celle de la typographie. La même finesse du tracé se retrouve dans le texte et dans l'image.

Exemple à droite: Couverture de catalogue. La typographie est en équilibre avec cet extrait d'impression ancienne (Aldus Manutius). Les deux lignes en haut et en bas déterminent l'axe central de l'emblème et du texte.

Layout and jacket: Emil Ruder SWB, Basle
English version: D. Q. Stephenson, Basle
Version française: Madeleine Wolf, Lausanne
All the illustrations contained in this book are
reproductions of studies executed by the author
or in the Typography Course of the AGS Basle.
Photographers: Werner Blaser, André Gürtler,
Armin Hofmann, Kunstmuseum Basel
Offset films: Neue Chemigraphie AG, Zürich

9th edition 2018, Neuauflage der Originalausgabe